FATEMA OUFKIR

Gefangen in den Gärten des Königs

Buch

Es klingt wie ein Märchen aus Tausendundeiner Nacht. Doch diese unglaubliche Geschichte hat sich im Marokko des 20. Jahrhunderts tatsächlich ereignet. 1952 ist die selbstbewusste sechzehnjährige Fatéma davon überzeugt, mit Mohamed Oufkir, dem Vertrauten des Königs, den Mann ihres Lebens zu heiraten. Unbeschwert leben die Oufkirs im Schatten von Macht und Reichtum des Hofes. Das schöne Leben endet blitzartig, als 1972 ein Putschversuch gegen Hassan II. vereitelt wird. General Oufkir erliegt einem vermeintlichen Selbstmord, während Fatéma und ihre sechs Kinder ohne Anklage und Verfahren in den »geheimen Gärten« – so nennt König Hassan II. seine geheimen Kerker – verschwinden.

»Ich vergebe, vergessen kann ich nicht.« Mehr als zwanzig Jahre später erzählt Fatéma Oufkir offen und ungeschminkt von glücklichen, glanzvollen Tagen am Hof des Königs, aber auch von den darauf folgenden grausamen Jahren der Demütigung in den königlichen Kerkern. Zwischen Hoffnung und Verzweiflung lebt die Familie von der Außenwelt isoliert, erfüllt von dem Willen zu überleben und der tiefen Sehnsucht nach Freiheit.

Autorin

Fatéma Oufkir, geboren 1936 in Marokko und Witwe des Generals Oufkir, war zusammen mit ihren sechs Kindern fast zwei Jahrzehnte die Gefangene des marokkanischen Königs Hassan II., bis ihr die Flucht nach Frankreich gelang. Heute lebt sie in Paris.

Fatéma Oufkir

Gefangen in den Gärten des Königs

Der Kampf um meine Familie

Aus dem Französischen
von Kristiana Ruhl

GOLDMANN

Die Originalausgabe erschien
unter dem Titel »Les Jardins du Roi«
bei Michel Lafon, Paris.

Deutsche Erstausgabe

Umwelthinweis:
Alle bedruckten Materialien dieses Taschenbuches
sind chlorfrei und umweltschonend.

Der Goldmann Verlag
ist ein Unternehmen der Verlagsgruppe Bertelsmann.

Deutsche Erstausgabe September 2000

Umschlaggestaltung: Design Team München
Foto der Autorin: Sygma
Satz: deutsch-türkischer fotosatz, Berlin
Druck: Elsnerdruck, Berlin
Verlagsnummer: 15113
Redaktion: Svenja Geithner
KF · Herstellung: Sebastian Strohmaier
Made in Germany
ISBN 3-442-15113-9
www.goldmann-Verlag.de

1 3 5 7 9 10 8 6 4 2

Auf Wunsch von Madame Fatéma Oufkir wurden sämtliche Autorenrechte an diesem Buch der Vereinigung BAYTI übertragen, die sich in Marokko um Kinder in schwierigen Lebenslagen kümmert.

Mit Hilfe eines interdisziplinären Teams aus Sozialarbeitern, Psychologen, Ärzten, Erziehern und Künstlern versucht BAYTI, für Straßenkinder, misshandelte, drogensüchtige und arbeitende Kinder Familien zu finden, ihnen den Schulbesuch und eine Berufsausbildung zu ermöglichen und sie so wieder in die Gesellschaft zu integrieren.

BAYTI ist eine nichtstaatliche Organisation, die mit der UNICEF und den marokkanischen Behörden zusammenarbeitet.

Meinen sechs Kindern, die neunzehn Jahre lang ihre Würde und ihren Mut bewahrt haben und mir die Kraft gaben zu kämpfen.

Allen meinen Freunden aus Hörfunk und Printmedien, die uns, ohne es zu wissen, einen Hauch von Freiheit in unsere Hölle brachten.

Allen, die uns unterstützt haben, ohne uns zu kennen, allen, die sich trotz der hoffnungslosen Lage für uns eingesetzt haben, allen, die uns nach unserer Befreiung geholfen haben, indem sie unsere Isolation durchbrachen.

Die Freunde, die ich auf diesen Seiten nicht erwähnt habe, mögen mir verzeihen. Sie wissen, dass ich sie nur deshalb nicht erwähne, damit sie weiterhin in Frieden leben können.

Inhalt

I

Erste Herausforderungen

In der kristallklaren Luft reicht der Blick endlos weit. Getreide- und Maisfelder überziehen die Landschaft mit einem goldbraunen Karomuster, das nur hier und da vom Grün der Weiden unterbrochen wird. Friedlich grasend durchwandern in weiten Bögen Kuh- und Schafherden die Wiesen. Als Kinder erkundeten wir die Gegend zu Pferd oder auf dem Rücken eines Esels, ritten ziellos durchs hohe Gras, um irgendwann unter dem kühlenden Blätterdach des nahen Waldes Zuflucht zu suchen. Hier bin ich aufgewachsen, inmitten dieser weiten und freien Natur liegt der *Douar* meiner Familie, eine kleine Ansammlung schwarzer Zelte. Das größte davon gehörte Abdelkader ben Abdelkader, dem Vater meines Vaters.

Sidi Allal Bahroui, damals Camp Monod genannt, ist ein kleines Nest zwischen Rabat und Meknès in der Region von Zemmour, dem Reich des Berberstammes der Aït Ali Ou Lahcen. Angeblich kamen unsere Vorfahren zu Zeiten des Römischen Reiches aus Osteuropa, möglicherweise aus Rumänien, und vermischten sich im Laufe der Jahrhunderte mit jemenitischen Arabern und einigen Berberstämmen.

Die Familien meiner Eltern waren Nachbarn. Ihre Ländereien waren lediglich durch eine Quelle getrennt, die zwischen zwei Hügeln inmitten eines üppigen Obsthaines lag.

Die Vorfahren meines Vaters waren allesamt Abenteurer

und Söldner, die schon seit Urzeiten im Dienste des Sultans gegen aufständische Berber ins Feld gezogen waren. Schon seit jeher standen meine Ahnen also auf der Seite des Sultanats, und mein Vater hat ihre Auffassung von Loyalität und Treue an mich weitergegeben. Seit ich denken kann, hing bei uns zu Hause an der Wand das Bild von Mohammed V. und seinen beiden Söhnen, Moulay Hassan und Moulay Abdallah. Ich lernte sie kennen, respektieren und lieben; das war für uns alle das Natürlichste der Welt. Während der Zeit des französischen Protektorats war es nicht ganz ungefährlich, solche Porträts aufzuhängen, waren sie doch unzweifelhafte Indizien dafür, dass wir uns auf die Seite der Unabhängigkeitskämpfer geschlagen hatten.

Bei aller Kampfeslust war mein Großvater jedoch vor allem ein Mitgiftjäger. Dreimal heiratete er, und zwar ausschließlich wegen des Geldes. Meine Großmutter besaß Ländereien, Vieh, Pferde, Mulis und vieles mehr. Zur damaligen Zeit war das noch ein echtes Vermögen. Später bemühte er sich um seine Nachbarin Fadma, eine reiche junge Witwe, die riesige Ländereien ihr Eigen nannte und um die fünfzig Dienstboten befehligte. Sie war hoch gewachsen und bildschön, hatte ein zartes Gesicht und helle, samtige Haut, schwarzes Haar und grüne Augen. Wie alle Berberfrauen trug sie stets weißes Leinen, das mit Ketten aus Korallen und Silber verziert war. Die Offerten Abdelkaders wies sie kühl ab, ebenso wie sie schon sämtlichen Kaiden und sonstigen hoch stehenden Persönlichkeiten aus dem Zemmour die kalte Schulter gezeigt hatte. Fadma hatte keinerlei Interesse daran, sich wieder einem Mann zu unterwerfen. In einer Zeit, in der die Frauen immer noch von den Männern unterdrückt wurden, lebte sie ein freies Leben, kümmerte sich selbstständig um ihre Besitztümer und ritt allein aus.

Einige Jahre später warf Abdelkaders Sohn Mohamed –

mein Vater – ein Auge auf Fadmas damals gerade erst zehnjährige Tochter, Yamna-Amar. Einundzwanzigjährig schwang Mohamed das Mädchen über seine breiten Schultern und verkündete:

»Sie wird meine Frau werden.«

Aus verletztem Stolz wollte Abdelkader seinem Sohn diese Verbindung verbieten:

»Du wirst sie nicht heiraten. Ihre Mutter hat mich einst zurückgewiesen.«

Mohamed setzte sich darüber hinweg, und Yamna-Amar wurde meine Mutter. Mein Großvater aber weigerte sich zeit seines Lebens standhaft, mit ihr auch nur ein Wort zu wechseln.

Abdelkader war ebenso autoritär wie undurchschaubar. Er hatte graue Augen, seine Haut war von der Sonne gegerbt, und er trug nie etwas anderes als Weiß: weiße Babuschen an den Füßen, eine weiße Dschellaba und auf dem Kopf die weiße *Razza* der Berber, einen großen Turban aus feinem Leinen. Beim Tee in seinem Zelt erzählte er uns, auf dicken Teppichen sitzend, von den Feldzügen, die Sultan Moulay Hassan I. einst gegen die aufständischen Stämme geführt hatte. Und wir Kinder waren fasziniert von den schauerlichen Geschichten, in denen Soldaten Frauen die Hände abschlugen, um ihre Ringe und Armreife als Kriegsbeute mitzunehmen.

Großvater hielt nur inne, um sich ein neues Glas Tee einzuschenken. Damit dieses obligatorische Gebräu niemals ausging, stand stets ein mit Kohlen erhitzter Samowar voll heißem Wasser bereit. Grüner Tee mit Minze im Sommer, Schwarztee im Winter – Tee gab es den ganzen Tag über. Jeder bereitete seinen eigenen Sud zu. Er nahm eine ungeheuer große Bedeutung ein, es war den Frauen sogar verboten, die dazu benutzten Geräte zu waschen oder auch nur zu berühren. Einem Volksglauben zufolge konnte die kostbare Flüssigkeit sauer werden, wenn eine Frau sie berührte, die gerade die Regel hatte. Die sorgfältige Auswahl der Essenzen, der Vergleich der Aromen und die Einschätzung der Qualität waren allein den Männern vorbehalten und boten Anlass zu einem ausführlichen Zeremoniell. Stundenlang konnte Großvater beim Händler seine Hände in große Jutesäcke tauchen, Teeblätter beschnuppern, berühren, untersuchen, zurücklegen und erneut in die Hand nehmen. All das tat er langsam und bedächtig, und irgendwann fiel dann die Entscheidung. Die Franzosen hatten übrigens schnell begriffen, welche Bedeutung Tee und Zucker in der marokkanischen Gesellschaft einnehmen. Während der Zeit des Protektorats, zwischen 1912 und 1956, subventionierten sie beides, denn solange die Preise niedrig waren, war das Risiko einer Revolte geringer.

Als kleiner Junge begleitete mein Großvater Abdelkader immer seinen Vater, wenn er das Vieh des Sultans mit dem Brandeisen zeichnete. Auf dem Heimweg zischte er dann unaufhörlich: »Chenn … Chenn …«, das Geräusch des glühenden Eisens auf der Haut der Tiere nachahmend. Bald wurde er von allen Kindern im *Douar* nur noch »Chenn« genannt, ein Spitzname, der ihn zur Weißglut treiben konnte. Oft genug machte er seinem Unmut mit einem gezielten Fausthieb Luft. Zu seinem größten Missfallen beschloss mein Vater, der bis dahin Mohamed ben Abdelkader, also Mohamed, Sohn des Abdelkader, geheißen hatte, im Jahr 1950, sich in Mohamed Chenna umzubenennen. Mein Großvater tobte vor Wut, denn für ihn war dieser Name gleichbedeutend mit Spott und Hohn. Doch die Zeiten hatten sich geändert, man kam nicht mehr ohne festgelegten Familiennamen aus. Es war einfach nicht mehr zeitgemäß, sich immer nur »Sowieso Sohn des Sowieso« zu nennen.

Mein Vater und seine Familie waren Nomaden und lebten in Zelten. Die Familie meiner Mutter dagegen war sesshaft und besaß ein Haus, was ihr ein höheres Ansehen bei der französischen Protektoratsmacht einbrachte.

Mein Urgroßvater entstammte einer gut situierten Familie, die Ländereien in der Chaouia, einer Region im Einzugsgebiet von Casablanca, besaß. Er war Kaid, also Oberhaupt unseres Stammes, ein aus Feudalzeiten stammender Titel, der ursprünglich vom Vater auf den Sohn vererbt worden war. Seine Frau stammte aus einer Gegend am Rande der Sahara, vom Stamm der Arribat – und das war auch ihr Vorname. Aus dieser Ehe entsprang ein einziges Kind, meine Großmutter Fadma.

Fadma wurde mit einem Rotschopf verheiratet, der nicht viel Persönlichkeit mitbrachte, was aber nicht ins Gewicht fiel, weil sie davon für zwei besaß. Als ihr Vater starb, hatte sie bereits drei Töchter geboren.

Eine kleine Anekdote am Rande: Am Todestag meines Großvaters stibitzte sich einer seiner Sklaven, ein großer starker Senegalese, das Pferd des Verstorbenen für einen Ausritt. Am selben Abend noch wurde dieser gut gewachsene Schwarze von einer rätselhaften Lähmung befallen. Man kam überein, dass das die Strafe dafür war, dass er es gewagt hatte, das Reittier seines Herrn zu besteigen.

Der Verblichene ließ seine Frau Arribat, seine Tochter Fadma und drei Enkelinnen zurück, aber keinen männlichen Nachkommen. Im Stamm konnten aber nur Männer erben. Dieser Brauch hatte die Zeit überdauert, obwohl durch den Islam auch die Frauen in die Erbfolge aufgenommen worden waren. Selbst die Franzosen, seit 1912 unsere Protektorats-, also wörtlich »Schutz«-Macht, hatten nicht an diesen Traditionen gerüttelt. Ganz im Gegenteil: Sie förderten sie sogar noch, indem sie Tribunale einsetzten, die über die Einhaltung der Bräuche wachten. Auf diese Weise versuchten sie, die abtrünnigen Berberstämme auf ihre Seite zu ziehen. Dadurch aber drohte nun der ganze Besitz meines Großvaters in die Hände irgendwelcher entfernter Verwandter zu fallen. Die Cousins lagen bereits auf der Lauer und warteten nur noch das Ende der Trauerzeit ab, um die Witwe und ihre Töchter zu vertreiben und sich die gesamte Habe des Verstorbenen unter den Nagel zu reißen. Vielleicht wären sie sogar so unendlich gütig gewesen, den hinterbliebenen Frauen auf Lebenszeit eine winzige Kammer im Haus zuzuteilen, verpflichtet waren sie dazu nicht.

Und doch sollte alles ganz anders kommen. Arribat, meine Urgroßmutter, hatte aus ihrer Heimat im Süden einige Sklavinnen mitgebracht. Eine davon, ein süßes, zierliches junges Ding mit pechschwarzer Haut namens El Yesmine, kam eines Tages zu ihr, um ihr diskret mitzuteilen, dass sie von ihrem Herrn schwanger sei. Das eilig einberufene Traditionstribunal ordnete an, zunächst alles ruhen zu lassen und die Entbindung abzuwarten, bevor die Erben benannt werden sollten.

Zu unser aller Glück gebar El Yesmine einen Sohn. Dank dieses Kindes konnten meine Urgroßeltern ihre Ländereien behalten und weiterleben wie gehabt.

Ich erinnere mich noch gut an diese Sklavin, sie gehörte zur Familie. Sie war schwarz wie Ebenholz und hatte ein makellos weißes Gebiss. Wenn sie uns Kindern Angst machen wollte, brauchte sie nur grinsend ihre Zähne zu zeigen. Dieser extreme Gegensatz von Schwarz und Weiß in ihrem Gesicht genügte, um uns einen gewaltigen Schrecken einzujagen.

Sie wusste genau, dass die Familie nur ihretwegen überlebt hatte. Nach dem Tod ihrer Herrinnen, Arribat und ihrer Tochter, nahm sie deren Platz ein und forderte Mitspracherecht. Ihr Sohn Hamida wurde ausschließlich von meinem Urgroßvater erzogen. Um so rasch wie möglich einen männlichen Erben zu bekommen, verheiratete man den Jungen im Alter von 14 mit einem kleinen Mädchen, das gerade einmal zehn war. In der Hoffnung, dass alsbald etwas passieren würde, steckte man das kindliche Ehepaar regelmäßig zusammen ins Bett. Doch es waren eben noch Kinder, und so schliefen sie jedes Mal brav nebeneinander ein.

Hamida wurde noch zwei weitere Male verheiratet. Zunächst mit einer Cousine aus der Region von Chaouia, die sich als zickig und leicht kränkbar erwies, was nach der Geburt einer Tochter schließlich Anlass zur Trennung gab. Dritte Frau Hamidas wurde die Tochter eines Kaiden aus der Gegend von Rabat, die ihm zahlreiche Nachkommen bescherte: fünf Söhne und fünf Töchter! Später bekam eine seiner Sklavinnen darüber hinaus noch eine Tochter und zwei Söhne von ihm. Er konnte also ruhig schlafen, seine Nachfolge war gesichert.

Sein glückliches Geschick hatte Hamida zwei Frauen zu verdanken: seiner Mutter, der schwarzen Sklavin, und Arribat, meiner Urgroßmutter, die ihm letztendlich ermöglicht hatten, das Leben eines Paschas zu führen. Glücklich und zufrieden mit seinen Ehefrauen, seinen Sklaven, seinem Kif und seinen Trinkgelagen, hatte er nie wirklich gearbeitet. Die zweitausend Hektar Land brachten so viel ein, dass er ein sorgenfreies Leben führen konnte. Ich war die Einzige in der Familie, die er regelmäßig besuchte. Ich war seine Lieblingsnichte, und ich glaube durchaus, dass er mich ein wenig als seine Tochter betrachtete.

Onkel Hamida starb 1991 relativ jung, er war nur wenig über sechzig geworden. Am Tag nach seinem Tod kam ich aus dem Gefängnis frei, und ich bedaure es unendlich, ihn nicht noch einmal gesehen zu haben.

Meine Mutter, Yamna-Amar, Fadmas Tochter, war erst dreizehn, als sie meinen damals bereits vierundzwanzigjährigen Vater, Mohamed ben Abdelkader, heiratete. Ich wurde ein Jahr darauf, am 4. Februar 1936, in Meknès geboren, wo mein Vater stationiert war. Meine Mutter hatte bei der Entbindung Hilfe von einer französischen Hebamme, was zur damaligen Zeit nahezu an ein Sakrileg grenzte! Kurz darauf zogen wir nach Syrien, nachdem mein Vater in die französische Armee einberufen worden war. Zu der Zeit erwartete meine Mutter bereits ein weiteres Kind, meinen Bruder Fouad, der in Damaskus geboren wurde.

Ich war schon immer ein freiheitsliebender Mensch. Wenn ich in meinen frühesten Erinnerungen krame, sehe ich mich als Dreijährige unabhängig und ziellos allein eine sonnenbeschienene Straße hinunterrennen …

Es war in Damaskus, kurz vor Ausbruch des Zweiten Weltkriegs. Man feierte *Aïd el Kebir*, das große islamische Opferfest, das auch *Fête du Mouton*, also »Fest des Schafes«, genannt wird und mit dem die Muslime Abrahams Opfer gedenken. Frühmorgens schon werden mein kleiner Bruder Fouad und ich von der Ordonnanz geweckt. Der Mann wäscht uns, zieht uns an, macht uns zurecht und putzt uns heraus, bis es Zeit ist, bei meinen Eltern an die Tür zu klopfen. Als er, von einem plötzlichen Drang getrieben, die Toilette aufsucht, stürze ich hinterher und drehe von außen den Schlüssel im Schloss um. Der Soldat sitzt in seinem engen Kabuff fest, und mein Brüderchen steckt in seinem Laufstall ebenfalls hinter Gittern. Ich bin frei! Rasch einen Stuhl vor die Haustür geschleppt, und schon erreiche ich mit Leichtigkeit die Türklinke. Ein paar Sekunden später bin ich draußen.

Ich folge einfach dem Weg, der sich breit und lang vor mir

auftut, und marschiere glückselig los. Es ist ein berauschender Moment, in dem ich das Gefühl habe, dass mich nichts und niemand aufhalten kann. Ganz selbstverständlich steuere ich auf den einzigen Ort zu, den ich kenne: die Kaserne meines Vaters.

Die Offiziere, die beim Frühstück zusammensaßen, empfingen mich herzlich. Sie ließen mich auf den Tisch klettern und gaben mir Bonbons und Kuchen. Wie herrlich einfach erschien mir das Leben doch in solchen Augenblicken. In meinen wollenen Spielhöschen war ich die Königin des Festes, der Mittelpunkt der Welt. Doch dann erschien mit verschlossener Miene mein Vater, der kochte vor Wut.

Meine Eltern hatten verschlafen, weil die Ordonnanz sie nicht geweckt hatte. Irgendwann hörten sie sein Klopfen an der Toilettentür. Voller Entsetzen erfuhren sie von meinem Verschwinden und begannen sofort, überall fieberhaft nach mir zu suchen. Dann kam meinem Vater die Idee, in der Kaserne nachzusehen.

Meine Eskapade nahm ein jämmerliches Ende. Den gesamten Heimweg über, und es war etwas mehr als ein Kilometer, trieb mich mein Vater an, indem er mich mit dünnen Zweigen auf die nackten Schenkel schlug. Am Ende war meine Haut von lauter roten Striemen überzogen. Ich hatte meinen Ausflug teuer bezahlt. Die Spuren der Schläge brannten wie Feuer. Ich muss ziemlich erbärmlich ausgesehen haben, als wir zu Hause ankamen, denn meine Mutter begann bei meinem Anblick sofort zu schreien. Das ist übrigens eine der wenigen Erinnerungen, die ich an sie habe.

Diese übertrieben strenge, ja brutale Züchtigung grub sich tief in mein Gedächtnis ein, und ich brauchte sehr lange, um meinem Vater zu verzeihen. Dabei vergebe ich im Grunde immer, wenn mir jemand weh getan hat. Ich vergebe, aber ich vergesse nicht. Schmerzliche Ereignisse bleiben mir unauslöschlich in Erinnerung.

An diesem Tag jedenfalls suchte ich die Freiheit. Eine Freiheit, die ich nie wirklich kennen lernen sollte. Noch heute, als Mutter von sechs Kindern, für die ich der Mittelpunkt der Welt bin, kann ich nie wirklich frei sein. Sie sind zwar inzwischen alle erwachsen, aber sie sind anders als andere. Sie haben nie ein normales Leben geführt und geraten sofort in Panik, wenn ich nicht ständig da bin, um ihnen zuzuhören oder zu helfen.

1940 tobte der Krieg in Europa, und den Franzosen wurde allmählich bewusst, dass sie Syrien verlieren würden. Die Evakuierung vollzog sich in aller Stille. Die Offiziere erhielten den Befehl, sich von ihren Familien zu trennen. Für uns stand ein Schiff bereit, das uns nach Marokko zurückbringen sollte.

Meine Mutter, damals achtzehn und zum dritten Mal schwanger, wurde auf der Heimreise krank. Sie entband zu Hause bei ihrem Stamm, im Schoße der Familie, in unserem Dorf im Zemmour. Doch die Anstrengung der Reise und die Lungenentzündung, die sie sich auf dem Schiff zugezogen hatte, hatten sie so geschwächt, dass sie bei der Geburt starb. Das Baby, ein kleiner Junge, überlebte ebenfalls nicht.

Bei uns Berbern gilt eine Frau, die im Kindbett stirbt, als Braut des Himmels. Sie wird wie eine Braut in ein weißes Kleid gehüllt und festlich geschmückt. In einem traurigen Zeremoniell wuschen wir sie, richteten sie zurecht und zogen ihr ihr Brautkleid an.

Was dann kam, war einfach nur noch schrecklich und schmerzlich. Meine Großmutter Fadma verlor vollkommen die Fassung. Auch ihre anderen beiden Töchter hatte sie bereits sterben sehen. Sie waren an Tuberkulose gestorben, einer Krankheit, die im Zemmour zur damaligen Zeit immer noch schrecklich wütete. Es war ihre dritte Trauer, und sie begehrte auf gegen ihr Schicksal und gegen Gott. An der Quelle in unserem *Douar* schrie sie ihren Schmerz hinaus, schnitt sich mit einem Messer ihr üppiges Haar ab, schlug sich ins Gesicht, kratzte sich, bis es blutete, und beschmierte sich am ganzen Körper mit Schlamm und Ruß.

Ich war verstört. Ich sah meine Großmutter in ihrem unendlichen Schmerz, meine wunderschöne Mutter, die in ihrem Brautkleid so lebendig wirkte, und ich begriff nicht, wie sie bei all diesem Tohuwabohu einfach weiterschlafen konnte.

Schließlich wurde der Leichnam meiner Mutter aus dem Haus gebracht und im Patio aufgebahrt. Eine Art Teppich, bestickt mit Silberplättchen, den sie selbst kurz zuvor noch gewebt hatte, wurde über sie gelegt, während die Klageweiber ohne Unterlass jammerten und schluchzten. Genau in dem Augenblick, als Mama in die Gruft hinuntergelassen werden sollte, erschien mein Vater. Er öffnete den Sarg, holte die sterbliche Hülle seiner Gattin heraus und küsste sie unter Tränen. Verzweifelt schüttelte er sie und schrie sein ganzes Unglück hinaus. Es sind Bilder, die ich nie vergessen konnte und die mich mein ganzes Leben lang verfolgten.

Ich war damals vier, und mein kleiner Bruder Fouad mit seinen zwei Jahren versuchte mich zu trösten und zu beruhigen, indem er so tat, als sei unsere Mutter nur vorübergehend weg. Der hoch begabte kleine Junge redete wahrhaftig wie ein Erwachsener. Er bot mir Halt in dieser Situation und spendete mir Trost, indem er sagte:

»Schau, Schwesterchen, Mama ist nur nach Fès gefahren …«

Ich schrie und wehrte mich, denn im Grunde meines Herzens wusste ich genau, dass sie nie wiederkehren würde. Das Problem löste ich irgendwann damit, dass ich ihr nachtrug, uns im Stich gelassen zu haben. Auf diese Weise interpretierte und verstand ich den Tod.

Mein Vater brachte uns nach Meknès und überließ uns der Fürsorge unserer Dada Fadela, einer Sklavin, die Mutter bei ihrer Heirat bekommen hatte. Bis in die fünfziger Jahre hinein wussten unsere Sklaven nicht, dass die Sklaverei längst abgeschafft war, und wir betrachteten sie als Teil der Familie. Es war eben Tradition, an der auch die Gesetze der französischen Besatzer nichts änderten. Die Sklavinnen waren an einen Haushalt gebunden, doch auch der Herr hatte ihnen gegenüber Pflichten. Er durfte sexuell über ihren Körper verfügen, doch wenn sie ein Kind von ihm bekamen, wurde es neben dem Nachwuchs der offiziellen Ehefrau gleichberechtigt anerkannt.

Meine Mutter war kaum unter der Erde, da zog mein Vater in den Krieg. Zunächst kehrte er nach Syrien zurück, wo er fast eineinhalb Jahre blieb; dann ging er nach Europa, genauer gesagt an den Rhein. Wir haben ihn erst nach Kriegsende wiedergesehen.

Unter der Obhut unserer Dada, unseres Kindermädchens, wurden wir in Meknès in eine riesige Familie aufgenommen, die Ben Zidane. Der Vater, Moulay Abdelrahman Ben Zidane, ein sehr weiser Mann, führender Kopf der Militärschule von Darbeidal – der Offiziersschule der Stadt –, lehrte islamische Theologie. Dieser wunderbare Mensch mochte meinen Vater sehr und behandelte uns wie seine eigenen Enkel.

Obwohl ich noch so klein war, entwickelte ich in seinem Haus – besser gesagt in seinem Palast – einen Sinn für Ästhetik, für das Schöne, ob schlicht oder verspielt. Ich wachte frühmorgens auf, um draußen den Duft der Blumen einzusaugen, die bunten Vögel in den Bäumen singen zu hören, zwischen den Obstbäumen und -sträuchern spazieren zu gehen oder in den terrassenförmig angelegten Weinbergen herumzutollen, deren Reben voll roter und weißer Trauben hingen. Sid Elkebir Ben Zidanes Gattin hieß Lalla Malika. Sie trug stets einen leuchtend bunten Kaftan, eine eigenartige Frisur, die an die Hörner eines Widders erinnerte, und aufwendigen Stirnschmuck. Im Sommer ließ sie gelbe und weiße Jasminblüten sammeln, um daraus Halsketten zu binden. Wenn es ein Paradies gibt, dann muss es so ähnlich aussehen.

Durch die Vermittlung dieser Familie habe ich Mohammed V., Sidi Mohammed ben Youssef, zum ersten Mal getroffen. Die Schwester des Sultans, Lalla Zineb, war mit Moulay Mustapha verheiratet, dem ältesten Sohn von Ben Zidane. Die junge Frau hatte mich unter ihre Fittiche genommen, sie war so etwas wie meine Patin, holte mich zu den Festen und ersetzte mir ein wenig die Mutter, die mir so fehlte.

Ich war acht, als Lalla Zineb mich in den Palast von Meknès mitnahm. Sultan Moulay Ismaïl, der einstmals eine Tochter Ludwigs XIV. zur Frau nehmen wollte, hatte an dieser Stelle ein eher nüchternes Gebäude errichten lassen. Auf seinen Grundfesten stand nun der Palast mit seinen unzähligen riesigen Räumen, deren Decken kunstvoll verziert waren. Eine Reihe von Gärten mit farbenfrohen Mosaikbassins lagen einer hinter dem anderen. Am Fuße der roten Mauer, vor den von Tauben bevölkerten Kanonenlöchern, zwischen den Pfeilern, auf denen Schwäne nisteten, wuchsen Orangen-, Oliven- und Feigenbäume, welche die Luft mit ihrem würzig-süßen Duft erfüllten.

Das Gebäude selbst war dagegen ziemlich düster. Im Innern war unaufhörlich ein dumpfes Geräusch zu vernehmen, das eine merkwürdig unwirkliche Atmosphäre schuf. In den Gebäuden der Medina von Meknès plätschert unablässig Wasser, das zwar trüb aussieht, aber so süß schmeckt, dass man es für gezuckert halten könnte. Es sorgt für die schönsten Früchte und das herrlichste Gemüse. Diese Bäche flossen im Zentrum des Palastes, und man hörte das Rauschen in allen Ecken. Es war, als ob man sich inmitten eines Gebirgsbaches befände. Hier hatte ich als Kind sogar am helllichten Tag Angst.

Mohammed V., der stets mit einer schlichten weißen *Gandoura** bekleidet war, war ein Mann von entwaffnender Bescheidenheit. Er hatte wenig für den Luxus und das strenge Protokoll übrig und fühlte sich am wohlsten, wenn ihm seine Frauen andalusische Musik vorspielten. Und doch fiel es bei all seiner Gutmütigkeit schwer, sich in der Gegenwart einer solchen Persönlichkeit wohl zu fühlen. Er strahlte etwas Einzigartiges, eine natürliche Autorität aus. Vielleicht war es sein tiefer Glaube an Gott, der ihn von innen heraus erleuchtete. Unter all den Mächtigen dieser Welt, die ich kennen gelernt habe, war er der Einzige, der mich wirklich zutiefst beeindruckt hat.

Ich ging auf den Sultan zu, und er stellte mir ein paar Standardfragen:

»Wie heißt du? Wessen Tochter bist du? Wo wohnst du?«

Lalla Zineb wurde mit jedem Wort, das ihr Bruder sagte, ein wenig blasser und zitterte schließlich am ganzen Körper. Sie hielt es für das Beste, mich von dort wegzubringen, da ihre größte Sorge war, dass der Sultan ein Auge auf mich werfen könnte.

»Du bist süß, du bist ein Waisenkind«, erklärte sie mir, »und dein Vater ist weit weg. Das sind die besten Voraus-

* Eine Art langes Hemd, das die Araber unter dem Burnus tragen.

setzungen dafür, dass er dich zu seiner Konkubine macht. So weit darf es niemals kommen! Ich will nicht, dass du dein Leben lang hinter den Mauern eines Palastes weinst und mich tagtäglich dafür verfluchst.«

Zwei Jahre später sah ich Mohammed V. im Haus seiner Schwester wieder. Er hatte mich zu sich gerufen. An jenem Tag hatte man mich ganz englisch angezogen, mit Schottenrock, weißen Strümpfen, Lackschuhen, blauem Pullover, und mein Haar zu Zöpfen geflochten. Doch ich war krank gewesen und schrecklich abgemagert, und ich glaube, es rührte ihn, mich so schmächtig zu sehen. Er hatte ein anderes Bild von mir im Kopf. Das kleine Mädchen, das man ihm im Palast vorgestellt hatte, war pausbäckig gewesen und hatte so traurig dreingeblickt, dass es ihn zutiefst gerührt hatte. Auf diese Weise erwiderte er die Verehrung, die ich damals bereits für ihn hegte und die ich ihm bis zu seinem letzten Atemzug entgegenbringen sollte.

Die Ausbildung der Mädchen beschränkte sich zur damaligen Zeit im Wesentlichen auf Sticken und Kochen. Man beschloss also, dass auch ich in diesen lebensnotwendigen Fertigkeiten unterrichtet werden sollte. Ich wurde zu einer Klöpplerin und Stickerin geschickt, die sich als regelrechter Folterknecht entpuppte. Sicherlich war ich kein einfaches Kind, aber ich war eben ein Kind. Es ist schrecklich, wie man damals mit Schülern verfuhr. Sie wurden bei jeder geringsten Kleinigkeit geschlagen, selbst wenn es nur um eine unerlaubt stibitzte Traube ging.

Einmal – wir waren zu fünft – hatten wir gerade nichts zu tun. Wir kletterten auf einen Schemel, und eine auf den Schultern der anderen balancierend, erreichten wir den Schrank, in dem die Klöpplerin einen Topf Honig versteckt hatte. Daran taten wir uns dann gütlich. Als sie unser »Verbrechen« bemerkte, bestrafte sie uns mit Stockschlägen. Ich war am ganzen Körper mit blauen Striemen übersät. Anderntags weigerte ich mich, zu dieser Kinderquälerin zurückzukehren. Schon damals ziemlich dickköpfig, erklärte ich:

»Nein, ich gehe da nicht mehr hin. Ich will zu den Schwestern. Ich will nicht sticken lernen, ich will lesen und schreiben lernen.«

Ich wollte ins Kloster, weil ich wusste, dass dort viele Waisen wie ich untergekommen waren. So kam ich ins Internat der Franziskanerinnen in Meknès. In dem Kloster, das sich zwischen der alten und der neuen Medina befand, lebten rund fünfzig Nonnen. Sie kümmerten sich um die Erziehung von etwa zweihundert Mädchen, die aus aller Herren Länder stammten, aus Marokko, Portugal, Spanien, auch Jüdinnen waren darunter. Und alle trugen die gleiche Uniform, ein graues Kleid mit weißem Kragen. Nur an Feiertagen trug man ein rosa Kleidchen.

Die erste Religion, die ich kennen lernte, verstand und praktizierte, war somit der Katholizismus. Morgens, mittags und abends ging ich zum Beten in die schöne Kirche mit ihrem vergoldeten Stuck; auf der blau bezogenen Holzbank sitzend, verehrte ich die große Figur des Christus am Kreuz und die Statue der Heiligen Jungfrau, deren sanfter und reiner Blick mich in seinen Bann schlug. Um den Hals, über meinem Herzen, trug ich voller Ehrfurcht ein Kreuz und ein Marienbild. Das währte insgesamt fünf Jahre, bis mein Vater 1946 aus dem Krieg heimkehrte.

Ich bekam selten Besuch in dieser Zeit, nur ein Onkel kam einmal im Jahr vorbei. Doch ich war so gut in die Gemeinschaft der Franziskanerinnen integriert, dass ich gar keinen Kontakt mehr mit Leuten von draußen aufnehmen konnte. Sie schienen einer anderen Welt anzugehören.

In dieser Zeit lernte ich auch, allein zu sein und mit dem Alleinsein zurechtzukommen. Ich war ein anfälliges Kind, häufig krank und ständig von Infektionen heimgesucht. Man behandelte mich mit den damals bekannten Mitteln: Sirupen, Umschlägen und Schröpfköpfen. Es waren unzureichende Behandlungsmethoden, die oft höllisch schmerzten und meist keinerlei Wirkung zeigten. Ich verbrachte die Hälfte der Zeit im Bett und meditierte.

Gleichwohl hatte ich zahlreiche Freundinnen, die ebenfalls Halbwaisen waren wie ich. Uns allen war das gleiche Schicksal widerfahren, wir verstanden uns und wussten, was in den anderen vorging. Es fiel mir sehr leicht, Freundschaften zu schließen, und manchmal geschah es auf ganz ungewöhnliche Weise. So hatten wir zum Beispiel während des Krieges nicht immer genug zu essen, was mir persönlich aber wenig ausmachte. Ich konnte ohnehin nichts essen. Obwohl ich bereits nur noch Haut und Knochen war, tauschte ich bereitwillig meinen Teller Linsen oder Kartoffeln gegen ein Stück Schokolade oder eine Käseecke ein. Dank dieser Naturaliengeschäfte war ich bei allen Mädchen äußerst beliebt.

Diese Phase dauerte bis zur Rückkehr meines Vaters 1946. Was er in all den Jahren in Europa erlebt hat, habe ich nie erfahren. Möglicherweise hatte er sogar ein Kind mit einer Deutschen, ich habe einmal verdächtige Fotos gesehen. Ich war noch klein und begriff nicht sofort, aber später habe ich ihm Vorwürfe gemacht. Er ist überhaupt nicht sentimental, warum also hat er diese Erinnerungen aufbewahrt? Er ist nicht der Typ, der aus einer Affäre eine lange Beziehung macht. Wenn es dieses Kind tatsächlich gibt, muss es heute um die fünfzig sein. Existiert es überhaupt? Werde ich eines Tages davon erfahren?

Zurück in Marokko, heiratete mein Vater, der damals um die dreißig war, erneut. Seine neue Frau war ein unerfahrenes junges Ding, das Ben Zidane für ihn ausgesucht hatte. Sie hieß Khadija, hatte keine Ahnung vom Leben, und das Gesicht ihres Mannes sah sie zum ersten Mal in der Hochzeitsnacht. Nach den Flitterwochen kam mein Vater, um mich aus dem Kloster zu holen. Die ganze Familie machte ihm Vorwürfe:

»Was? Deine Tochter ist Christin geworden! Eine Schande ist das …«

In der Tat hatte ich nach all den Jahren bei den Nonnen die katholischen Riten verinnerlicht. Noch heute sind sie tief in mir verankert. Wenn ich beten und mit Gott sprechen will, wende ich mich immer noch an die Muttergottes. In meinem Kopf geht das alles ziemlich wild durcheinander. Was macht es schon für einen Unterschied, ob man Muslimin oder Christin ist? Auch im Islam wird die Macht anerkannt, die Gott Maria verliehen hat, indem er sie über alle Frauen erhob. Für uns Muslime ist die Marienverehrung weder blasphemisch noch ein Widerspruch. Das Einzige, woran ich nicht glauben kann, ist, dass Christus Gottes Sohn ist. Das ist uns verboten. Ja, Jesus war ein Prophet. Ja, Jesus ist aus Gottes Odem geboren. Doch nach unserer Religion ist er nicht als Sohn Gottes geboren. Von diesem Detail abgesehen, war ich immer in Islam und Christentum gleichermaßen tief verwurzelt.

Ich verließ also das Kloster, und mein Vater meldete mich an der französischen Schule an. Tapetenwechsel: laizistische Erziehung und gemischte Klassen. Das Gebäude befand sich in der Nähe des Bab-Mansour-Tors, also in direkter Nachbarschaft zur Mellah, dem jüdischen Viertel. Davor lag ein großer Platz, auf dem Kunsthandwerker ihre Metallarbeiten herstellten. Hier vermischten sich in einem Kaleidoskop aus Farben und Klängen Goldschmiedekunst und Kupferhandwerk. In den Stadtvierteln von Meknès wohnte man damals je nach Herkunft zusammen. Die Juden hatten ebenso einen eigenen Stadtteil wie die so genannten *Chorfas*, die Nachkommen des Propheten.

Es fiel mir sehr schwer, mich an diese neue Umgebung zu gewöhnen. Insgeheim blieb ich den Nonnen und ihrer Erziehung treu. Mein Vater nahm mir regelmäßig das Amulett mit der Muttergottes weg, das ich um den Hals trug. Er riss es mir ab und warf es in den Hausbrunnen. Ich weinte dann die ganze Nacht und wachte mit rot geschwollenen Augen auf. Vater und ich waren beide unglücklich: er, weil er mich schikanierte, und ich, weil ich schikaniert wurde. Nach Schulschluss machte ich einen Riesenumweg am Kloster vorbei, wo mir die Schwestern ein neues Amulett schenkten, das ich dann mehr schlecht als recht so lange versteckte, bis mein Vater es wieder entdeckte.

Die Nonnen liebten mich, und ich erwiderte ihre Sympathie. Sie waren Syrerinnen arabischen Ursprungs und verstanden nur allzu gut, dass ich zwischen sämtlichen Stühlen saß; sie konnten meine Verzweiflung und Verwirrung bestens nachvollziehen. Mein Vater wiederum gab sich größte Mühe, mich den Koran zu lehren. Zunächst fand ich, dass das mit der religiösen Erziehung, die ich genossen hatte, unvereinbar war. Doch später wurde mir klar, dass überall derselbe Gott verehrt wurde, man musste nur wissen, wie man die Dinge zu betrachten hatte. Ob man nun Moslem, Christ oder Jude ist – Gott ist doch immer derselbe, oder nicht?

Mein Vater, meine Stiefmutter und ich blieben zwei Jahre in Meknès, bis die französische Armee meinen Vater nach Indochina schicken wollte. Er weigerte sich, erneut an die Front zu gehen. Mein Bruder Fouad war im Alter von acht Jahren an Lymphknotenkrebs gestorben, und er wollte sein einziges verbleibendes Kind nicht wieder allein zurücklassen:

»Zuerst habe ich meine Frau verloren, dann meinen Sohn, während ich im Krieg war. Ich habe nur noch die eine Tochter, und ich will sie nicht länger in fremden Händen lassen …«

Er quittierte seinen Dienst bei der Armee, blieb aber gleichwohl Reserveoffizier. Wir kehrten zurück in das Gebiet unseres Stammes, die Region von Zemmour, genauer gesagt nach Salé, Rabats Schwesterstadt. Meine Mutter hatte uns dort ein schönes Haus mitten in der Medina hinterlassen. Es war eine sonnendurchflutete Villa mit einer großen Terrasse, von der aus man ganz Salé und Rabat überblicken konnte, und eines der wenigen marokkanischen Häuser der Medina, bei dem man mit dem Auto direkt bis vor den Eingang fahren konnte. Das machte es noch exklusiver. Leider hatte mein Vater es an einen französischen Zahnarzt vermietet, der sich weigerte auszuziehen. Bis wir unser Eigentum selbst nutzen konnten, wohnten wir in einem kleinen Häuschen, das feucht und düster war.

Mein Vater widmete sich zunächst der Landwirtschaft. Er verpachtete meinem Onkel Hamida einen Teil des Ackerlandes und baute eigenhändig im Sommer Tomaten, im Winter Kohl und im Frühling Zwiebeln an. Unsere Vorräte lagerten wir in riesigen Speichern: Die Zwiebeln wurden, zu Zöpfen geflochten, aufgehängt, und die in Olivenöl eingelegten Tomaten bewahrten wir in großen Tonkrügen auf.

Im grauen Schulkittel mit dem obligatorischen weißen Kragen besuchte ich weiterhin die französische Schule. Das bedeutete für mich Tag für Tag einen langen Fußmarsch, weil das Collège am Stadtrand lag. Obwohl ich so dünn war, war ich ein von allen gefürchtetes kleines Miststück geworden. Mein Vater hatte mir hohe, an Militärstiefel erinnernde Schuhe anfertigen lassen, weil ich x-beinig ging. Er hoffte, dass sich dieser Haltungsfehler dadurch von selbst geben würde. Aber wehe den Jungs, die es wagten, mich zu foppen: Wenn ich meinen Peinigern mit aller Wucht gegen die Schienbeine trat, wurden meine Schuhe zu einer schrecklichen Waffe.

Eines Tages beschloss ein junger Mann von siebzehn Jahren, es mit mir aufzunehmen. Er warf sich mit aller Kraft auf mich und drosch mir mit unglaublicher Brutalität in den Rücken. Dabei riss einer meiner Lungenflügel, und ich schwebte zwei Monate lang in Lebensgefahr. Ich konnte nicht mehr essen und bekam wie ein Baby Milch aus einem Fläschchen.

Ein Arzt nach dem anderen wurde konsultiert. Ohne Erfolg. Eines Tages brachte mich mein verzweifelter Vater zu Dr. Jeblli. Ich war zwölf und bestand nur noch aus Haut und Knochen. Trotz meines Dämmerzustandes hörte ich klar und deutlich, wie der Lungenspezialist sagte:

»Sie können sie mitnehmen. Sie wird die Nacht nicht überstehen.«

In meinen Ohren klang das wie eine Herausforderung. Ich wollte dem Tod, der mir schon Mutter und Bruder entrissen hatte, die Stirn bieten. »Für wen hält der sich eigentlich? Vielleicht will er ja, dass ich die Nacht nicht überstehe?«, dachte ich. Mein Vater brachte mich nach Hause, legte mich in mein Bett und las mir aus dem Koran vor. Gegen vier Uhr morgens wachte ich auf und bekam einen Hustenanfall, der gar kein Ende mehr nehmen wollte. Schließlich brachte ich ein paar Worte heraus:

»Ich möchte etwas essen, Nudeln mit Milch …«

In der Annahme, einer Sterbenden den letzten Willen zu erfüllen, eilten alle in die Küche. Ein wenig später, gegen acht Uhr, bekam ich meine Nudeln. Als ich sie aufgegessen hatte, verlangte ich noch mehr. Schließlich sagte ich zu meinem Vater:

»Ich möchte raus, Großvater besuchen.«

Mir war instinktiv klar, dass ich in den feuchten Räumen dieses Hauses nicht genesen würde. Ich brauchte die reine Luft und die Weite der Landschaft, in der unser *Douar* lag.

Mein Vater, meine Stiefmutter, meine Halbschwester und ich zogen alsbald in eine Lehmhütte, wo wir vier oder fünf Monate blieben. Das Dach der Hütte war mit Zweigen gedeckt und der Boden mit dicken, einander überlappenden Teppichen ausgelegt. Es war ein herrlicher Frühling und der Himmel kristallklar. Unser Wasser schöpften wir aus einer reinen Quelle. Wir ernährten uns von Körnern, frischer Butter und Milch. Die Berber feierten ihre Feste. In ihren riesigen Viehherden wurde jeden Tag ein Kalb geboren. Aus der Milch der Kühe, die gerade gekalbt hatten, wurde eine Art Crème fraîche hergestellt, die für die Kinder das Höchste war. Ich genas.

Zwei Monate lang war ich nicht in der Lage aufzustehen. Da ich kaum etwas wog, nahm mich meine Cousine Achoura huckepack. Sie war ein Jahr älter, aber etwas kleiner als ich, und sie ist mir in der ganzen schweren Zeit nicht von der Seite gewichen. Meine Füße schleiften über den Boden, wenn sie mit mir auf dem Rücken über die Felder rannte, um Tiere zu beobachten oder Blumen zu pflücken. Die Wälder, die unsere Ländereien umgaben, die rosige Frische des Morgens und die friedliche Ruhe der Natur haben mich wieder zum Leben erweckt. Ich war über den Berg, weil ich gesund werden wollte. Es war eine Herausforderung für mich. Die erste Herausforderung meines Lebens. Wenn der Arzt meinen Tod nicht mit solcher Gewissheit angekündigt hätte, hätte ich mich in mein Schicksal gefügt.

Später im Gefängnis hatte ich mich ständig irgendwelchen Herausforderungen zu stellen. Wenn ich krank war, wenn die Kinder krank waren, wenn wir alle verzweifelt waren, dachte ich immer an diesen Moment, in dem ich den Lungenarzt sagen hörte: »Sie wird die Nacht nicht überstehen …« Und ich wiederholte immer wieder, was ich mir schon mit zwölf Jahren gesagt hatte: »Du wirst nicht sterben. Du wirst sehen, alles geht vorbei, und eines Tages wirst du wieder glücklich sein.« Wenn ich versuchte, das meinen Kindern einzutrichtern, hielten sie immer dagegen:

»Mama, glaubst du wirklich im Ernst, dass alles gut wird? Dir ist anscheinend nicht ganz klar, in was für einer Lage wir uns hier befinden. Keiner von uns wird jemals wieder hier herauskommen.«

Doch ich ließ mich nicht beirren:

»Ich verspreche es euch. Ihr werdet hier herauskommen.«

Und ich glaubte tatsächlich daran. Es gibt Dinge, die ich spüre, die ich instinktiv weiß. So etwas passiert sicherlich jedem einmal, es ist eine Art unerschütterliche Intuition. Tief im Innersten fühlt man, dass das Blatt sich irgendwann wenden wird. Niemand außer mir hätte auch nur einen Augenblick geglaubt, dass wir jemals aus unserer Todeszelle entkommen würden. Ich war die Einzige, die sich dessen absolut sicher war.

Ich glaubte und glaube fest daran, dass das Leben nicht nur aus Verzweiflung bestehen kann. Es gibt doch immer Tag *und* Nacht, Sonne *und* Regen, Jugend *und* Alter, Krankheit *und* manchmal auch Heilung.

Das sagte ich meinen Kindern, obwohl ich zugeben muss, dass es auch das reine Unglück gibt. Viele Menschen, die ein ähnliches Schicksal wie wir erleiden mussten, sind nicht wieder zurückgekehrt. Und doch wusste ich, dass wir freikommen würden. Unser Leben würde nicht auf diese Weise zu Ende gehen.

Nach meinem Unfall nahm mich mein Vater aus der Schule, die für mich lebensgefährlich gewesen war. Die folgenden drei Jahre war ich zu Hause, ohne irgendetwas zu tun. Meine einzige Lektüre bestand aus *Intimité* und *Nous Deux*. Mit Hilfe dieser beiden Illustrierten erkundete ich meine Umwelt und das kulturelle Leben! Den *Grafen von Monte Christo* zum Beispiel las ich als Fotoroman. Ich schuf mir ein kleines Reich für mich ganz allein in meinem Zimmer – aus den Sachen meiner Mutter, den Möbeln meiner Mutter und den Dingen, die sie aus Syrien mitgebracht hatte.

Mit meiner Stiefmutter Khadija verstand ich mich zunächst überhaupt nicht. Sie wollte, dass ich »Mama« zu ihr sagte, und ich konnte mich nicht dazu durchringen. Um Diskussionen und Streitereien aus dem Weg zu gehen, schloss ich mich mit meinen Zeitschriften und dem Radio ein. Wir gehörten zu den Ersten, die einen Apparat besaßen. Mein Vater hatte ihn aus Deutschland mitgebracht. Zurückgezogen in mein Reich, hatte ich weniger Zusammenstöße mit meiner Stiefmutter und ganz allgemein weniger Probleme mit den anderen.

Es fällt mir schwer zu sagen, ob ich eine glückliche Kindheit hatte. Ich hatte eine außergewöhnliche Kindheit abseits jeglicher gesellschaftlicher Norm, die mit dem, was andere Mädchen in meiner Umgebung erlebten, nichts gemein hatte. Wenn ich mit meinen Cousinen oder den Kindern von Freunden meines Vaters zusammen war, saß ich immer allein in einer Ecke, das neueste Baby der Familie auf dem Arm. Und obwohl ich so dünn und zart war, bevorzugte ich als Spielkameraden stets Jungen, mit denen ich mich prügeln und schlagen konnte.

Die Einsamkeit wurde zu meinem Schicksal. Seit dem Tod meines Mannes bin ich schrecklich einsam. Sicher sind da die Kinder. Aber im Gefängnis waren sie sehr aufeinander fixiert, während ich meist mit dem Kleinsten beschäftigt war. Seit achtundzwanzig Jahren drehe ich mich nur um meine eigene Achse. Zwei Jahrzehnte lang hatte ich aufgrund unserer Gefangenschaft keine Wahl. Doch inzwischen sind wir seit neun Jahren frei, und noch immer bin ich einsam. Es gelingt mir nicht, Beziehungen zu Menschen aufzubauen. Manchmal habe ich den Eindruck, die Geschichte wiederholt sich. Erneut erlebe ich die Isolation wie damals im Haus meines Vaters, wenn ich mich mit Zeitschriften und Radio zurückzog.

II

Ein Fremder in Weiss

Schon in ganz jungen Jahren hörte ich voller Interesse zu, wenn sich die Erwachsenen über Politik unterhielten. Die meisten Freunde meines Vaters gehörten den progressivsten Gruppierungen des Landes an. Er selbst dagegen lehnte es ab, sich aktiv zu engagieren. Zweifellos nahm seine Liebe zu den Frauen ihn viel zu stark in Anspruch, als dass er sich voll und ganz der Politik hätte widmen können. Aber er lud Anhänger der Unabhängigkeitsbewegung zu sich ein und konnte ihnen stundenlang zuhören, ohne selbst ein Wort zu sagen.

Wenn sie zusammensaßen, diskutierten sie ihre Visionen von Marokkos Zukunft oder beschrieben mit flammenden Worten, welche Demütigungen der Familie des Sultans wieder zugefügt worden waren. Durch den Kontakt mit ihnen erwachten auch in mir nationalistische Gefühle. So lernte ich eines Tages in Rabat im Hause von Mohamed Lyazdi, einem der Köpfe der Istiqlal – der bedeutendsten Partei im Kampf für die Unabhängigkeit –, Mehdi Ben Barka kennen, einen fanatischen und rhetorisch gewandten Gegner der französischen Kolonialmacht. Aus dieser ersten Begegnung blieb mir von ihm vor allem das Bild eines glühenden Patrioten im Gedächtnis haften, der meinen Vater bedrängte, mich Arabisch lernen zu lassen, und das eines Lehrers, der sich über meine mangelnde Schulbildung empörte.

Marokko war seit 1912 französisches Protektorat. Der erste Gouverneur, General Lyautey, war auf Wunsch von Sultan Moulay Abd el Hafid gekommen, um das Land zu befriedigen. Nach Lyauteys Abzug im Jahr 1925 war das Land faktisch eine Kolonie. Die Franzosen machten die Gesetze, sie waren allgegenwärtig. Der Sultan war nur mehr eine Marionette. Die Unabhängigkeit stand noch in den Sternen, und wer so tollkühn war, auch nur eine interne Autonomie zu fordern, wanderte unweigerlich für immer ins Gefängnis.

1927 ernannten die Franzosen Mohammed V. zum Sultan von Marokko und zogen ihn damit seinem älteren Bruder vor, der als ziemlich unbequem galt. Ziel der Besatzer war es, Frieden und Zusammenhalt im Land zu wahren; man hielt es deshalb für besonders geschickt, diesen jungen Mann von achtzehn Jahren einzusetzen, der unauffällig, gefügig und nach Belieben formbar zu sein schien. Er verließ seinen Palast nur freitags, um in die Moschee zu gehen, er war fromm, ehrlich und zurückhaltend. Die Franzosen waren überzeugt davon, dass er die politischen Intrigen nicht aufdecken würde.

Auch die Mitglieder der Istiqlal-Partei, die 1943 mit dem klaren Ziel gegründet worden war, die Besatzer zu vertreiben, glaubten, dass der Sultan schwach und ohne Persönlichkeit sei, nichts weiter als ein Operettenkönig, der sich von den Ereignissen überrollen lassen würde. Frankreich und Istiqlal sollten sich gleichermaßen irren.

Mohammed V. erwies sich in Wirklichkeit als großer Patriot und Visionär. Seine Rede am 10. April 1947 in Tanger, in der er Marokkos Unabhängigkeit forderte, schlug ein wie eine Bombe. Von da an führten die Franzosen einen Zermürbungskrieg gegen den Sultan. Sie nutzten jede Gelegenheit, ihn zu demütigen, und versuchten mit allen Mitteln, ihn zu entmachten. Trotz dieser mehr als widrigen

Umstände gelang es ihm, sein Land in die Freiheit zu führen. Auch wenn er vielleicht nicht die scharfsinnige Klugheit seines Sohnes Hassan – des späteren Hassan II. – besaß, so verfügte er doch über die Geduld und das Feingefühl eines geschickten Politikers.

Nach der Rede 1947 war der Istiqlal-Partei klar, dass sie ohne Mohammed V. nicht weit kommen würde. Dieser wiederum wusste ebenso gut, dass er ohne Unterstützung des Volkes und der wichtigsten politischen Führer nicht weiter für die Unabhängigkeit eintreten konnte. In dieser Phase standen die verschiedenen Gruppierungen, welche die politische Landschaft Marokkos bevölkerten, einander am nächsten. Sie hatten nicht den geringsten Grund, sich gegenseitig zu misstrauen. Gleichwohl prallten verschiedene Vorstellungen aufeinander. Die einen wollten eine starke Monarchie, die anderen stellten sich eine konstitutionelle Monarchie vor, wieder andere träumten von einem sozialistischen Staat. Über eines waren sich jedoch alle einig: Zuallererst mussten die Kolonialherren aus dem Land gejagt werden.

Sogar Mehdi Ben Barka, der inzwischen zum Führer der Linken aufgestiegen war, wollte seinen Feldzug gegen das absolutistische System Mohammeds V. aufschieben. Einstweilen brachte er dem jungen Prinzen Moulay Hassan Mathematik bei. Allerdings war das Verhältnis zwischen Lehrer und Schüler nie besonders herzlich. Beide waren brillant und geradezu teuflisch intelligent. Jeder versuchte nach Kräften, seine Fähigkeiten so einzusetzen, dass er seine eigenen Vorstellungen verwirklichen konnte. Moulay Hassan ging sehr früh in die Politik, er war unglaublich ehrgeizig und machthungrig. Für die Unabhängigkeit kämpfte er nicht weniger leidenschaftlich als Ben Barka.

So verbrachte ich meine Jugend zwischen der Politik, die

ihre Schatten auf mich warf, und meiner selbst gewählten Einsamkeit in meinem Zimmer, mit Radio und Puppen. Bis zu dem Tag, an dem ich Mohamed ben Ahmed Oufkir kennen lernte.

Ich hatte mich wieder einmal mit meiner Stiefmutter gestritten. Während des Ramadans war ich aufs Land zu meinen Onkeln geflüchtet, wo ich von Cousins, Cousinen und der ganzen Familie verwöhnt wurde. Zum ersten Mal seit der Rückkehr meines Vaters war ich am Ramadan nicht zu Hause. Am 26. Fastentag kam mein Vater, um mich abzuholen:

»Du musst mit deiner Stiefmutter Frieden schließen. Das ist nicht gut so. Du musst heimkommen zu uns, das gehört sich so nicht ...«

Mit meinen knapp vierzehneinhalb erwiderte ich:

»Ich komme nur mit, wenn du mich verheiratest.«

Völlig entgeistert sagte er:

»Dich verheiraten? Ist dir eigentlich klar, wie alt du bist?«

»Aber es gibt Mädchen in meinem Alter, die schon verheiratet sind. Meine Mutter war vierzehn, als ich auf die Welt kam!«

»Ja«, entgegnete mein Vater traurig, »genau deshalb will ich nicht, dass du so früh heiratest. Deine Mutter hat zu früh Kinder bekommen, daran ist sie gestorben.«

»Ich will heiraten. Ich komme nur mit nach Hause, wenn du mich verheiratest.«

Man muss bedenken, dass wir uns im Jahre 1951 in Marokko befanden. Für die damalige Zeit und in Anbetracht der gesellschaftlichen Verhältnisse legte ich eine ungeheure Kühnheit an den Tag. Niemand wagte es damals, zu seinem Vater zu sagen: »Ich will heiraten«, schon gar nicht ein Mädchen! Angesichts meiner Sturheit gab mir mein Vater ein vages Versprechen, und so fuhr ich noch am selben Abend mit ihm nach Hause.

In jener schicksalhaften Ramadannacht, in der die Engel vom Himmel herabsteigen, um die Sünden der reumütigen Getreuen zu tilgen, war ich allein zu Hause. Meine Stiefmutter, mein Vater und die Kinder, die aus dieser Verbindung entstanden sind – mein Bruder und meine beiden Schwestern –, meine Cousine Achoura, die Mutter meiner Stiefmutter und meine Dada waren mit Freunden ins maurische Bad gegangen.

Abends bereite ich allein das Essen vor. Ich koche die traditionelle Suppe, und während ich im Salon den Tisch decke, ertönt der Kanonendonner, der das Ende der Fastenzeit verkündet. Um mich herum herrscht Halbdunkel. Plötzlich sehe ich, wie ein Unbekannter in einem weißen Seidenanzug mit einer bunten Krawatte eintritt. Seine Augen hinter dicken Brillengläsern blicken durchdringend, und er hält eine Zigarette in der Hand. Sein Haar ist störrisch, seine Haut sonnenverbrannt. Ich kann nicht sagen, ob er Marokkaner oder Asiate ist, es kommt mir jedenfalls an ihm nichts bekannt oder vertraut vor.

Ein paar Minuten später kommt mein Vater. Er bittet seinen Gast in den großen Salon, wo ich alles für das Fastenmahl vorbereitet habe. Normalerweise müsste ich draußen bleiben, denn die Tradition verbietet es jungen Mädchen, sich in Gegenwart von Männern aufzuhalten. Doch mein Vater führt offenbar irgendetwas im Schilde. Er bittet mich, den Kaffee zu holen. Als ich mit gesenkten Augen den Salon betrete, spüre ich den Blick des Unbekannten auf mir. Diese Art von männlichem Interesse ist mir noch ziemlich fremd. Die Männer, die ich kenne, die Freunde meines Vaters, betrachten mich nach wie vor als Kind, nicht als Frau.

Als ich aufblicke, ist er bereits aufgestanden, um mich zu begrüßen, und mein Vater sagt:

»Darf ich dir Oufkir vorstellen?«

Er war ein exzellenter Hauptmann in der französischen Armee, der bereits eine Reihe von beeindruckenden Auszeichnungen gesammelt hatte. Mit neunzehn war er Soldat geworden. Nachdem er eine Zeit lang in Algerien eingesetzt gewesen war, nahm er am Italien-Feldzug teil. Anfang 1944 gelang ihm ein dramatischer Durchbruch, bei dem er einen Teil seiner Kompanie einbüßte und den Alliierten den Zugang zum Monte Cassino eröffnete. Am 4. Juni 1944 zog er als Held und Befreier mit der Trikolore in Rom ein.

Ich hatte einmal ein Foto von diesem Ereignis, doch sie haben es mir weggnommen und vernichtet. Man sah darauf Oufkir an der Spitze des französischen Expeditionskorps, die französische Fahne schwenkend. Es war ein wunderschönes Foto.

Anschließend führte ihn sein Weg nach Indochina, wo sich die Franzosen erneut in einen kriegerischen Konflikt verstrickt hatten. Noch auf dem Schlachtfeld war er zum Mitglied der Ehrenlegion ernannt worden. Darüber hinaus hatte er die *Croix de Guerre* mit vier Sternen und drei Palmwedeln, den amerikanischen *Silver Star,* die Kolonialmedaille, den Orden der Malteser, den marokkanischen Militärorden und zahlreiche andere Auszeichnungen, die er sich nicht in den Salons, sondern im Kampf verdient hatte.

In diesem Jahr, 1950, hatte er sich drei Monate freigenommen. Zunächst war er nach Hause gefahren, nach Boudnib, einem Nest im Süden, am Rande der Sahara. In erster Linie war er immer noch ein Mann der Wüste. Er kannte ihre Geheimnisse und konnte tagelang allein mit ausholenden Schritten ihre endlose Weite durchmessen.

Auf diese Weise erholte er sich von zehn Jahren Krieg, von einem Jahrzehnt, in dem er die Hände nicht von der Waffe genommen hatte. Er vergaß die Brutalität des Krieges, wenn er inmitten der sandigen Weite meditierte, wenn er allein mit Hut, Stock und Feldflasche loszog, um den Boden nach Mineralien abzusuchen. Er suchte leidenschaftlich gern Rohstoffadern und fand auch tatsächlich Vorkommen von Mangan, Blei, Eisen und Kupfer. Er liebte es, mit den Händen zu arbeiten und aus den Metallen, die er fand, kleine Objekte zu fertigen. Anschließend befestigte er ein Ringlein daran und schenkte sie seiner Mutter. Wer zur damaligen Zeit solch ein Vorkommen fand, wurde automatisch sein Eigentümer. Es mussten nur alle fünf Jahre die Rechte verlängert werden. Oufkir besaß mehrere kleine Minen, die er Freunden zur Ausbeutung überlassen hatte.

Er war damals dreißig, ein Mann, der sich sein Leben aufgebaut und der unendlich viel gesehen hatte. Er hatte nicht nur mit dem Krieg Bekanntschaft gemacht, sondern auch mit Casinos, Frauen und Abenteuern. In Saigon hatte er Umgang mit der Elite des gesamten südostasiatischen Raums, ging am Hofe von Bao Daï ein und aus und traf sich mit der Tochter des von Frankreichs Gnaden eingesetzten Kaisers auf Zeit. Es wurde sogar schon über Heirat gesprochen. Zurück in Marokko, war er zunächst im französischen Generalstab tätig, wurde dann aber alsbald ins Lager von General Duval berufen, dem Kommandeur der französischen Besatzungstruppen.

Die Zeit in der französischen Armee war für Oufkir äußerst lehrreich gewesen. Danach wusste er genau, für wen sein Herz schlug und dass sein Platz an der Seite der Unabhängigkeitskämpfer war. Es gab genügend marokkanische Offiziere, die weiterhin frankreichfreundlich blieben. Sie hielten es für ausgeschlossen, dass das Land je frei sein würde und eine eigene marokkanische Armee bekommen könnte. Oufkir dagegen spürte schon gegen Ende des Krieges, dass sich die Franzosen eines Tages aus Marokko zurückziehen würden. Er wollte bei diesem Umbruch nicht tatenlos zusehen, sondern aktiv dabei sein, und so schloss er sich ziemlich rasch den Nationalisten an.

»Darf ich dir Oufkir vorstellen?«

Ich erwiderte ein schüchternes »Guten Abend« und stellte den Kaffee auf den Tisch. Oufkir ... Ich dachte damals, das sei sein ganzer Name, und so nannte ich ihn von da an immer nur so.

Nachdem er von uns weggegangen war, besuchte er noch Freunde, denen er begeistert erzählte:

»Ich habe bei Chenna ein ganz süßes Mädchen kennen gelernt.«

»Bei Chenna? Da gibt's doch nur eine Tochter, und die ist noch blutjung ...«

»Nein, nein, es ist ein sehr hübsches junges Mädchen, mit langem Haar. Ich finde sie wundervoll, sie gefällt mir.«

Woraufhin alle einstimmig über ihn herfielen:

»Du bist wohl verrückt, sie ist noch ein Kind! Höchstens fünfzehn ...«

»Egal, ich werde warten.«

Es war wahrhaftig Liebe auf den ersten Blick! Jedenfalls für ihn, denn ich hatte damals noch nicht einmal einen blassen Schimmer, was das sein könnte. In dieser Hinsicht war ich gänzlich unerfahren. Wie all meine Altersgenossinnen verliebte ich mich jeden zweiten Tag in irgendjemanden, einen Passanten auf der Straße oder einen meiner Fantasie entsprungenen Ritter, aber niemals in einen real existierenden Mann mit handfesten Heiratsabsichten.

Drei Tage später erschien Oufkir tatsächlich, um bei meinem Vater offiziell um meine Hand anzuhalten. Mein Vater hatte Bedenken, doch ich wollte unbedingt heiraten, und er war froh, dass sein Freund auf diese Weise nicht mehr nach Indochina zurückkehren würde.

»Ich habe hier nichts zu tun«, pflegte Oufkir damals zu sagen. »Ich bin nicht geschaffen für Generalstäbe oder Büros. Außerdem stimmt in Indochina der Sold, ich denke, ich werde wieder gehen …«

»Du spinnst!«, ereiferte sich mein Vater. »Du willst dir für ein Gebiet den Pelz durchlöchern lassen, das die Franzosen ohnehin verlieren werden!«

Mein Vater war immer gegen den Krieg. Ganz besonders absurd fand er es, sein Leben in einem Kolonialkonflikt zu riskieren. Am Ende gab er seine Zustimmung zu unserer Heirat, und Oufkir kehrte nicht nach Indochina zurück.

Als Oufkir kam, um mit meinem Vater zu sprechen, war ich nicht zu Hause. Ich war bei Freunden meines Vaters in der Nähe von Fès, als man mir schlicht mitteilte, dass ich einem Mann versprochen sei. Der Vertrag, der diese Verbindung dokumentierte, war bereits verfasst. Ich gehörte von nun an einem Mann.

Mädchen wurden nicht nach ihrer Meinung gefragt. Der Vater allein traf die Entscheidung. Ich hatte damals nur ein Ziel im Kopf – ich wollte weg von zu Hause. Und doch hätte ich nicht jeden akzeptiert. Man hatte mir ein paar junge Männer vorgeschlagen, die mich aber nicht überzeugten. Sie waren ungebildet und konnten mir nichts beibringen, und ich wollte auf gar keinen Fall mit einem Dummkopf zusammenleben. Bei Oufkir hatte ich geschwiegen, hatte mit meinen Gefühlen hinter dem Berg gehalten. Als ich erfuhr, dass der Antrag ausgesprochen und angenommen worden sei, sagte ich nur: »Sehr gut.«

Schon als ich Oufkir zum ersten Mal begegnete, war mir klar, dass ich mich mit ihm gut verstehen würde. Er war großzügig, intelligent, humorvoll und so verliebt in mich, dass er mir jeden Wunsch von den Augen abzulesen versuchte. Unsere Verlobungszeit dauerte sieben Tage und sieben Nächte. Es war eine Woche voller Feste, zu denen alle Gäste Schafe und Hühner mitbrachten.

Auf der mit Terrakottafliesen ausgelegten Terrasse unseres Hauses, zwischen weiß gekalkten Mauern, befand sich ein kleiner Vorratsraum, der für Kohle gedacht war. Hier bewahrte ich mein Spielzeug auf. In diesem Schlupfwinkel überraschte mich am Tag vor meiner Verlobung meine Stiefmutter dabei, wie ich mit meinen Puppen spielte, die ich aus Schilfrohr gebastelt hatte. Sie platzte beinah vor Wut. Das sei doch kein Zeitvertreib für eine angehende Braut! Mir war nicht recht klar, was das eine mit dem anderen zu tun haben sollte.

»Ein Mädchen, das zum ersten Mal Ramadan mitfeiert, das verlobt ist und immer noch mit Puppen spielt!« Sie war ganz außer sich, und schließlich nahm sie mir alle Puppen weg. Man muss dazu sagen, dass eine Fünfzehnjährige von damals nicht vergleichbar ist mit den Mädchen gleichen Alters heute. Es gab überhaupt keine Möglichkeit, früher erwachsen zu werden, es sei denn, man heiratete.

Über den Verlust meiner Puppen war ich unendlich traurig, und ich weinte mir schier die Augen aus. Oufkir kam, um mich zu trösten. Als er erfuhr, warum ich in Tränen aufgelöst war, muss er mich zweifellos für ziemlich kindisch gehalten haben. Er hob eine Braue, und über sein Gesicht huschte ein Lächeln, das er jedoch sofort zu verbergen suchte. Sogleich beruhigte er mich, indem er mir versprach, mir so viele Puppen zu kaufen, wie mein Herz begehrte.

Und tatsächlich gingen wir am nächsten Tag eine riesige

und mehrere kleinere Puppen kaufen. Diesmal versteckten wir sie sorgfältiger, damit meine Stiefmutter sie nicht wieder entdeckte.

Und so knüpften sich die ersten Bande zwischen diesem Mann und mir, der so gut erkannt hatte, wie liebebedürftig und einsam ich war. Er war extrem großzügig, schlug mir nie etwas ab und erwartete niemals auch nur die geringste Gegenleistung. Er war ein großartiger Mensch.

Unsere Hochzeit fand am 29. Juni 1952 statt. Ich war sechzehn Jahre alt. Die Feierlichkeiten dauerten zweiundzwanzig Tage. Zweiundzwanzig Tage Musik, Tanz und Festessen. Verrückt, wie viel man damals essen konnte! Bis zum Umfallen! Jeden Tag kamen fünfzig Hühnchen auf den Tisch, ganze Schafe und Stücke vom Rind. So war es Tradition.

Eine Zeremonie folgte auf die andere. Zunächst die Zeremonie des maurischen Bades. Dazu verließ ich das Haus meines Vaters, begleitet von einer Prozession aus Frauen und Musikern, die mit Tambourinen, Lauten und Flöten traditionelle Weisen spielten. Dann die Henna-Zeremonie, bei der ich zarte Ornamente auf die Hände gemalt bekam. Dann die Ball-Zeremonie in der Offiziersmesse. Besonders nachhaltig ist mir allerdings die Geschenke-Zeremonie in Erinnerung geblieben: Ich stand in der Mitte, alle Gäste um mich herum, und es regnete Geschenke. Auf einem riesigen Kupfertablett türmten sich goldene Armbänder, Ketten, Ringe, Broschen und Ohrringe. Es war damals so, dass alle Gäste etwas zum Fest beitrugen. Jeder brachte Fleisch, Butter oder Öl mit sowie ein Geschenk und Geld für die Musiker. Alle beteiligten sich an der Organisation des Festes, und so wurden in den unterschiedlichsten Schichten die herrlichsten Hochzeitsfeste möglich.

Inmitten dieser nicht enden wollenden Feierlichkeiten

kam ich mir ziemlich verloren vor. Aber ich hatte ja meine Puppen dabei. Die schönsten hatte ich mitgenommen, und so spielte ich unter meinem Schleier, der mich vor den Blicken der Gäste verbarg, heimlich Mama. Unbemerkt hatte ich ein Stück von meinem Schleier für meine Puppen abgeschnitten, damit auch sie Hochzeit feiern konnten.

Nichts ist mir von diesem märchenhaften Fest geblieben. Kein einziges Erinnerungsstück, kein einziges Foto. Sie haben mir alles weggenommen und verbrannt.

Oufkir wurde rasch klar, dass ich keine Ahnung vom Leben hatte und wirklich noch ein Kind war. Aber er ließ es mich nie spüren. Wir besuchten elegante Soireen, und statt mich wie die anderen Gäste zu amüsieren, zu trinken und mich zu unterhalten, saß ich allein in einem behaglichen Eckchen, wo ich irgendwann einnickte. Zu Hause waren wir um acht Uhr ins Bett gegangen und um fünf Uhr wieder aufgestanden, und es fiel mir ziemlich schwer, mich an den Rhythmus meines neuen Lebens zu gewöhnen. Oufkir drängte mich nicht, im Gegenteil, oft sagte er:

»Wenn du schlafen möchtest, schlaf nur ...« Ich liebte diesen Mann für seine unendliche Geduld. Später bedauerte ich ihn dafür, dass er ein Mädchen wie mich ertragen musste, ein Kind, das keine Ahnung von Liebe und Zärtlichkeit und kaum Bildung besaß. Er hatte Kontakt zu allen möglichen Leuten, zu Intellektuellen, Juristen, Architekten, Journalisten, Künstlern, und er nahm mich immer mit, wenn er sich mit ihnen traf. Die meiste Zeit über sagte ich kein Wort. Und wenn ich doch einmal einen Beitrag zu ihren Gesprächen leisten und mich einmischen wollte, lag ich meist daneben und sagte etwas völlig Unpassendes.

Mein größter Vorzug damals war es, dass ich aufmerksam zuhören konnte. Stundenlang lauschte ich den Gesprächen, bis ich schließlich einschlief. Am nächsten Tag ging ich sofort los, um mir das Buch zu kaufen, über das diskutiert worden war. Auf diese Weise versuchte ich, meine mangelnde Schulbildung aufzuholen und das geistige Niveau dieser Gesellschaft zu erreichen. Ich tat das zum Teil, weil ich Komplexe hatte, zum Teil aber auch aus Neid, denn insgeheim bedauerte ich, dass mich mein Vater so früh aus der Schule genommen hatte, obwohl ich sicherlich das Potenzial gehabt hätte, weiterzulernen.

Nach der Hochzeit überließ uns mein Vater das Haus in Salé, das herrliche große und sonnendurchflutete Gebäude, aus dem der Zahnarzt schließlich doch noch ausgezogen war. Nach einem Jahr allerdings, nach der Geburt unseres ersten Kindes, Malika, 1953, beschlossen wir, in ein Häuschen umzuziehen, das zur Kaserne der 1. Panzerjägerdivision gehörte und in der Nähe eines beliebten Stadtviertels von Rabat in der Verlängerung der Avenue Foch lag. Mein Vater war nicht sehr angetan davon, dass wir Salé verließen.

»Das Haus gehört doch dir«, sagte er immer wieder. »Es gehörte deiner Mutter, du kannst doch dort bleiben …«

Doch ich wollte das Leben meines Mannes voll und ganz teilen. Außerdem gingen wir jeden Abend aus, und Salé lag viel zu weit ab von Rabats Zentrum mit seinem überreichen Angebot an Zerstreuungen. Bei Franzosen wie bei Marokkanern wurden unablässig Bälle und offizielle Empfänge gegeben. Die Nachkriegsgesellschaft stürzte sich mit Begeisterung ins Vergnügen. Nachdem ich so lange eingeschlossen gewesen war, entdeckte ich nun die Freiheit. Jetzt blieb ich nicht mehr in meiner Ecke sitzen, sondern ging nachmittags ins Kino oder abends zum Tanzen. Das Glück war perfekt.

Als begeisterte Kinogängerin sah ich mir manchmal drei Vorstellungen pro Tag an. Ich habe alle Filme gesehen, die zu der Zeit in Rabat gelaufen sind, selbst Dokumentationen und arabische Produktionen. Wenn ich dort das ganze Programm gesehen hatte, fuhr ich nach Casablanca. Heute gehe ich immer noch gerne ins Kino, allerdings sehe ich mir nur noch gezielt Filme an. Außerdem habe ich so viel Schlimmes erlebt, dass ich nicht mehr so oft Lust auf Unterhaltung verspüre. Sie haben mich moralisch gebrochen, und das mit ausgeklügelter Niedertracht und dem fanatischen Willen, unsere Familie zu zerstören.

Zwischen Bällen und Kino fand ich mein Glück. Wäre ich nicht ständig schwanger gewesen, wäre alles perfekt gewesen.

Ich hatte eigentlich gar nicht so schnell Kinder bekommen wollen, aber wie hätte ich es verhindern sollen? Es gab keinerlei Verhütungsmittel, schon gar nicht für eine junge Frau, die ohne Mutter aufgewachsen war und somit keinerlei Aufklärung genossen hatte. Natürlich gab es die Knaus-Ogino-Methode, dazu musste man die Tage an den Fingern abzählen und den Zeitpunkt der mutmaßlichen Unfruchtbarkeit ausrechnen … Allerdings war das wenig wirkungsvoll. Millionen Babys nach dem Krieg waren Knaus-Ogino-Kinder. Außerdem litt ich unter fürchterlichen Regelschmerzen, und der Arzt hatte mir gesagt: »Sobald Sie schwanger sind, haben Sie Ruhe.«

Innerhalb kürzester Zeit bekam ich also das erste Baby, und acht Monate nach der Geburt war ich schon wieder schwanger. Und so ging es immer weiter. Mit zweiundzwanzig hatte ich bereits drei Kinder geboren und eine Fehlgeburt im fünften Monat hinter mir!

Ich gehe auf in meiner Aufgabe als Mutter, meine Kinder sind meine Familie. Da ich weder Mutter noch Tante hatte, wollte ich immer etwas für mich selbst schaffen. Als ich klein war, sagte ich mir immer: »Ich will einmal mindestens ein Dutzend Kinder haben.« Sechs habe ich zur Welt gebracht. In der Gefangenschaft verstrich die Zeit, in der ich noch mehr hätte bekommen können.

Oufkir wollte nach dem zweiten eigentlich keines mehr. Oft sagte er: »Was willst du nur mit all den Kindern? Wir brauchen keine Thronfolge zu sichern. Du wirst eines Tages noch Probleme bekommen.«

»Das liegt daran, dass ich selbst keine richtige Familie hatte«, erwiderte ich dann.

Was mir wirklich fehlte, war die Familie meiner Mutter. Väterlicherseits mangelte es mir mit all den Onkeln, Tanten, Cousins und Cousinen an nichts; sie waren sechzehn Geschwister, die alle um die zehn Kinder hatten. Auch Oufkirs Familie war riesig, er hatte ebenfalls fünfzehn Brüder und Schwestern. Inzwischen sind sie alle tot, nur einer lebt noch, und der hat schwere psychische Probleme.

Oufkir hat den Erbprinzen Moulay Hassan noch als Junggesellen kennen gelernt. Sie trafen sich drei-, viermal in Restaurants an der Küste, diskutierten und spielten sogar Billard miteinander. Zur damaligen Zeit war das noch möglich …

Mohammed V. lernte er 1953 anlässlich eines großen Empfangs in Dar-Salam kennen, zu dem wir beide eingeladen waren. Ich war gerade siebzehn und hatte meine erste Tochter zur Welt gebracht.

Ich erinnere mich noch gut daran, wie sich die Tische unter Unmengen von Kuchen bogen. Die Gäste stürmen das Buffet und schlingen in großen Bissen die glasierten *Cornes de gazelles** hinunter. Der Sultan besieht sich die Szenerie von weitem. Ich trage, dem Anlass angemessen, ein schwar-

* Blätterteighörnchen mit Mandelfüllung (Anm. d. Übers.).

zes Kostüm und ein Hütchen. Auf einem Stuhl sitzend, knabbere ich ein bisschen an meinem Gebäck. Da fällt ein wenig von dem Zuckerguss auf mein Kostüm. Ich bin gerade dabei, die Krümel wegzuwischen, als mein Blick den von Mohammed V. kreuzt. Er winkt mich zu sich. Ich stehe auf und gehe durch die Hörnchen verschlingenden Horden auf das Podest zu, auf dem er mit seinen Frauen und Töchtern thront.

»Wer bist du?«

Zum dritten Mal in meinem Leben stellt er mir diese Frage.

»Ich bin die Frau von Oufkir.«

»Wo arbeitet er?«

»In der Residenz.«

Meine Antwort gefällt ihm nicht. Seine Augen blitzen: die Residenz, Machtzentrum der Franzosen. Dieser Offizier steht im Dienst der Besatzer! Doch ganz offenbar dachte der Sultan schon in diesem Moment daran, dass ihm ein Mann in dieser Funktion in nicht allzu ferner Zukunft von großem Nutzen sein könnte.

Einen Monat später traf ich Mohammed V. bei einer Freundin wieder. Sie hatte mir gesagt, ich solle meine Tochter mitbringen. Das bedeutete nach marokkanischer Tradition, dass das Kind verwöhnt und mit Geschenken überhäuft werden würde. Und tatsächlich schenkte sie Malika kleine Goldarmreife, einen Gürtel und ein paar Kleidungsstücke. Plötzlich sah ich den Sultan, der sich häufiger bei dieser Dame aufhielt, aus einem Zimmer treten. Er nahm meine fünf Monate alte Kleine hoch, bettete sie auf seine Knie und lächelte sie an. Dann nahm er ein grünes Samtsäckchen, das mit einer Goldkordel zugezogen war, und legte es auf ihren Bauch. Später entdeckten wir, dass sich 25 Louisdor darin befanden. Und damit verabschiedete er sich wieder. Wir sollten uns erst sehr viel später wieder sehen, kurz bevor das Land unabhängig wurde.

Die Kapriolen der Politik sollten sehr bald unser Leben von Grund auf verändern. Mit dem festen Ziel, den Hochmut des Sultans zu brechen, schickten die Franzosen Männer wie Maurice Papon* – als Polizeichef – und andere hohe Funktionäre nach Marokko. Sie sollten Mohammed V. isolieren und den aufkeimenden Nationalismus bekämpfen.

In einem verdeckten diplomatischen Feldzug stärkten die Franzosen das Feudalsystem und nutzten es für ihre Zwecke. Um die Ordnung im Protektorat aufrechtzuerhalten, setzten sie Kollaborateure ein, zumeist Kaiden, die sich kaufen ließen. Die Kolonialmacht legte geschickt die Keimzelle für eine Opposition gegen den Sultan an, indem sie ein paar großen Stämmen die Segnungen vorbetete, die Frankreich dem Land gebracht hatte. Insgesamt zwölf Kaiden, die Anführer der größten Stämme Marokkos, erklärten sich bereit, die Absetzung des Sultans zu unterstützen. Die meisten von ihnen waren halbe Analphabeten, die mit Müh und Not den Koran entziffern konnten. Sie hätten wie Marionetten alles mit sich machen lassen. Später haben sie dem König allesamt aus der Hand gefressen.

Ihr Anführer war Thami el Glaoui, der Pascha der Region Marrakesch. Lange hatte er Mohammed V. die Stirn geboten, zweifellos mit der Absicht, selbst den Platz des Sultans einzunehmen. Er lebte mit Heerscharen von Sklavinnen und Konkubinen in einem Märchenpalast und herrschte mit uneingeschränkter Macht über seine Untertanen, über deren Leben er nach Gutdünken verfügte. Von Frankreich

* Während des Zweiten Weltkriegs Polizeichef von Paris. Der heute neunzigjährige Nazi-Kollaborateur wurde 1998 wegen Mithilfe an der Deportation von 1500 Juden verurteilt (Anm. d. Übers.).

unterstützt, regierte er im Stile eines Despoten, der sein willkürliches Recht mit brutaler Gewalt durchsetzt. So patrouillierten zum Beispiel freitags, dem Tag, an dem sich die Muslime zum Gemeinschaftsgebet zusammenfinden, Glaouis Männer durch die Straßen, und wer sein Geschäft geöffnet hatte, wurde sofort abgeführt und bis aufs Blut ausgepeitscht. Der Laden blieb anschließend wochenlang geschlossen.

Ich hasste die Kolonialherren aufgrund der ständigen Demütigungen, die wir von ihnen zu ertragen hatten. Für einige Franzosen waren Marokkaner nichts als *Bougnoules*, dreckige Afrikaner, und somit verachtungswürdige und unbedeutende Wesen. Einmal schnauzte mich in einem Lebensmittelgeschäft eine französische Verkäuferin an:

»Was willst du, Fatma?«

»Ich kann mich nicht erinnern, dass wir schon einmal näher miteinander zu tun gehabt hätten. Seit wann duzen wir uns?«, gab ich zurück.

»Du bist eben eine Fatma!«

»Ich bin weder Ihr Hausmädchen noch Ihre Fatma, und wenn ich Sie nicht duze, dann haben Sie mich auch nicht zu duzen.«

Sie war fett, vulgär und rot im Gesicht, und sie schnaufte und schwitzte.

»Was willst du? Ich werde die Polizei rufen!«

»Nur zu, rufen Sie die Polizei, und zwar sofort!«

Ich schnappte mir eine Steige Tomaten und schüttete sie ihr über den Kopf. Sie war so außer sich, dass ich ernsthaft befürchtete, sie würde explodieren. Die Polizisten kamen und führten mich zu Papon.

Maurice Papon kannte Oufkir:

»Fatéma, das nächste Mal stecke ich Sie in den Knast.«

»Sie wollen mich in den Knast stecken, nachdem mich eine Lebensmittelverkäuferin geduzt und mit Fatma beschimpft hat?«

Der Polizeichef gab sich freundschaftlich und sagte versöhnlich:

»Das war doch nicht ernst gemeint, meine kleine Fatéma. Ich würde Sie doch niemals wegen so etwas inhaftieren. Aber sehen Sie sich in Zukunft vor. Sie bringen mich damit in eine schwierige Lage.«

Als ich allerdings einmal bei einer Demonstration festgenommen wurde, war er weniger nett. Wir hatten die Rückkehr Mohammeds V. gefordert, der mit seiner ganzen Familie auf Korsika im Exil lebte, ich an der Spitze des Zuges. Diese höchste, alles übertreffende Demütigung entfachte schließlich den Kampf, der am Ende in die Unabhängigkeit führen sollte. Ich erinnere mich noch an jedes Detail.

Donnerstag, 20. August 1953, kurz vor ein Uhr. Wir sitzen gerade beim Mittagessen. Um den Tisch haben sich vier oder fünf Offiziere sowie einige Politiker versammelt, darunter der spätere Verteidigungsminister Mahjoubi Aherdan, der zum fanatischen Kämpfer für die Unabhängigkeit werden sollte. Plötzlich hören wir, wie sich in der benachbarten Kaserne etwas rührt. Alle erstarren, denn jedem ist sofort klar, dass sich hier nur wenige Meter von unserem Haus entfernt Bedeutendes abspielt. Wir lassen das Essen Essen sein und stürzen in den Garten hinaus. Panzer rollen auf den Palast zu. Zwei Stunden später ziehen Flugzeuge über unsere Köpfe hinweg und erfüllen die Luft mit ihrem Getöse. Auf diese Weise erfahren wir, dass der Sultan abgesetzt ist und ins Exil gehen muss. Für uns eine echte Katastrophe.

In diesem Augenblick keimt in uns allen tiefste Empörung und der feste Wille zu handeln. Ergriffen von der Dramatik des Augenblicks, schneiden wir uns in blindem

Einverständnis gar die Adern auf, um unseren Pakt mit Blut zu besiegeln. Noch heute sieht man die Narben auf meiner Haut. Wir schwören alle, so lange zu kämpfen, bis der Sultan wieder marokkanischen Boden betritt.

Den leeren Thron besetzten die Franzosen nun mit einem Marionettensultan. Mohammed Ben Arafa war ein unscheinbarer Greis, der zwei Jahre im Amt blieb und dabei um ein Haar sein Leben gelassen hätte. Beim ersten öffentlichen Gebet, dem er als Sultan beiwohnte, stürzte sich ein gewisser Allal Ben Abdallah mit einem Messer auf ihn. Der fanatische Nationalist verfehlte den alten Sultan, starb aber sofort, von einer Kugelsalve niedergestreckt wie ein Hase im Schrothagel, und wurde so zum ersten Helden und Märtyrer der Unabhängigkeitsbewegung.

In der Residenz wurde mit allen Mitteln versucht, die Macht der Franzosen zu erhalten. Dabei war man sich in Paris keineswegs einig. Einige Politiker stellten sich, zum Teil vehement, gegen die Absetzung und Verbannung Mohammeds V. Zu ihnen gehörten neben François Mitterrand, damals Innenminister im Kabinett von Pierre Mendès France, so einflussreiche Persönlichkeiten wie Pierre July, Minister für tunesische und marokkanische Angelegenheiten, der Außenminister des vorigen Kabinetts, Georges Bidault, sowie Verteidigungsminister René Pleven. Der frühere Generalresident von Marokko, Marschall Juin, sprach sich dagegen offen für die Entfernung Mohammeds V. und seiner Familie aus. Den Sultan selbst hätte er zur Not noch akzeptiert, doch er misstraute seinem Sohn und Nachfolger Hassan II., dessen Kompromisslosigkeit und grenzenlosen Ehrgeiz er kannte.

Wir waren ohnehin der Meinung, die Besatzer sollten erst einmal vor ihrer eigenen Tür kehren, bevor sie uns Lektionen erteilten, denn das Frankreich der Vierten Republik war alles andere als stabil, seit Kriegsende wechselte alle paar Monate die Regierung.

In dem Moment, in dem Mohammed V. ins Exil geschickt wurde, schworen wir also, für die Unabhängigkeit ins Feld zu ziehen. In der Residenz ahnte niemand etwas davon, dass in unserem kleinen Haus ein Geheimtreffen stattgefunden hatte, bei dem eine Koalition gegen die französischen Machthaber ins Leben gerufen worden war.

Die Sache musste unbedingt geheim bleiben, sonst drohte uns allen die Hinrichtung. Außerdem musste Oufkir besonders geschützt werden, da er den Nationalisten wertvolle Insiderinformationen über den französischen Generalstab liefern konnte. Hin und wieder kam es vor, dass er sich beinahe selbst ans Messer geliefert hätte; wenn er zum Beispiel französische Offiziere anfuhr, die Marokkaner schikanierten. Genau wie ich konnte er diese Demütigungen nicht ertragen, sie waren ihm zutiefst zuwider. Doch er musste seine Wut im Zaum halten und sie hinunterschlucken, damit niemand seine wahren Gefühle erkannte.

Die geheimen Versammlungen wurden fortgesetzt, so oft es nur ging – etwa bei Hochzeiten oder anderen Familienfesten. Während alle feierten, scharten sich unauffällig ein paar Männer um Oufkir.

Ich machte einstweilen durch verbale Peinlichkeiten auf mich aufmerksam. Besonders im Gedächtnis geblieben ist mir ein ungeheuerlicher Fauxpas bei einem späteren führenden Politiker, der damals noch ein junger Anwalt war. Ich werde heute noch rot, wenn ich daran denke. Es wurde über einen Mann gesprochen, von dem ich gehört hatte, dass er sich ziemlich gut mit Ben Arafa, dem Sultan von Frankreichs Gnaden, verstand.

»Dieser Blödmann, der Ben Arafa die Hand geschüttelt hat!«, warf ich forsch ein.

Dummerweise war der »Blödmann« kein Geringerer als der Schwiegervater unseres Gastgebers. Meiner vorlauten Bemerkung folgte betretenes Schweigen.

1951 waren mehrere führende Köpfe der Istiqlalbewegung im Süden Marokkos verhaftet und inhaftiert worden. Einige waren auf diese Weise in Boudnib, in der Heimatgegend der Oufkirs, gelandet. An diesem abgelegenen Ort, rund hundert Kilometer von der algerischen Grenze entfernt, einer Steinwüste, wo die Sommer heiß und trocken und die Winter streng sind, gab es ein Straflager, das als das härteste des ganzen Landes galt. Hier hatten die Franzosen einen Teil ihrer politischen Gefangenen zusammengefasst. Moulay Hachem, Oufkirs Bruder, tat für die Häftlinge, was er konnte. Er brachte ihnen jeden Tag zu essen, bot ihnen Tee und Zucker an und ließ ihre Kleider waschen. Der Name Oufkir bedeutet »der Verarmte« – und es war wahrhaftig ein Haus für die Armen, ein offenes Haus, in dem man jederzeit willkommen war und etwas zu essen bekam.

Unter den Verbannten befand sich auch Ben Barka. Nachdem er 1955 aus dem Gefängnis entlassen wurde, versuchte er, zu Mohamed Oufkir Kontakt aufzunehmen, um ihn noch stärker in den Unabhängigkeitskampf hineinzuziehen. Dazu benötigte er eine Mittelsperson, und diese Mittelsperson war ich, da wir uns seit der Zeit in Rabat kannten.

Ben Barka spürte mich denn auch auf, und ich brachte ihn mehrmals heimlich zu uns nach Hause, damit er mit Oufkir verhandeln konnte. Ich fuhr zu der Zeit einen Dienstwagen der Residenz, mit dem ich ungehindert an Polizisten und Gendarmen vorbeikam. Da der Dissident direkt neben einem Lebensmittelgeschäft in der Avenue de Temara (heute Avenue Hassan II) wohnte, fuhr ich abends dort zum Einkaufen vorbei. Ich hatte immer meine kleine Tochter Malika dabei. Wenn ich ihr das Fläschchen gegeben hatte, setzte ich sie auf ihren Sitz und öffnete den Kofferraum, um meine Einkäufe einzuladen. In diesem Moment schlüpfte dann Ben Barka unauffällig hinein und versteckte sich zwischen Gemüse und Obst. Ich schloss die Heckklappe und fuhr an der Residenz vorbei nach Hause.

Hinter geschlossenen Türen und Fenstern diskutierten Oufkir und Ben Barka manchmal stundenlang. Auch ich habe mich zum Teil an diesen Gesprächen beteiligt, wobei ich von Ben Barka und seinen Plänen oft entsetzt war. Unser geheimer Gast war der Meinung, dass der Sultan nicht sofort nach Marokko zurückkehren sollte. Er hielt es für besser, wenn er zunächst einige Monate in Paris bliebe, bis das Land eine vom Volk ratifizierte Verfassung hatte, die dem Sultan nur noch repräsentative Aufgaben zubilligte. Zumindest verstand ich ihn damals so. In meinen Augen erschwerend kam hinzu, dass diese Regelung für Ben Barka auch nur einen Kompromiss darstellte. Er akzeptierte sie nur, weil er wusste, dass die Marokkaner die Monarchie gewohnt waren und Mohammed V. tiefen Respekt entgegenbrachten. Ich dagegen wollte, dass der Sultan und seine Familie auf direktem Wege nach Marokko zurückkehrten und er als Staatsoberhaupt weiterhin volle Machtbefugnis innehatte. Es ist doch unmöglich, einen Mann nicht zu lieben, der für sein Land die Unabhängigkeit will und dafür sogar mit seinem eigenen Thron bezahlt hat.

Gleichwohl war mir zu jener Zeit die Politik im Grunde egal. Ich war nicht mehr als ein sorgloses Kind, das in seiner eigenen kleinen Welt lebt. Meine wahre Leidenschaft war immer noch das Kino. Ich ging abends aus zum Tanzen, ich liebte es, mit Freunden zusammen zu sein, zu spielen, Witze zu erzählen und meinen Spaß zu haben. Dass ich an politischen Vorgängen beteiligt war, war mir überhaupt nicht bewusst. Ich hatte noch nicht einmal eine Ahnung, was das überhaupt war: Politik. Ich trat für eine Sache ein, die ich für gerecht hielt. Ich sprach Dinge aus, die sonst niemand offen zu sagen wagte. Die anderen verhielten sich vorsichtig und vernünftig, ich nicht. In den Salons sprach ich offen über Marokkos Unabhängigkeit und den scharfen Verstand des jungen Prinzen Moulay Hassan. Ich kannte ihn noch nicht sehr gut, hatte aber schon viel von ihm gehört. Begegnet waren wir uns bis dahin nur einmal, kurz vor seiner Exilierung, unweit von Rabat in einem kleinen Restaurant am Meer. Oufkir hatte ihn gegrüßt und mich vorgestellt. Ein paar höfliche Worte wurden gewechselt, mehr nicht.

Die Nationalisten organisierten sich, und der Kampf begann. Das Feuer sprang von Taza bei Meknès auf Tanger über und erreichte schließlich Casablanca. Den Kopf des Widerstands, Dr. Abdelkarim Khatib, kannte ich gut, er war ein enger Freund der Familie. Er hatte an dem Tag, an dem Mohammed V. entthront worden war, geheiratet und seine Hochzeitsnacht damit verbracht, die Gegenoffensive und eine zukünftige Befreiungsarmee zu organisieren. In Casablanca gab es ein Armenviertel, in dem er Patienten kostenlos behandelte. Dort lieferte ich die Waffen, Militärabzeichen und Uniformen ab, zu deren Transport ich mich bereit erklärt hatte. Solange mein Töchterchen bei mir war, kam niemand auf die Idee, das Auto zu durchsuchen. Indes wollte ich nie wissen, was genau ich an Bord hatte, weil ich immer Angst hatte, eine Dummheit zu begehen:

»Sagt mir nicht, was in den Kisten ist. Ich transportiere sie, und damit gut. Ich will nicht für den Tod anderer verantwortlich sein. Legt die Sachen ins Auto, erklärt mir, wohin ich sie bringen soll, das genügt.«

In den zwei Jahren, die der Sultan im Exil verbrachte, war unser Leben unruhig und chaotisch, weil wir permanent ein doppeltes Spiel spielen mussten und ständig Risiken eingingen. Wobei in meinem Fall vor allem meine jugendliche Verwegenheit eine Rolle spielte. Mut ist sicherlich immer mit einer Dosis Leichtsinn gepaart, doch bei mir überwog zweifellos der Leichtsinn den Mut. Ich war jung und wollte etwas unternehmen, allerdings ohne dass mein eigenes kleines Leben dadurch allzu sehr gestört wurde. Es machte mir nichts aus, morgens Waffen zu transportieren, solange ich nur nachmittags pünktlich um halb drei ins Kino gehen konnte.

Wie alle anderen habe ich meine Pflicht erfüllt. Darüber habe ich später nie wieder gesprochen. Weder mit dem König noch mit sonst irgendjemandem. Jeder hat getan, was in seiner Macht stand. Einige haben ihr Leben geopfert, andere haben einfach nur französische Produkte boykottiert, indem sie auf Zigaretten, Bücher oder Veranstaltungen verzichteten.

Wir lebten in ständiger Gefahr, doch waren wir unter uns, fühlten wir uns sicher. Es gab keine Intrigen, keine Lügen und keine Scheinheiligkeit. Ich liebte dieses Leben. Leider habe ich dergleichen seither nie wieder so erlebt. Später im Palast herrschte eine ganz andere Atmosphäre. Hier wurde heimlich getan, getuschelt und taktiert. Hier obsiegten die Unaufrichtigkeit und die Intrigen, die nicht selten einen tödlichen Ausgang nahmen.

III

Die Flamme der Unabhängigkeit

Sommer 1955. Oufkir und ich haben die Hochzeitsreise angetreten, die bislang aus Zeitgründen immer wieder aufgeschoben wurde. In unserem fabrikneuen schwarzen Mercedes fahren wir gemeinsam mit zwei Freunden, den Offizieren Driss Ben Omar und Hassan Lyoussi, durch ganz Spanien und Frankreich nach Paris.

Vielleicht ist es eine Hochzeitsreise. Sicherlich aber ist es eine politische Reise. Wir nehmen Kontakt zu französischen Freunden auf, darunter Georges Salvi, Kommandeur beim französischen Auslandsgeheimdienst SDECE, sowie Edgar Faure, dem damaligen Ministerpräsidenten. In Dreux treffen wir Pierre July, den Minister für tunesische und marokkanische Angelegenheiten. Dank seines Engagements kippt alsbald die Stimmung im Land. Schritt für Schritt bahnt sich die Idee von Marokkos Unabhängigkeit ihren Weg in die Köpfe der Menschen. Es dauert nicht lange, bis die Franzosen einsehen, dass sie Ben Arafa, den verhassten Marionettensultan, nicht länger halten können. Er soll so schnell wie möglich abgesetzt werden. Pierre July vertraut Oufkir diese Aufgabe an:

»Sie haben mein Einverständnis, meinen Rückhalt, meine moralische Unterstützung. Sie müssen nur zurückkehren und Ben Arafa in ein Flugzeug setzen.«

Wir besuchen außerdem ein paar Exilmarokkaner: Moulay Hassan, den Bruder Mohammeds V., Abdelhahim Bouabid, einen der Oppositionsführer, Mbarek Bekaï, den späteren Premierminister der marokkanischen Regierung, und viele andere. Damals lebten viele marokkanische Persönlichkeiten in Paris, und bei ihren fröhlichen Treffen wurden die unterschiedlichsten Ansichten vertreten.

Doch ihre komplizierten Theorien überforderten mich. Das Einzige, was ich sicher wusste, war, dass ich die Besatzer hasste und dass sie das Land verlassen mussten. Und von meinem privilegierten Platz aus war es meine Pflicht, die Nationalisten zu unterstützen. Andererseits war ich ein junges Mädchen von neunzehn Jahren. Ich hatte Lust zu leben, auszugehen, Eis zu essen und ins Theater zu gehen – eben all das, was einem in diesem Alter Spaß macht.

Zunächst allerdings hat mir Paris ein wenig Angst eingejagt. Es regnete ohne Unterlass, und alles erschien mir grau und trist. Doch im Juli kam die Sonne heraus, und alle Straßen waren wie leer gefegt, weil die meisten Bewohner im Sommer aufs Land fuhren. Die Stadt gehörte uns ganz allein, und so begann meine Liebe zu Paris.

Nachdem wir drei Wochen in Frankreich verbracht hatten, fuhren wir weiter nach Deutschland, wo wir von General Kettani empfangen wurden. Kettani war der einzige marokkanische General der französischen Armee und Kommandeur der französischen Besatzungstruppen in Koblenz. Er sagte mir in Bezug auf Sultan Mohammed V. und seine Familie:

»Du liebst diese Familie viel zu sehr. Eines Tages wirst du das bereuen.«

Ich verstand nicht. Er fuhr unbeirrt fort:

»Du wirst sehen, eines Tages wirst du sagen: General Kettani hat mich gewarnt.«

Ich verstand immer noch nicht. Für mich zählte nur eines: Unser Sultan musste seinen Platz im Palast wieder einnehmen.

Nach Koblenz standen Köln und Hamburg auf dem Programm. Es folgte ein kurzer Aufenthalt in Luxemburg, nachdem die Bremsen unseres Mercedes versagt hatten. Drei Tage warteten wir, bis der Wagen repariert war, dann fuhren wir weiter nach Österreich, Belgien und Holland.

Am 30. August, nach zweimonatigem Vagabundendasein, erhielt Oufkir den Befehl, sofort heimzukehren. Die Situation in Marokko spitzte sich von Tag zu Tag weiter zu. In Oued Zem hatten Marokkaner über achtzig Franzosen massakriert – Frauen, Kinder und alte Menschen. Eine abscheuliche Tat. Die Besatzer reagierten mit grenzenloser Brutalität. Mehr als zweitausend Menschen wurden mit Panzerkanonen niedergemetzelt. Anschließend sperrten sie die Bevölkerung in Lager. Es herrschte hochsommerliche Hitze, doch die Gefangenen bekamen nichts zu trinken.

Gleich nach seiner Rückkehr suchte Oufkir meinen Vater auf:

»Wenn du deinem Land einen Dienst erweisen willst, dann kannst du das jetzt tun. Schau dir nur an, was in Oued Zem passiert. Die Leute verhungern und verdursten!«

Mein Vater wollte sich nicht in die Sache einmischen.

»Was willst du von mir? Willst du mich zwischen die feindlichen Linien schicken?«

»Das ist ein Befehl!«, gab Oufkir zurück. »Du musst dorthin gehen, du musst diesen Unglückseligen helfen und versuchen, ihre Lage ein wenig menschlicher zu gestalten.«

Schließlich willigte mein Vater ein. Als Kaid wurde er mit dem Auftrag nach Oued Zem geschickt, die Menschen von ihrem Schicksal zu erlösen.

In Marokko schwelte und brodelte es an allen Ecken und Enden. In Oujda, Fès, Casablanca, Agadir, Marrakesch,

Ouarzazate – überall rumorte es, überall kam es zu Attentaten, Festnahmen und Folterungen. Auf beiden Seiten herrschte die Gewalt.

Um die Gemüter zu besänftigen, musste zunächst Ben Arafa vom Thron entfernt werden. Nicht zuletzt durch die Unterstützung von Minister Pierre July gestärkt, war Oufkir der Einzige, der den Sultan dazu bewegen konnte, abzudanken. Er ging in den Palast und unterbreitete ihm ein Angebot, das er schwerlich ablehnen konnte.

»Sie haben nicht die geringste Chance, den Thron zu behalten. Seien Sie gewiss, dass man Sie auf jeden Fall zu fassen bekommen wird. Das hier ist nicht Ihr Platz. Die Marokkaner wollen Sie nicht. Denken Sie nach: Hier riskieren Sie Ihr Leben, dort hätten Sie eine schöne Villa an der Côte d'Azur! Seien Sie vernünftig und kommen Sie mit mir. Ich bringe Sie zum Flugzeug, und morgen schon sitzen Sie in aller Ruhe in der Sonne …«

Er präsentierte dem Sultan die Lösung gewissermaßen auf dem Silbertablett. Und Ben Arafa beschloss, auf ihn zu hören. Um drei Uhr morgens bestieg der Marionettensultan ein Flugzeug nach Frankreich. Bis zu seinem Tod im Jahre 1976 lebte er in Nizza unter Polizeischutz.

Nach der Absetzung Ben Arafas klärten sich die Fronten, und die Ereignisse begannen sich zu überschlagen. Die Franzosen holten Mohammed V. sofort aus Madagaskar, der letzten Station seines Exils, zurück nach Paris. Als er am 12. September 1955 in Villacoublay eintraf, war auch ich bei seinem Empfangskomitee. Nach dem Ende seiner Sicherheitsverwahrung wollte der Sultan all diejenigen sehen, die zwei Jahre lang für seinen Thron gekämpft hatten. Soweit mir bekannt ist, bestand er darauf, dass auch mein Mann kam.

Dabei wusste er von Oufkir nur, dass er den ausgezeichneten Ruf eines verdienten Soldaten hatte. Zwei Jahre zuvor war er ihm bei einem Empfang in Dar-Salam einmal kurz begegnet, doch damals war Oufkir nur ein Gast unter vielen gewesen. Bei diesem ersten bewussten Zusammentreffen auf dem Flugfeld von Villacoublay stellten die beiden Männer die Weichen für die Zukunft. Der Sultan sah in Oufkir einen äußerst kompetenten Mann, den er bald zu seinem Adjutanten ernennen wollte, und Oufkir war ohnehin mehr als bereit, ihm mit seinen Fähigkeiten und seiner Erfahrung zur Seite zu stehen.

Kaum war Mohammed V. zurück in Paris, begann in Marokko das Tauziehen zwischen den verschiedenen Gruppierungen. Was sollte mit dem Sultan geschehen? Wie sollte seine zukünftige Rolle aussehen? Sollte er sofort zurückkehren? Oder sollte man die Bildung einer Regierung in Rabat abwarten?

Die Menschen im Land waren ungeduldig. Sie forderten die sofortige Rückkehr Mohammeds V. Der ebenso fromme wie gut aussehende Sechsundvierzigjährige wurde nach wie vor sehr verehrt. Er besaß ein ganz besonderes Charisma, ja eine wahrhaft göttliche Aura. Und gerade weil er von den Menschen so geliebt wurde, hielten es viele marokkanische Politiker für notwendig, vor seiner Rückkehr zunächst ein demokratisches System einzusetzen: Es sollte keine absolutistische Monarchie entstehen.

Doch vielleicht war der Kampf für die Unabhängigkeit in den Jahren des königlichen Exils nicht hart genug geführt worden. Vielleicht hatten die Parteien nicht genug gegeben, um nun etwas einfordern zu können. Der Sultan hatte mehr durchgemacht als alle politischen Führer zusammen. Er hatte seinen Thron aufgegeben, er war ins Exil geschickt, gedemütigt und erniedrigt worden. Und er hatte all das zum Wohle des Landes auf sich genommen. Was hatten die Politiker dem entgegenzusetzen? Abgesehen von Allal El Fassi, der neun Jahre im Exil in Gabon verbracht hatte, hatten die meisten höchstens ein paar Monate Gefängnis ertragen müssen. Sie hatten bei weitem nicht so gelitten wie Mohammed V.

Nach der Begegnung mit dem Sultan in Villacoublay verließen wir Frankreich. Wir mussten nach Marokko zurück, um die heiß ersehnte Heimkehr des Sultans vorzubereiten. Er konnte unmöglich in das Tohuwabohu zurückkehren, das dort herrschte. Das Land war inzwischen wahrhaftig dem Chaos anheim gefallen. Die Franzosen kontrollierten zwar nach wie vor die öffentliche Verwaltung, doch die Aussicht auf die unmittelbar bevorstehende Unabhängigkeit hatte die Menschen elektrisiert. Sie zogen durch die Straßen und sahen in ihrer flammenden Begeisterung überall das Bild des Sultans – auf dem Mond, aber auch in ihren Träumen. Er war für sie Befreier, Vater und Mythos in einem; ihn sehnten alle herbei. Die nüchtern denkenden Franzosen fühlten sich angesichts dieser eifernden Menge vollkommen überfordert.

Die Anhänger Ben Arafas hatten den gesamten Palast in Schutt und Asche gelegt. Teppiche und Gobelins waren verbrannt, die Zimmer geplündert, Kronleuchter von der Decke gerissen und zerschmettert worden. Es war nichts mehr übrig geblieben.

Uns hat man später noch viel übler mitgespielt. Unsere Sachen wurden auf die Straße geworfen, und alle bedienten sich. Das Haus wurde dem Erdboden gleichgemacht. Wir sind Menschen ohne Erinnerungen; unsere Fotos wurden verbrannt und unsere Sachen in alle Winde verstreut.

Doch in dem Moment zählte nur die Rückkehr des Sultans, die vorbereitet werden musste. Ich hatte zur Hochzeit und zur Geburt meiner beiden Töchter Unmengen von Geschenken bekommen: Geschirr, Tischwäsche, Handtücher und Tafelsilber. All das packte ich in Säcke, die ich zum Palast schleppte. Dann räumte ich in den verwüsteten Zimmern und Fluren ein wenig auf.

Am 16. November 1955 trafen Mohammed V. und seine Familie in Rabat ein. Die Straßen waren schwarz von Menschen, es war ein Jubeltag für alle Marokkaner und ein wahrhaft beeindruckendes Schauspiel. Ein viel zu lange unterdrückter Ruf ertönte von neuem:

»Es lebe der König, es lebe die Unabhängigkeit!«

In der Tat war das Land unaufhaltsam auf dem Weg in die Freiheit. Frankreich hatte gerade seinen Krieg in Indochina verloren, und seine neueste Sorge galt Algerien, wo die ersten Revolten ausgebrochen waren. Unter diesen Umständen lohnte sich in Marokko – das offiziell als Protektorat galt – kein langer und kostspieliger Krieg. Frankreich ließ ein wenig die Kanonen donnern und lieferte sich ein letztes Scheingefecht mit dem Land, um alsbald die Waffen zu strecken. Dieser allzu leichte Triumph sollte sich für Marokko allerdings als Pyrrhussieg erweisen. Ein Volk, das sich seine Freiheit nicht wirklich erkämpft hat, wird ihr ewig hinterherhinken.

Im Palast von Rabat, der sich nach den Plünderungen und Verwüstungen Ben Arafas und seiner Anhänger in einem erbärmlichen Zustand befand, empfing ich den Sultan und seine Familie. Unter Hassan II. sollte der Palast wieder zu voller Pracht erblühen, doch im Augenblick bestand er nur aus leeren Räumen und ein paar spärlich eingerichteten Sälen, die mehr an ein Kloster als an ein Schloss erinnerten.

Mohammed V. freute sich, als er in mir ein befreundetes Gesicht erkannte. Schon in Villacoublay hatte er sich daran erinnert, dass er mich bereits einmal bei seiner Schwester in Meknès und später kurz vor seiner Verbannung noch einmal in Rabat gesehen hatte. Jetzt stellte er erleichtert fest, dass da jemand war, der ihm helfen konnte, sich wieder anständig einzurichten, jemand, der dem Hof einen Hauch von Freiheit und Modernität verlieh. Und so ergab es sich, dass ich ganz selbstverständlich im Palast ein und aus ging.

Ende 1955 verließ Oufkir die Armee im Rang eines Kommandeurs. Seine Pension, die sich nach seinen Dienstjahren und den zahlreichen Auszeichnungen richtete, belief sich auf 18 Millionen alte Francs (180 000 neue Francs)*. Für uns war das ein wahres Vermögen. Wir kauften drei benachbarte Grundstücke mit je 6 000 Quadratmetern – für drei Dirham pro Quadratmeter – in der Allée des Princesses, unweit der Residenz des Erbprinzen, in Souissi, dem Nobelviertel von Rabat; hier standen im Umkreis einer Pferderennbahn einige Villen mit großen Gärten. Eines der Grundstücke blieb unbebaut und sollte uns nur die Nachbarn vom Leib halten und dafür sorgen, dass wir unsere Ruhe hatten. Auf dem zweiten ließen wir eine Garage errichten und auf dem dritten das Haus. Es war ein Gebäude im amerikanischen Stil, sehr modern, mit Panoramafenstern, Räumen, die zum Salon hin offen waren, und Schiebetüren.

Mein Mann hatte außerdem auf Lebenszeit ein kleines Gehöft mit fünfundzwanzig Hektar Grund in der Nähe von Rabat erhalten. Dafür hatte er 50 000 Francs sofort bezahlt und überwies jährlich weitere 20 000. Außerdem besaß er ein Grundstück mit siebzehntausend Quadratmetern in Marrakesch sowie ein Stück Land in Agadir, auf dem ein kleines Fertighaus stand. Später kaufte er noch zwei Strandhäuser, allerdings hatte er nur noch Zeit für eine Anzahlung von 5 000 Francs pro Gebäude.

Mehr ist von unserem ganzen Vermögen nicht übrig ge-

* Zehn Francs entsprechen etwa 2,98 Mark (Stand: Juni 2000).

blieben. Wir haben nicht Millionen von Dollar angehäuft, wie man uns später vorgeworfen hat, denn uns ist alles weggenommen worden. Heute hat in dem Bauernhaus die Polizei eine Dienststelle eingerichtet, in dem Haus in Agadir sitzt die Armee, die Häuser am Strand dienen ehemaligen Beratern von Hassan II., und das Haus in Rabat ist zerstört. Uns ist nichts geblieben. Ein paar Jahre nach unserer Entlassung aus dem Gefängnis wollte mir der marokkanische Staat die Grundstücke in Rabat für 90 Dirham pro Quadratmeter abkaufen; solche Preise gelten jedoch nicht einmal mehr am hintersten Ende der Sahara. Ich lehnte ab:

»Mein Mann hat sich dieses Land im Schweiße seines Angesichts und unter großen Opfern erworben. Es gehört ihm, und ich werde es nicht zu solch einem Preis verkaufen.«

Um mich zu beschwichtigen, wollte man mir im Gegenzug 80 Hektar Land in Marrakesch geben, das aber kaum mehr als eine trockene Steinwüste ohne Bebauung war. Was sollte ich mit einem Grundstück, das man noch nicht einmal landwirtschaftlich nutzen konnte? Also lehnte ich erneut ab.

Nachdem er bis dahin Adjutant des letzten Generalresidenten, General Boyer de La Tour, gewesen war, wurde Oufkir nun eben Adjutant des Sultans. Auf diese hastig unkomplizierte Weise vollzog sich übrigens die ganze Machtübergabe. Die Franzosen hatten es eilig, Marokko zu verlassen, und die Marokkaner konnten es kaum erwarten, sie abziehen zu sehen.

Am 2. März 1956 wurde in Marokko die Unabhängigkeit ausgerufen, und kurz darauf wurde der Sultan zum König ernannt. Die Besatzer hinterließen ein Vakuum, zumal nichts vorbereitet war, um ihre Aufgabe weiterzuführen. Bis zu diesem Zeitpunkt hatten sämtliche Schalthebel der

Macht, von der Landwirtschaft bis hin zur Armee, in den Händen der Franzosen gelegen. Auf einen Schlag zerfiel die gesamte Verwaltung. Alles musste neu aufgebaut werden.

Oufkir übernahm die Aufgabe des Troubleshooters, der überall und nirgends Komplotte und Unterwanderungen aufspüren sollte. Er sollte die Monarchie mit allen Mitteln aufrechterhalten. Aber man kann nicht behaupten, er sei ein Folterer, Aufschlitzer und Mörder gewesen, wie es einige Journalisten in Ermangelung echter Sensationen taten. Ich verwahre mich energisch gegen diese Lügen. Die marokkanischen Politiker wissen, dass es sich dabei nur um Politpropaganda und verleumderische Gerüchte handelt.

Während der fünfjährigen Regentschaft von Mohammed V. entstand eine gewisse Unsicherheit im Hinblick auf die Funktionen des Staates. Es gab zwar eine Regierung, aber in den Ministerien und Verwaltungsdirektionen fehlten die Akten, es war nichts mehr da. Der gesamte Staatsapparat musste neu organisiert werden.

Unter diesen schwierigen Umständen war Oufkir besonders wertvoll, da er über Insiderwissen aus der Residenz und dem französischen Generalstab verfügte und somit die besten Voraussetzungen mitbrachte, um das Umfeld des Königs zu organisieren. Er rief das Kabinett der Adjutanten ins Leben und stellte aus marokkanischen Offizieren, die in der französischen Armee gedient hatten, die königliche Garde zusammen. Er baute eine marokkanische Armee auf, wobei er ebenfalls von der Hilfe Frankreichs profitierte, das uns die ausgediente Ausrüstung aus dem Indochina-Krieg angedreht hatte. Dieselben Waffen gaben wir anschließend an die Algerier weiter, die sie schließlich 1963 gegen uns richteten, als sich die Grenzstreitigkeiten zwischen den beiden Ländern zu einem bewaffneten Konflikt ausweiteten.

Unter französischer Herrschaft waren die Berber praktisch die Einzigen gewesen, die Offiziersposten in der Armee erhalten hatten. Der König wollte dieser separatistischen Politik bezüglich Berbern und Arabern, wie sie die Besatzer betrieben hatten, ein Ende bereiten. Er richtete eine neue, neunmonatige Intensivausbildung ein, für die Offiziersanwärter aus allen Ecken des Landes rekrutiert wurden. Männer aus dem Rif, aus Tétouan, Tanger, Fès oder Casablanca erhielten in den Militärschulen von Toledo in Spanien oder Saint-Cyr in Frankreich eine Zusatzausbildung und wurden mit leitenden Positionen betraut. Erst dieser so genannte »Jahrgang Mohammeds V.« machte es möglich, eine Armee zusammenzustellen, in der alle Volksstämme des Landes vertreten waren.

Nach der Erklärung der Unabhängigkeit stürzte das Land in eine schwere Krise. Es war so zerrissen zwischen den einzelnen rebellischen Gruppierungen, dass es nahezu unregierbar erschien. Der König versuchte, zwischen den politischen Lagern zu vermitteln, doch die radikalen Linken – mit Ben Barka an der Spitze – akzeptierten ihn nicht als Autorität. Der Palast sollte spuren, während die Istiqlal-Partei die gesamte Macht in Händen halten wollte, vergleichbar den Ländern des ehemaligen Ostblocks. Aber auch die Parteien untereinander waren sich alles andere als einig. Die PDI (*Parti démocratique de l'indépendance,* demokratische Unabhängigkeitspartei) etwa sprach sich für eine Monarchie nach britischem Vorbild aus, die Istiqlal-Partei dagegen forderte eine Verfassung. Die Bewegung spaltete sich 1959 in eine konservative Rechte und eine revolutionäre Linke, die von da an unter dem Kürzel UNFP (*Union nationale des forces populaires,* Nationalunion der Volkskräfte) auftrat. Ben Barka, Führer dieser neuen UNFP, herrschte im Süden. Im Norden hatte ein anderer Führer Fuß gefasst, im Osten ein dritter. Um ihre Gebiete zu verteidigen, war ihnen jedes Mittel recht. Zum Beispiel wurden Leute in Nacht-und-Nebel-Aktionen aus ihren Häusern verschleppt. Kaiden, Kalifen und Mokadem, die mit den Franzosen kollaboriert hatten, wurden verhaftet und in Internierungslager gesteckt. Oufkir besaß von diesen Gefängnissen Aufnahmen, die er zu Hause aufbewahrte. Dem Polizeiarchiv wollte er sie nicht übergeben, weil er fürchtete, man würde ihn beschuldigen, mit der Linken abrechnen zu wollen.

Nach dem Tod meines Mannes, als man uns zu verhören begann, wusste ich nicht, wem ich diese Fotos und Unterlagen anvertrauen sollte, und so verbrannte ich alles. Ich wollte um jeden Preis verhindern, dass die Sachen in die Hände von Oberst Dlimi gelangten, dem Chef der Staatssicherheit, der später zu unserem Kerkermeister werden sollte.

Jahrelang kochte und brodelte es im gesamten Land. Marokko war in tausend Teile zersplittert, und der König wusste nicht, an welchem Ende er anfangen sollte, die Scherben zu kitten.

Das Land war im Begriff, endgültig zu zerbrechen, doch nur wer selbst von den Problemen betroffen war, wusste, wie dramatisch die Lage wirklich war. Banden töteten, plünderten und raubten Banken aus, um Gewehre und Revolver zu kaufen. Die Nationalisten und Terroristen aus der Zeit der französischen Besatzung unterhielten weiterhin ihre Arsenale und versetzten die Regierung in Angst und Schrecken. Menschen wurden auf offener Straße angezündet, weil sie mit den Franzosen zusammengearbeitet hatten, bekannte Persönlichkeiten verschwanden, und irgendwann wurde ihr Kopf an einer Stelle, ihr Körper an einer anderen gefunden.

Jede Gruppierung hatte damals eine eigene Miliz. Es herrschte Chaos und Tumult, es kam zu Racheakten, und Soldatesken zogen marodierend durchs Land. Wilde Horden überfielen die großen Stämme und stahlen Vieh, Schmuck und Wolle. In den Städten regierte der Terror. Selbst ernannte Nationalisten, die sich rühmten, die Franzosen vertrieben zu haben, hatten Waffen gehortet und begingen ungestraft ihre Überfälle. Sogar Touria Chaoui wurde umgebracht, damals die einzige weibliche Pilotin des Landes. In allen Kriegen, bei allen Revolutionen und Unabhängigkeitskämpfen gibt es solche Leute, die von den Ereignissen profitieren, um ihre Macht zu festigen.

Für Mohammed V. war das alles nur eine weitere Demütigung. Einerseits wurde er vom Volk geliebt und respektiert, andererseits drohten die verschiedenen Parteien und ihre Gegner das Land zugrunde zu richten. Dieser Zustand währte fünf Jahre.

Der König beurlaubte Oufkir regelmäßig vom königlichen Kabinett und schickte ihn für zwei bis drei Monate ins Land hinaus, um Ordnung zu schaffen. Anschließend wurde er in sein Büro zurückgerufen, damit er draußen wieder in Vergessenheit geriet. Auf diese Weise hat er eine ganze Reihe von Unruheherden gelöscht.

Alle Regionen probten den Aufstand, und das unter den unterschiedlichsten Vorwänden. Im Tafilalet begehrten Lahcen Lyoussi und Adi Ou Bihi, zwei Kaiden, die von den Franzosen wegen ihrer Treue zum Sultan abgesetzt worden waren, gegen die Willkür der Istiqlal auf. Oufkir schlug den Aufstand nieder. Dem einen Rebellen gelang es, nach Spanien zu fliehen, der andere wurde verhaftet und zum Tode verurteilt, später allerdings begnadigt. Und weiterhin krachte und knirschte es im ganzen Land.

Mein Verhältnis zu Mohammed V. war perfekt. Ich brachte ihm großen Respekt entgegen, und er besaß so viel Kultiviertheit, seine Mitmenschen ebenfalls zu respektieren. Selbst den einfachsten Leuten gegenüber zeigte er sich aufmerksam. Wir gehörten in gewissem Sinne zu seiner Dienerschaft, doch er betrachtete uns als Mitglieder der Familie. Nie erhob er die Stimme, und regelmäßig erkundigte er sich nach unseren Kindern und Angehörigen. Wenn er sah, dass ich müde oder schlecht gelaunt war, fragte er mich nach dem Grund und versuchte stets, die rechten Worte zu finden, um mir zu helfen. Jovial sprach er von meiner Schönheit und meiner Jugend.

»Wenn du meine Frau wärst, würde ich dich nicht mehr auf die Straße lassen«, sagte er.

Sicherlich war ich die Frau des Adjutanten, aber in erster Linie war ich eine Freundin, eine Tochter des Hauses. Es hat mir nie gefallen, die Rolle von Oufkirs Gattin zu spielen, selbst solange wir in der Residenz lebten.

Ich war nie dabei, wenn sich Mohammed V. und Oufkir trafen. Mein Platz war immer an der Seite der Frauen, und meine Aufgabe bestand darin, den Palast auszustatten. Ich verhalf den Damen dazu, das zu bekommen, was sie wollten – ob beim Einkauf und bei der Ausgestaltung der Salons. Mein Leben spielte sich im Schoß der königlichen Familie ab. Ich folgte ihr, wohin sie ging, in die Schweiz, nach Frankreich, Italien, Spanien, Amerika, bei Staatsbesuchen ebenso wie auf Privatreisen.

Mein Leben im Dunstkreis des Palastes war herrlich. Es war mehr zwischen der königlichen Familie und mir als Freundschaft, mehr als Liebe, mehr als Bewunderung. Ich betrachtete sie als meine eigene Familie. In den ersten fünf Jahren nach der Erklärung der Unabhängigkeit habe ich Mohammed V. niemals allein gelassen. Ich hatte keinerlei Privatleben mehr. Morgens um acht brach ich auf, um mit dem König zu frühstücken, und manchmal kehrte ich erst nach Mitternacht wieder nach Hause zurück. Es kam auch vor, dass ich im Palast übernachtete. Fünf Jahre lang wurde ich unendlich verwöhnt und umsorgt. Mohammed V. bedachte mich ebenso großzügig mit Geld, Kleidern und Schmuck wie seine Frauen und Töchter.

Die Frau des Königs, Lalla Abla, war ein mustergültiges Beispiel an Klasse und Diskretion. In dieser Welt, in der sie doch in erster Linie als Mutter der Prinzen betrachtet wurde – ihr Beiname lautete denn auch Oum Sidi, Mutter des Herrn –, war sie eine echte Persönlichkeit. Auf ihre Bitte hin nannte ich sie Kheti, große Schwester, das klang herzlicher und wärmer. Man hätte meinen können, sie sei als Prinzessin geboren, dabei war sie eine Berbertochter, die ihren Eltern schon ganz früh weggenommen worden war. Sie hatte die Haltung einer Königin und das Benehmen einer Königin, sie schien wie zum Regieren geschaffen. Darüber hinaus war sie sehr sanft, und wenn sie auch sicherlich nicht über dieselbe außergewöhnliche Intelligenz verfügte wie ihr Sohn, Prinz Moulay Hassan, so bewies sie doch einen Sinn für Diplomatie, verfügte über eine feine Intuition und legte große Gewandtheit an den Tag. Wie gut sie die menschliche Natur kannte! Durch ihre Niederlagen und Enttäuschungen hatte sie viel gelernt. Hätte ihr Sohn später ab und zu auf sie gehört, wären ihm viele Irrtümer erspart geblieben.

Meine Kinder waren damals noch sehr klein. Ich sah sie, wenn ich abends nach Hause kam. Alles war perfekt bis zu dem Tag, an dem Mohammed V. meine älteste Tochter, Malika, in den Palast holte, damit sie zusammen mit seiner Tochter Lalla Amina aufwachsen sollte. Lalla Amina war sein jüngstes Kind, das im Exil zur Welt gekommen war. Für ihn war sie so etwas wie ein Geschenk des Himmels, als er schon geglaubt hatte, das Glück hätte ihn verlassen.

Wenn einem die königliche Familie anbietet, ein Kind im Palast aufwachsen zu lassen, gilt das traditionsgemäß als Ehre und Privileg. Für mich war es die reinste Folter und für meine Tochter der größte Schmerz. Sie war ein Kind mit wachem Verstand, und wir standen uns schon damals sehr nahe. Die Trennung war für uns beide eine Tragödie. Sie war fünf, als der König sie als Spielkameradin für seine Tochter auserkor. Von diesem Zeitpunkt an lebte Malika mit Lalla Amina in der Villa, die der König ihnen zugeteilt hatte. Man bekam sie nicht mehr zu Gesicht, und sie war ohnehin nicht wiederzuerkennen. Selbst jetzt, nachdem sie wieder bei uns ist – wir hatten im Gefängnis immerhin lange genug Zeit, um wieder zueinander zu finden –, ist sie anders als wir. Sie denkt wie die Leute im Palast, sie redet wie sie, sie reagiert wie sie. Im Kreis ihrer Geschwister wirkt sie nach wie vor ein wenig fehl am Platze.

Mit der Zeit wurde Oufkir zu einer mächtigen und gefürchteten Persönlichkeit. Während seiner langen Zeit als Adjutant Mohammeds V. hatte ihm der König zunehmend Verantwortung übertragen. Wie die Welt wurde Marokko nicht an einem Tag neu erschaffen. Immer wenn irgendwo ein Feuer erlosch, glomm an anderer Stelle ein neues auf. Und Oufkir kümmerte sich weiterhin darum, dass die Aufstände niedergeschlagen wurden.

Am 29. Februar 1960 wurde Agadir von einem Erdbeben zerstört. Als Soldaten die Ruinen plünderten, wurde General Driss damit beauftragt, für Ordnung zu sorgen. Er ließ zwei oder drei Soldaten, die er auf frischer Tat ertappt hatte, erschießen. Der König war empört, denn er schätzte diese Art von Vergeltungsmaßnahmen überhaupt nicht. Erneut schickte er Oufkir los, der im Rang eines Ortskommandanten der Region wieder zum Aufschwung verhalf.

Nach seiner Rückkehr nach Rabat am 13. Juli ließ ihn der König rufen, um ihm lapidar mitzuteilen:

»Ich vertraue dir die Polizei an.«

Auf Anraten Ben Barkas ernannte Mohammed V. Oufkir zum Chef des Staatssicherheitsdienstes. An dem Tag, an dem mein Mann seinen neuen Posten übernahm, packten vierhundertfünfzig französische Beamte ihre Koffer, gemäß den mit der ehemaligen Kolonialmacht abgeschlossenen Verträgen. Der neue Polizeichef fand eine leere Direktion vor. Alles musste neu aufgebaut und organisiert werden. Sogar der Geheimdienst.

Mohammed V., der alle politischen Richtungen in den Machtapparat mit einbeziehen wollte, befand sich zu dieser Zeit in einer prekären Situation. Abderrahim Bouabid, linker Wirtschaftsminister der Regierung Ahmed Balafrej, war von der Idee beseelt, die Macht des Königs zu beschneiden. Er kürzte dem Palast so radikal die Mittel, dass sogar Aspirin und Verbandszeug rationiert werden mussten. Für jeden Bediensteten gewährte er 100 Dirham, was schon zur damaligen Zeit lächerlich wenig war.

Ab Dezember 1958 versuchte die Regierung nicht nur, die Macht des Königs einzuschränken, sondern auch, den Sozialismus durchzusetzen – wenn auch einen etwas eigenartigen Sozialismus. So wurde zum Beispiel per Gesetz vorgeschrieben, dass jede Mutter pro Kind und Monat 30 Dirham bekommen sollte. 30 Dirham! Das entsprach 20 Francs! Das reinste Almosen! Dazu noch ohne jegliche soziale Absicherung. Es war das organisierte Chaos. Die Maßnahme beschränkte sich im Übrigen auf sechs Kinder pro Familie, was wiederum den Deklarationen eines führenden Kopfes der Linken, Allal El Fassi, widersprach, der von einem Marokko mit 50 Millionen Einwohnern träumte. Einerseits wollten sie viele Kinder, andererseits aber torpedierten sie die Geburten mit absurden Dekreten.

Marokko war mit dem Traum vom Sozialismus nicht allein in seiner Hemisphäre. Ganz Afrika und Südamerika teilte diesen Traum, wenn auch vielerorts kommunistische Tendenzen im Vordergrund standen. Während die sozialistische Idee die Marokkaner durchaus reizte, fand der Kommunismus bei ihnen wenig Anklang. Es ist eine Ideologie, die Gott aus dem Leben verbannt. Für uns eine völlig absurde Vorstellung. Nicht an Gott zu glauben scheint einem Marokkaner schlicht unmöglich.

Heute wird versucht, aus uns endlich gute Muselmanen zu machen, dabei sind wir das schon immer gewesen. Wir brauchen diese Leute nicht, die den Islam für politische Zwecke missbrauchen wollen. Schon unsere Eltern und Großeltern haben ihre Gebete gesprochen, den Ramadan begangen und Almosen gegeben. Fundamentalismus ist politische Strategie; in Marokko dürfte er eigentlich keine Chance haben. Es ist nicht der wahre Islam. Würde der Islam so umgesetzt, wie er überliefert und niedergeschrieben ist, dann wäre Marokko ein Paradies. Denn der Islam ist eine redliche Religion. Er will, dass der Mensch mit sich im Reinen ist. Er verbietet ihm, zu lästern und Böses zu tun, und hält ihn an, Gutes zu vollbringen, den Armen zu helfen und Witwen und Waisen zu achten. Was ist von einem Islam algerischer Prägung zu halten? Es ist nicht dem Islam anzulasten, wenn Frauen, Kinder und Greise getötet oder junge Mädchen vergewaltigt und aufgeschlitzt werden. Der Islam ist in Wirklichkeit vor allem eine Religion der Toleranz. Niemand kann einen zwingen zu beten oder zu fasten, es ist eine persönliche Sache zwischen Gott und dem Einzelnen. Ein guter Muselmane zieht Bilanz mit Gott und rechnet nicht mit seinen Mitmenschen ab.

Ende Mai 1960 löste der König die Regierung auf und verkündete, dass er beabsichtige, den Staat selbst zu regieren, und zwar mit Hilfe des Kronprinzen. Auf diese Weise bereitete er seine Nachfolge vor. Mohammed V. durchschaute seine Mitmenschen. Er hatte bemerkt, dass sein Sohn und Oufkir von ganz und gar unterschiedlicher Mentalität waren, und ahnte, dass es eines Tages zu einem Konflikt zwischen den beiden Männern kommen musste. Prinz Moulay Hassan hatte diese schreckliche Arroganz des Herrschenden, für den die Welt nur aus zwei Teilen bestand: hier er selbst, und dort die anderen. Als Alaouite* und geistiger Führer hielt er sich für den absoluten Herrscher. Doch Oufkir entstammte ebenfalls einer bedeutenden Familie. Moulay Hassan war in 35. Generation Nachfahre des Propheten, Oufkir und seine Angehörigen in 28. oder 30. Es war ein sehr nobler Stamm, aber eben ein Wüstenstamm, der nicht viel Wert auf Luxus legte und diese Haltung nicht nachvollziehen konnte. Die Menschen der Wüste betrachteten die Dinge vollkommen anders. Prinz Moulay Hassan hat nie begriffen, dass man schon eine Menge Scharfsinn an den Tag legen musste, um Oufkir zu beeindrucken. Sein Vater dagegen wusste genau, wie man diesen ehrgeizigen, eitlen und kompetenten Offizier für sich gewinnen konnte.

Auf der gemeinsamen Pilgerreise nach Mekka flehte Mohammed V. Oufkir an, seinem Sohn in Zukunft zu dienen:

»Ich verlange nicht von dir, dass du mir jetzt sagst, ob du ihn verraten wirst oder nicht. Ich bitte dich nur darum, mit ihm im Interesse Marokkos zusammenzuarbeiten.«

Auf dieser Reise war Mohammed V. bereits krank, ohne dass wir etwas davon wussten. Einen Monat später, während des Ramadans, als wir gerade abends beim Fastenmahl saßen, stieß er plötzlich hervor:

* Die Alaouiten-Dynastie stellt seit Ende des 17. Jahrhunderts den marokkanischen Herrscher. (Anm. d. Ü.)

»Esst, esst! Bald werdet ihr beim Trauermahl eures Königs sitzen.«

Alle hielten diese Bemerkung für einen Witz. Wie hätten wir auch etwas ahnen sollen? Er hatte rosige Wangen, er sah gut aus, war gerade einmal zweiundfünfzig Jahre alt und schien sich bester Gesundheit zu erfreuen. Als wir uns einmal allein trafen, sagte ich ihm, wie gesund er wirke.

»Nein, Fatéma, wenn du wüsstest, wie ich leide! Manchmal würde ich am liebsten aus dem Fenster springen.«

Vielleicht wollte er sterben, vielleicht hat er sich gehen lassen. Er spürte, wie ihm die uneingeschränkte Macht entglitt, und vielleicht wollte er den Thron vorzeitig an seinen Sohn abtreten. Er wusste, dass sich Prinz Hassan als König niemals sagen lassen würde, wie er sich zu verhalten habe, geschweige denn, sich auf repräsentative Aufgaben beschränken.

Niemand wusste genau, woran der König eigentlich litt. Meine Vermutung ist, dass er im Bereich der Ohren von Krebs befallen war. Er hatte ständig starke Schmerzen, es muss ein schrecklicher, stechender Schmerz gewesen sein. Am Ende konnte er nicht einmal mehr die normalen Geräusche um sich herum ertragen.

Die Ärzte hatten ihm von einem chirurgischen Eingriff abgeraten, aber die Schmerzen waren zu groß. Er ließ sich am Sonntag, den 26. Februar 1961 operieren, ohne Beteiligung eines Kardiologen, nur von einem Hals-Nasen-Ohren-Arzt. Er wusste, dass er nicht wieder aufwachen würde. Er sagte es uns auch und informierte seine Umgebung. Ich denke, es gibt einen Schmerz, der das nahe Ende ankündigt.

Es war im Grunde eine Routineoperation. Doch dann spielte das Herz verrückt. Auch eine Herzmassage konnte nichts mehr ausrichten. Es war zu spät.

Ich war mit den Nerven am Ende. Es wollte mir nicht in

den Kopf, dass eine Epoche zu Ende ging. Ich war die Einzige, die ein ganzes Jahr lang Trauer trug, obwohl Brauch und Tradition nur vierzig Tage verlangten. Sein Tod war für mich ein schrecklicher Schock. Wie kann es nur sein, dass ein Mann in der Blüte seiner Jahre sich verabschiedet, um zu Fuß ins Krankenhaus zu gehen, und dann plötzlich stirbt?

In seinem Buch *Notre ami le roi** behauptet Gilles Perrault, der Erbprinz habe den König getötet. Das ist lächerlich. Hassan II. liebte und bewunderte seinen Vater mehr als alles andere auf der Welt. Das spiegelt sich übrigens in einem Tick, den er bis ans Ende seiner Tage nicht mehr loswurde. Noch bei seiner letzten Rede am 9. Juli 1999 kam er erst zum Thema, nachdem er seinen Vater erwähnt hatte. Als brächte ihm das Glück, griff er dieses immer wiederkehrende Leitmotiv in seinen Reden auf, das ihnen Inhalt, Tiefe und eine gewisse Rechtfertigung verlieh.

* Editions Gallimard 1990. Titel der deutschen Ausgabe: *Unser Freund der König von Marokko. Abgründe einer modernen Despotie.* Gustav Kiepenheuer, Leipzig 1992.

IV

Im Dunstkreis Hassans II.

Mit der Thronbesteigung Hassans II. wurde im Palast alles anders. Der zweiunddreißigjährige neue König brauchte Gesellschaft und Unterhaltung. Er war unablässig von einem Schwarm junger Mädchen umgeben, die ständig wechselten, weil er ihrer rasch überdrüssig wurde. Der Palast, der bis dahin nahezu hermetisch abgeriegelt gewesen war, öffnete sich einer Schicht, mit der man bis dahin in dieser abgeschirmten Welt kaum in Berührung gekommen war. Kleine Friseusen mit hübschen Gesichtern, die von Umgangsformen keine Ahnung hatten, und sogar stadtbekannte Dirnen wurden für bestimmte Minister als »Sekretärinnen« eingestellt. Durch dieses permanente Ein und Aus erhielten immer mehr Menschen von draußen Einblicke in den Serail, und so manches Geheimnis des Palastes wurde gelüftet. Bald wusste jeder, dass Hassan II. ein vollkommen unzeitgemäßes Leben mit einem Harem von vierzig Frauen führte.

Ich versuchte, ihn davon zu überzeugen, dass er nur eine Frau heiraten sollte.

»Sie sollten für Veränderungen sorgen und nicht mehr das gleiche Leben führen wie Ihr Vater. Er hat seine Regentschaft im Jahr 1927 angetreten, damals war alles anders.«

Verlorene Liebesmüh. Die alte Garde der Konkubinen Mohammeds V., denen viel an der Aufrechterhaltung der

Traditionen lag, setzte sich durch, und der König bekam mehrere Frauen. Viel ist über sie nicht bekannt, sie wurden eben als seine Konkubinen betrachtet. Die einzige offizielle Ehefrau ist die Mutter seiner Kinder, Lalla Latifa, eine erstaunliche Persönlichkeit. In der Öffentlichkeit hat sie sich nur ein einziges Mal, und das nur flüchtig, gezeigt, bei der Hochzeit ihrer jüngsten Tochter. Sie ist eine zierliche kleine Person von großer Intelligenz und einem bewundernswerten Maß an Stolz und Mut.

Sie war zusammen mit ihrer Cousine Fatéma an den Hof gekommen, nachdem man sie von ihrer Familie im Mittleren Atlas weggeholt hatte. Ihr Onkel war einer der zwölf Kaiden, die seinerzeit die Abdankung von Mohammed V. gefordert hatten, ein mächtiger Mann, der in der Region von Khénifra über einen riesigen Stamm herrschte.

Zunächst warf der junge König ein Auge auf die dreizehnjährige Fatéma, die ein bildhübsches Mädchen war. Alle sprachen davon, weil jedem klar war, dass dieses Mädchen die erste Ehefrau des Königs werden würde. Es kam sogar noch extremer: Die Ärzte verabreichten der noch Pubertierenden Hormone, damit sie möglichst schnell den unerlässlichen Thronfolger zur Welt brachte.

Eines Tages kündigte Hassan II. bei einem Essen im Palast an:

»Ich werde nur mit einer einzigen Frau Kinder haben, und das wird Fatéma sein.«

Fatémas Cousine war siebzehn, hatte einen zarten, milchweißen Körper, langes Haar, das ihr bis zu den Schenkeln reichte, große Augen und volle Lippen. Sie war vielleicht nicht im herkömmlichen Sinne schön, aber sie besaß etwas, das über Schönheit hinausging. Wenig von der Vorstellung angetan, die zweite Geige zu spielen, legte sie ihre Gabel hin und wandte sich bedächtig an den König:

»Wie bitte, *Sidi*? Ihr wollt nur mit Fatéma Kinder?«

»Ja, das ist die Tradition, die mein Vater begründet hat«, erwiderte der König. »Auch er hatte nur mit einer Frau Kinder, und ich werde ebenfalls nur mit einer Frau Kinder bekommen. Unsere Vorfahren hatten viele Ehefrauen und zahlreiche Söhne, die sich gegenseitig bekriegten und so unablässig Unruhe stifteten. Ich will nicht, dass sich das wiederholt.«

Und dann traute die verblüffte Gesellschaft kaum ihren Ohren, als die junge Berberin, die kaum Arabisch sprach, antwortete:

»*Sidi,* wenn Ihr mir keine Kinder machen wollt, muss ich gehen. Ich kann ohne Kinder nicht leben.«

Drei oder vier Tage später wurde eine Art Hochzeitszeremonie für sie organisiert, die sie allerdings noch nicht zur Ehefrau erhob. Sie blieb zunächst weiterhin Konkubine. Die kleine Fatéma, die Gattin in spe, erlitt hysterische Anfälle – epileptische Anfälle, wie es offiziell hieß, die auf die Hormonbehandlung zurückzuführen seien. In Wirklichkeit war sie krank vor Eifersucht. Unsterblich verliebt in Hassan II., fürchtete sie, dass eine andere ihren Platz einnehmen könnte.

Einmal befanden wir uns mit einer ganzen Gruppe, darunter Fatéma und Lalla Abla, der Mutter des Königs, auf Pilgerfahrt nach Mekka. Dort erfuhren wir, dass die ältere Cousine schwanger war. Sie hatte gewonnen! Da sie ebenfalls Fatéma hieß, benannte sie Hassan II. in Latifa um, damit man sie von ihrer Cousine unterscheiden konnte. Auf diese Weise wurde sie die Frau des Königs und die Mutter seiner fünf Kinder: des zukünftigen Mohammed VI., seines Bruders Moulay Rachid und der Prinzessinnen Lalla Meriem, Lalla Asma und Lalla Hasna.

Sie ließ ihren Kindern eine echte Erziehung angedeihen.

Und mehr als das, es gelang ihr sogar, sie zu einen, statt sie zu entzweien. Seit Urzeiten isolierten die Alaouiten ihre Kinder voneinander, um Clanbildung, Verrat und Klüngel zu vermeiden. Sie dagegen tat alles, um ihren Nachwuchs zusammenzuschweißen. Und ich glaube, sie hatte Erfolg mit dieser Strategie.

Mohammed V. wusste genau, wer sein Freund und wer sein Feind war. Sein Sohn legte nicht denselben Scharfsinn an den Tag. Und so ließ er gewisse Leute in seine Nähe, die durch und durch korrupt waren und das Land ungestraft aussaugten.

Allerdings kann man nicht sagen, dass ihnen der Monarch mit gutem Beispiel vorangegangen wäre. Er hat ein riesiges Vermögen angehäuft. Jeder wusste das, und so konnte er auch zu der Selbstbedienungsmentalität seiner Untergebenen nichts sagen. Wenn seine eifrigen Diener steinreich starben, beschränkte sich der König darauf, die abgezweigten Summen diskret zurückzuholen, allerdings nicht ohne die Familie mit einem gewissen Betrag zum Schweigen zu verpflichten.

Wenn all diese feinen Herren Marokko nicht so schamlos ausgeraubt hätten, wäre das Land gar nicht erst in die schwierige Lage geraten, in der es sich heute befindet. Denn noch heute weiß niemand, wohin der Erlös für den wichtigsten Rohstoff des Landes, das Phosphat, fließt. Ebenso weiß niemand, was aus den so genannten *Habous* wird, aus bestimmten Nachlässen, die dem islamischen Gesetz gemäß den Armen zustehen. Es gibt in Marokko ein spezielles Ministerium für diese Angelegenheiten, das die Spenden samt und sonders in den dunklen Kanälen des Verwaltungsapparates versickern lässt.

In diesem Haifischbecken aber gab es auch andere. Menschen, die für ihr Land gekämpft, wahre Heldentaten begangen haben und dann in der Versenkung verschwunden sind. Sie wurden einfach vergessen, bekamen nie den Platz, der ihnen zusteht, und wurden nie für ihre Opfer entschädigt.

Man fragt sich, wie es möglich ist, dass sich Hassan II. trotz all seiner Intelligenz und Intuition mit so schlechter Gesellschaft umgeben konnte. Schon Victor Hugo schrieb, die Könige hätten ihre Ohren an den Füßen. Ein Bild, das in einem Land wie Marokko, wo die Untertanen all ihre Würde aufgeben, um ihrem Souverän die Hände oder Füße zu küssen, besonders treffend scheint. Ist er nicht Nachfahre des Propheten? Ist er nicht unser Regent und Vertreter? Aber sich vor ihm auf den Boden werfen und ihm die Füße küssen, das kann ich mir nicht vorstellen. Man soll sich nur vor Gott niederwerfen. Ich küsse dem König die Hand, weil ich ihm Respekt und Liebe – ja unendliche Liebe – entgegenbringe, aber von da bis zu einem Kniefall ist es noch weit ... Er hätte es auch nie von mir verlangt. Von den Menschen, denen er eine gewisse Wertschätzung entgegenbrachte, erwartete er nur bestimmte Zeichen der Ehrerbietung, nicht mehr. Andererseits hatte er nichts dagegen, dass sich einige der Kurtisanen vor ihm auf den Boden warfen. Sie betrachtete er von oben herab, voller Hochmut und Verachtung. Er wies jedem einen ganz bestimmten Platz zu.

Als Hassan II. den Thron bestieg, herrschten ganz andere Bedingungen als bei der Machtübernahme seines Vaters. 1961 erbte der König ein zerrissenes Reich, in dem jeder versuchte, die Macht an sich zu reißen. Die Parteien und ihre Führer wollten alle ein Stück vom Kuchen. Die Linken, die Rechten, die Militärs und die Zivilisten – jeder wollte die Macht für sich allein. Als der junge Souverän gekrönt wurde, gaben ihm Beobachter nicht einmal ein Jahr. Ja, keine

Partei, kein Politiker, kein Leitartikler gab ihm mehr als ein paar Monate bis zu seiner Absetzung.

Hassan II. fand sich an der Spitze eines Landes wieder, in dem es an allen Ecken und Enden brodelte. Die einen wollten den Sozialismus, die anderen den Konservativismus, die dritten bauten auf die Religion, und jeder wollte natürlich alles haben.

Die Macht war aber nicht nur von innen gefährdet, sondern auch von außen. Der orientalische Panarabismus war im Begriff, sich bis nach Nordafrika auszubreiten. In erster Linie hatte man es auf die Monarchien abgesehen. Zunächst fiel der König von Ägypten, dann wurde der irakische Souverän getötet, und schließlich wurde auch noch die instabil wirkende Scherifenmonarchie angegriffen. Für Nasser in Kairo war es eine Frage der Ehre, diesen jungen König, den er für schwach hielt, von seinem Thron zu stoßen. Man versuchte mit allen Mitteln, ja sogar mit Hilfe der Kultur, das System zu destabilisieren. Syrer und Ägypter wollten die Massen arabisieren, so wie momentan die islamischen Fundamentalisten versuchen, uns über Religion zu belehren. Damals wie heute waren das alles nichts weiter als Vorwände, um die Menschen zu Rebellion, Widerstand und Dissidententum aufzurufen.

Mohammed V. war sicherlich der Einzige, der von vornherein gespürt hat, dass es seinem Sohn gelingen würde, die Monarchie so zu erhalten, wie sie immer gewesen war: ein System, in dem der König Emir, also oberster Befehlshaber aller Gläubigen, Herr und Meister, Gesetzgeber und Schlichter der Nation in einem ist.

Mohammed V. hatte auch als König bescheiden und schlicht gelebt. Er hatte harte Schläge von den Franzosen einstecken müssen und irgendwann sogar einen Teil seiner Macht an die Opposition abgegeben, die versucht hatte, ihn mit absurden Gesetzen zu knebeln. Bei seiner Thronbesteigung war er nicht so ungestüm gewesen wie der junge Hassan II. Auch war er seinen Mitmenschen nicht wie sein Sohn, der ständig auf der Suche nach Genugtuung schien, mit arrogantem, provokantem Spott begegnet.

Als Erbprinz hatte Hassan im Pariser Théâtre Marigny nahe den Champs-Elysées vor einem Publikum aus Politikern einmal sinngemäß verkündet:

»Ich will zusammen mit dem Volk regieren, wie Ludwig XI.«

Wenn man weiß, wie Ludwig XI. regiert hat, dass er seine Feinde in den Kerker geworfen hat, kann man diese Worte bereits als unheilvolle Warnung verstehen. In Tazmamart, dem Wüstenbagno, in dem die Regimegegner dahinvegetierten und elend krepierten, hat sich Hassan II. in der Tat verhalten wie Ludwig XI. Nur dass wir uns nicht mehr im 15. Jahrhundert befinden. Heutzutage sind solche Abscheulichkeiten inakzeptabel.

Hassan II. war außerordentlich intelligent, und doch regierte er mitten im 20. Jahrhundert wie ein absolutistischer Monarch. Aber auch Könige müssen mit der Zeit gehen. Mohammed V. hatte uns fünfzig Jahre weitergebracht, Hassan II. stieß uns wieder ein halbes Jahrhundert zurück.

Der junge König war ein Mensch mit vielen Facetten. Gleichermaßen rückständig wie modern, hing er einerseits an den urtümlichsten Bräuchen, fühlte sich aber andererseits zu den europäischen Lebensgewohnheiten hingezogen. Er war zugleich schamhaft und exzentrisch, kleidete sich manchmal ausgefallen, bunt und gescheckt, mit extravagantem Gürtel und Hut. Dann wieder zeigte er sich in nüchtern-strenger Kleidung und immer mit derselben dunklen Krawatte. Eine wahrhaft gespaltene Persönlichkeit. Seine größte Schwäche war übrigens seine Launenhaftigkeit. Es kam oft vor, dass er morgens fröhlich war und kurz darauf schon eine fürchterliche Stimmung verbreitete. Mit dieser unbeständigen und unberechenbaren Art verunsicherte er seine Umgebung zutiefst. Wir wussten nie, welches seiner vielen Gesichter uns nun wieder erwarten würde. Sein Vater war dagegen die Unkompliziertheit in Person gewesen, nicht nur was seine Lebensweise anlangte, sondern auch in seinem Verhalten und seiner Art, mit Menschen umzugehen. Er war geradeheraus. Wenn er einem seiner Mitarbeiter das Vertrauen entzog, ließ er ihn sofort ohne Federlesen und Geheimniskrämerei aus seinem Dunstkreis entfernen. Sein Sohn sagte es einem nie sofort, wenn man in Ungnade gefallen war, sondern erst an dem Tag, an dem man dann von einer Minute auf die andere zu verschwinden hatte.

Hassan II. war so voller Widersprüche! Er liebte Luxus, Geld, gute Küche und Kunst. Andererseits brachte er es auch fertig, inmitten all der schönen Dinge in seinem Palast auf einem kleinen Gebetsteppich zu sitzen und aus einfachstem Geschirr von einem Resopaltischchen zu essen.

Vor allem aber – und das war der Charakterzug an ihm, den alle am meisten fürchteten – hatte er vor niemandem Respekt. Er zögerte nicht, Bedienstete wie ihm nahe stehende Personen zu demütigen. Sobald er bemerkte, dass sich ein Kopf über die anderen erhob, ließ er ihn abschlagen. Die Person musste aus seinem Blickfeld verschwinden, sich in den Hintergrund zurückziehen, wieder ins Glied zurücktreten. Ein Untertan, der sich nicht an die Normen hielt, hatte kein Recht zu leben, schon gar nicht in seiner unmittelbaren Nähe. Und wenn der Betreffende dann immer noch zu glücklich wirkte, wurde er nach allen Regeln der Kunst schikaniert, damit er wieder lernte, was echtes Unglück war.

Gleichwohl war mein Verhältnis zu ihm nie schlecht. Es war nicht so gut wie das zu Mohammed V., aber das lag sicherlich auch daran, dass ich das gar nicht wollte. Meine Freundschaft mit dem Sohn erschien mir insgeheim ein wenig wie Verrat am Andenken des Vaters. Irgendwann begriff ich, dass diese Einstellung lächerlich war. Die Wirklichkeit fordert bisweilen eine andere Logik: »Der König ist tot, es lebe der König!« Sechs Monate lang benutzte ich dem neuen König gegenüber weiterhin *Smitsidi,* die Anrede für den Erbprinzen, und nicht *Sidi,* den Titel des Königs. Es fiel mir einfach schwer, mich umzugewöhnen. Aufgrund meiner Haltung kühlte unser Verhältnis zunächst deutlich ab, doch bald verstand er, was mich bewegte.

Mit der Zeit allerdings veränderte sich Hassan II. Nach zahlreichen Enttäuschungen und vielen Schlägen war er nicht mehr derselbe und vertraute niemandem mehr. Das ging so weit, dass er sich sogar in seinem Schlafzimmer nicht mehr sicher fühlte und mit einem Revolver in Reichweite schlief. Die Ereignisse haben aus ihm einen misstrauischen und verhärteten Menschen gemacht.

In französischen Geschichtsbüchern kann man nachlesen, wie der junge König Ludwig XIV. den mächtigen Kardinal Mazarin am Sterbebett aufsuchte.

»Ich liege im Sterben …«, murmelte der alte Mann.

»Lasst mich nicht allein, mein Pate. Nicht jetzt. Ich bin so verzweifelt …«

»Warum, Sire?«

»Ich habe kein Vertrauen mehr, in niemanden.«

Erleichtert schloss Mazarin die Augen und flüsterte:

»Dann werdet Ihr ein großer König werden.«

Wenn ein König niemandem mehr Vertrauen schenkt, ist er ein großer König und kann sich voll und ganz für sein Land einsetzen. Das war auch bei Hassan II. der Fall. Nach Oufkirs Tod gelangen dem Scherifenkönig zweifellos große Dinge. Die absolute Macht hat indes auch ihre Schattenseiten. In Marokko herrschte ein Terrorregime, wie es der Preis aller Diktaturen ist.

Vielleicht empfand ich in der Zeit, als wir unter ihm zu leiden hatten, so etwas wie Hass auf den König. Und doch sind die starken Bande zwischen uns nie ganz gerissen, so schwierig das auch zu begreifen sein mag. Dieses Gefühl ließ sich selbst durch das schlimmste Leid, all den Schmerz und unser ungerechtes und grausames Schicksal nicht vertreiben. Die Erinnerung an das Leben, das wir geteilt hatten, und die Zuneigung und Nähe, die uns nach wie vor verbanden, ließen sich nicht auslöschen.

Wenn ich von Nähe spreche, muss ich gleich dazusagen, dass es sich hierbei selbstverständlich nicht um körperliche Nähe gehandelt hat. Es wurde so viel geredet! In seinem Buch *Unser Freund der König von Marokko* erdreistet sich Gilles Perrault sogar zu behaupten, dass meine Tochter Soukaïna ein Kind des Königs sei! Als sie diese infamen Zeilen gelesen hatte, war sie völlig verstört:

»Mama, es ist mir ja egal, wer mein wirklicher Vater ist, aber bitte nicht der, der mein Leben zerstört hat, der mich mit acht Jahren ins Gefängnis gesteckt hat. Sag mir, dass das nicht wahr ist.«

Natürlich ist es nicht wahr. Meine Nähe zu Hassan II. bedeutete nur, dass ich ohne Furcht offen mit ihm sprechen und ihm die Wahrheit ins Gesicht sagen konnte, ohne dass er gekränkt oder beleidigt war. Das bedeutet es, einem König nahe zu stehen.

Hassan II. war ein derart hochmütiger Mensch, dass die meisten es in seiner Umgebung tunlichst vermieden, heikle Angelegenheiten anzusprechen. Ich dagegen zögerte nie, ihm zu berichten, was seine Untertanen über ihn redeten. Von ihrem hohen Ross aus erkennen die Herrschenden nie die ganze Wahrheit. Man tut gut daran, sie zu informieren, wobei man natürlich nie alles erzählt, was in der Bevölkerung kursiert. Ich erinnere mich an einen Witz, der die Runde machte und den ich ihm erzählte: Eine sehr arme Frau bringt Drillinge zur Welt. Der König besucht sie und fragt, welche Namen sie ihnen gegeben habe. »Das erste habe ich Die Regierung genannt, das zweite Das Volk und das dritte Hassan II.« »Was machen sie denn gerade?«, wollte der König wissen. »Nun«, erklärte die Frau, »Die Regierung wird gefüttert, Das Volk weint, und Hassan II. schläft.«

Der König verstand. Die Regierung bereicherte sich, das Volk lebte im Elend, und der Souverän kam seinen Pflichten nicht nach. Auf Arabisch klangen die Worte noch härter ... Die Geschichte gefiel ihm, aber er fühlte sich ertappt. Die Unterhaltung fand in Anwesenheit von drei oder vier Familienmitgliedern statt. Als wir draußen waren, sahen sie alle bleich und mitgenommen aus.

»Bist du verrückt, ihm so etwas zu erzählen?«

»Ich bin überhaupt nicht verrückt«, erwiderte ich. »Das sind Geschichten, die im Umlauf sind. Ich habe ihm immer die Wahrheit gesagt, als er noch Kronprinz war. Soll ich sie jetzt vor ihm geheim halten, wo er König ist?«

Dass unser Verhältnis untergraben wurde, daran waren andere schuld. All die Frauen, denen ich Zutritt zum Palast verschafft habe und die später dann unglaubliche Gerüchte über mich in die Welt gesetzt haben. All die Frauen, die meinen Platz einnehmen wollten, sich wichtig taten, immer die Ersten sein wollten; sie behaupteten, ich hätte meinen Mann zum Putsch angestiftet. Und am Ende gelang es ihnen tatsächlich, mich auszuschalten. In seiner großen Weisheit warnt der Koran: »Misstraut den Menschen, denen ihr Gutes getan habt, bleibt stets wachsam ...«

Unter Hassan II. erhielt Oufkir wesentlich mehr Macht als unter Mohammed V. Er war als General damit beauftragt, Polizei und Geheimdienst neu zu organisieren. Unterstützt wurde er dabei – heimlich, aber wirkungsvoll – von Franzosen, Amerikanern, Engländern und Spaniern. Später wurde er zum Innenminister ernannt. An dem Tag, als er dieses hohe Amt übertragen bekam, kehrte er spät nach Hause zurück. Ich schlief bereits, und er weckte mich, um mir die Neuigkeit mitzuteilen. Ich weiß nicht, warum, aber aus irgendeiner dunklen Vorahnung heraus sagte ich:

»Du wirst den Palast irgendwann mit den Füßen voran verlassen!«

»Warum?«, fragte er verblüfft.

»Er wird dich korrumpieren und besudeln, und am Ende wird er dich um die Ecke bringen lassen! So machen das die Könige.«

Es begann ein Leben im Licht der Öffentlichkeit, wie ich es nie gewollt hatte. Ich hätte mich mit einem bescheidenen Leben an der Seite eines Soldaten in einer Kaserne zufrieden gegeben, wo ich meine Kinder hätte großziehen können wie andere auch. Solch ein schillerndes Schicksal, wie es sich nun vor mir auftat, hatte ich nie gesucht. Wer hätte das dem mageren, dunkelhäutigen, ständig kränkelnden Kind zugetraut? Wer hätte gedacht, dass das ewig kranke Mädchen eines Tages eine gesunde und glückliche junge Frau werden würde? Auf den Empfängen und Soireen zog ich alle Blicke auf mich. Stets die fröhlichste, verwöhnteste, hofierteste Dame des Festes, dachte ich nur daran, mich zu amüsieren, zu singen und zu tanzen.

Oufkirs Aufstieg änderte für mich nichts. Seit meiner Heirat hatte sich mein Leben immer im Dunstkreis des Staatsapparates abgespielt, mit Dienern, Gärtnern und Chauffeuren. Als Oufkir Minister wurde, änderten sich die

Dinge nicht wesentlich. Ich trieb jeden Morgen Sport, ging aus, las ... immer der gleiche Tagesablauf. Nachmittags standen Kino, Freunde, Tee und Plaudereien auf dem Programm. Ich liebte Klatsch und Tratsch, und irgendjemand konnte mir immer etwas Neues zutragen. Die Frauen waren jung und schön, es gab stets genügend zu berichten. Es wurde über Liebhaber, Seitensprünge und Affären gesprochen, und so verging die Zeit mit süßem Nichtstun.

Auch als mein Mann noch keine wichtigen Posten innegehabt hatte, lebte ich bereits im Luxus. Ich trug die schönsten Abendkleider, die elegantesten Kostüme und kleidete mich nur bei den berühmtesten Designern ein. Eine gewisse Madame Roussy besaß in der Avenue Mohammed V. eine schöne Boutique im Pariser Stil, mit Blumen und Spitzen aufwendig dekoriert. Solche Eleganz in Rabat! Häufig ging ich mit Oufkir dorthin und kaufte die herrlichsten Dinge. Ich brauchte die königliche Familie nicht, um zu wissen, wie man sich anzieht, sich amüsiert und tanzt ... Natürlich habe ich im Umkreis des Königs eine neue Welt kennen gelernt. Ich habe Staatsoberhäupter getroffen und an Staatsbesuchen teilgenommen, aber in Saus und Braus lebte ich schon lange zuvor.

Oufkir besaß einige Rohstoffminen im Süden, die einen gewissen Ertrag abwarfen, und ich war durch die Erbschaft meiner Mutter einigermaßen vermögend. Ich hatte einen Teil des Erbes zu meiner Hochzeit bekommen und den Rest, als ich mit einundzwanzig volljährig wurde. Ich trug bereits die prächtigsten Kleider, lange bevor ich die königliche Familie kennen lernte oder Oufkir mit ihr zusammenarbeitete. Ich habe ihr mehr gegeben, als ich von ihr erhalten habe. Einmal, kurz nach der Unabhängigkeitserklärung, kam der Erbprinz zu uns und sah meine überquellenden Kleiderschränke. Ich war mit Sicherheit damals die einzige junge

Frau, die fünfzig Paar Schuhe, über fünfzig Pullover und ich weiß nicht mehr wie viele Tücher, Mäntel und Kostüme besaß. Ebenso reich war ich mit Schmuck ausgestattet. Täglich verkaufte ich etwas davon, um mein Amüsement bezahlen zu können. Ich kostete das Leben in jeder Hinsicht aus. Es waren kleine Freuden, die kindlich und harmlos scheinen mögen: Kino, Kuchen essen, abends um elf Uhr bei *Jean de la Lune* ein Eis holen, mit Freunden über den Strand rennen, baden, spielen, essen, lachen. All das bereitete mir unendlich viel Vergnügen. Andererseits lehnte ich alles ab, was mir ungesund erschien. Mitternächtliches Baden nach dem Abendessen zum Beispiel machte mir überhaupt keinen Spaß. Ich war ein Mädchen des Tages, eine sittsame junge Frau, nicht nur aufgrund meiner Erziehung, sondern auch vom Temperament her. Meine Kinder werfen mir heute vor, in dieser Hinsicht ein wenig altmodisch zu sein.

Als Oufkir das Innenministerium übernahm, verlor ich meine Unbeschwertheit. Mein ganzes Umfeld verhielt sich auf einmal gekünstelt, oberflächlich und scheinheilig. Die Leute grüßten uns ehrerbietig, dabei wussten wir genau, dass sie uns insgeheim die Pest an den Hals wünschten. Sobald ein Mann Macht bekommt, ist er nicht mehr derselbe, aber auch der Blick der anderen verändert sich. Ich konnte mir noch so große Mühe geben, Oufkir ebenso zu behandeln wie zuvor, es ging über meine Kräfte. Er konfrontierte mich mit Menschen, mit denen ich nichts zu tun haben wollte, mit Fremden, die ich nicht bei mir zu Hause haben wollte. Ich war die Einzige, die ihm gegenüber mit der Wahrheit nicht hinter dem Berg hielt und ihm, wenn es sein musste, auf den Kopf zusagte, dass er Unrecht hatte, während alle anderen ihm ständig Honig ums Maul schmierten. Ich kritisierte auch seine Berater:

»Sie haben nicht das Recht, ihn zu hintergehen ... Was Sie sagen, dient nicht dem Land.«

Ich war der Stachel im Fleisch, das schlechte Gewissen aller Emporkömmlinge und Egoisten. Ausgerechnet mich, die ich immer nur das Beste für Marokko wollte, hielt man für eine ehrgeizige und machthungrige Person. Dabei stimmt genau das Gegenteil. Ich liebe die Freiheit über alles. Ich habe einen Hang zur Bohème und sprühe vor Lebensfreude. Ich liebe Zerstreuungen, aber ich hasse die intriganten Spielchen dieser Gesellschaft, in die ich allein durch meinen Mann geriet.

Dass ich heute mein Herz ausschütten möchte, liegt auch daran, dass ich endlich einmal zeigen möchte, wie ich wirklich bin. Gewisse Leute haben ein Bild von mir gemalt, das nicht im Mindesten der Wahrheit entspricht. Ich wollte immer nur das Beste für mein Land, wenn ich mich gegen die stellte, die es ausplünderten und sich auf Kosten der Marokkaner bereicherten.

Eines Tages kam ich darauf, dass mein Mann seit geraumer Zeit Affären hatte. Was war ich zu Beginn unserer Ehe dumm und naiv gewesen! Später, unter Mohammed V., war ich nie zu Hause gewesen, ich wusste nicht einmal, was dort vor sich ging, und Oufkir hat das ausgenutzt. Heute weiß ich, dass er mich mit vielleicht klügeren, feminineren und attraktiveren Frauen betrogen hat. Ich wollte häufig nicht mit ihm schlafen, weil ich fürchtete, wieder schwanger zu werden; manchmal zog sich das über Monate hin, und so nahm das Drama seinen Anfang.

Er war den ganzen Tag weg, und wenn er nach Hause kam, entdeckte ich Lippenstift auf seinen Hemden. Frauen bemerken solche Dinge, und wenn sie etwas finden wollen, finden sie es auch. Ich habe ihn nicht zur Rede gestellt, ich war zu stolz, um ihm eine Szene zu machen. Ich schluckte alles. Doch eines Abends sagte ich mit einer Ruhe, die mich selbst überraschte:

»An dem Tag, an dem ich dich betrüge, wirst du blutige Tränen weinen.«

»Wenn du jemanden findest, der dich nimmt, bitte! Nur zu!«, erwiderte er böse.

Es gab tatsächlich jemanden. Eine bittere Pille für Oufkir. Ich wollte mich nicht rächen, sondern verliebte mich zum ersten Mal in meinem Leben wirklich. Dank dieses mutigen Mannes fand ich die Kraft, meinem Ehemann die Stirn zu bieten und meine Flügel auszubreiten. Mit ihm erlebte ich zum ersten Mal, wie aufregend es ist, wenn zwei Menschen echte Leidenschaft füreinander empfinden.

Es begann alles 1963 in einem Hotel in Tanger. Wir saßen mit Ahmed Dlimi, Oufkirs Mitarbeiter, und einer Reihe der Regierung nahe stehender Persönlichkeiten beim Essen. Plötzlich spüre ich in meinem Rücken einen durchdringenden Blick. Als ich mich langsam umdrehe, entdecke ich einen jungen Mann, der mich beobachtet. Unsere Blicke begegnen sich, und bei dieser stummen Kontaktaufnahme passierte etwas Unerklärliches. Ich war nicht darauf vorbereitet, wusste nicht, wie ich reagieren sollte.

Einen Augenblick später wird Madame Oufkir ans Telefon gerufen. Er ist es, der kaum wahrgenommene Unbekannte.

»Guten Tag. Wir treffen uns morgen …«

Er will ein Rendezvous mit mir. Ich will darüber reden, vielleicht ablehnen, aber er hat schon aufgelegt. Der junge Mann fordert also den mächtigen Oufkir heraus! Dachte ich. Auf diese Weise geriet ich in eine abenteuerliche Liebesgeschichte.

Am nächsten Tag trafen wir uns. Hassan, genannt Hassanito, weil er aus einer Gegend unweit von Spanien stammte, war Soldat und mit seinen sechsundzwanzig Jahren ein wenig jünger als ich. Er war sehr lebhaft, mutig und dominant. Auf der Stelle entschied er, dass wir uns von nun an regelmäßig treffen würden. Ich war Oufkir immer treu gewesen und fühlte mich entsprechend unsicher, schüchtern und unentschlossen. Acht Tage lang war ich krank, gemartert und von Krämpfen geschüttelt, und flüchtete mich in Ausreden. Bis ich endlich zu einer Entscheidung fand, nahm ich mehrere Kilo ab, so sehr quälte mich die Situation.

Und dann sagte ich zu. Wir begannen uns heimlich zu lieben, doch eines Tages sagte er:

»Ich will dich nicht länger teilen.«

Mein schöner Geliebter wollte keine heimlichen Rendezvous mehr, er wollte eine hochoffizielle Beziehung mit mir eingehen. Er diktierte die Bedingungen und nicht Oufkir. Dieser war ohnehin viel zu beschäftigt, um sich Gedanken über die Gefühle seiner Frau zu machen. Auch wenn er spürte, dass ich mich veränderte, und meine Unruhe wahrnahm. Ich fühlte mich moralisch überfordert, hatte ein schlechtes Gewissen und magerte immer mehr ab.

Hassan diente in einer Sicherheits- und Eingreiftruppe, die den König überallhin begleitete. Einmal erwies seine Einheit Seiner Majestät in Tétouan die Ehre, und ich sah der Parade vom Straßenrand aus zu. Da lässt mein schöner Ritter seine Männer stehen, setzt sich ans Steuer eines Jeeps und hält direkt vor mir. Er beugt sich zu mir, hilft mir beim Einsteigen und fährt vor aller Augen mit mir davon ... was für ein Skandal!

Seine Freunde warnten ihn, dass es verrückt sei, Oufkir herauszufordern, aber er wollte nichts hören und weigerte sich hartnäckig, sich zu verstecken. Er machte kein Hehl daraus, dass er in die Frau des starken Mannes des Regimes verliebt war und sie für sich allein haben wollte. Für mich eine eigenartige und unangenehme Situation: Ich stand zwischen diesem jungen Mann, den ich liebte, und meinem Gatten, den ich ebenso respektierte wie fürchtete.

Oufkir sagte nichts und machte mir keine Vorwürfe. Über das Thema wurde nicht gesprochen, es kamen auch keine Fragen. Zweifellos wollte er mir Zeit geben, mich wieder zu fangen. Wahrscheinlich dachte er, ich würde meine Leidenschaft nicht in letzter Konsequenz ausleben und die Affäre würde von allein zu Ende gehen. Ich hatte damals fünf Kinder, die ich liebte, fünf Kinder, die mich zu Hause hielten. Mein Mann war sich sicher, dass ich immer wieder zu ihm zurückkehren würde, wie weit ich mich auch wegwagen würde.

Für meinen Geliebten und mich begann eine schwierige Zeit voller Gerüchte und Andeutungen. Der junge Mann stammte aus dem Rifatlas, und manche vermuteten sogar, dass hinter unserem Verhältnis ein Rachekomplott gegen Oufkir steckte, nachdem er die Rebellion im Norden niedergeschlagen hatte. Niemand wollte begreifen, dass uns beide einfach unheimlich tiefe Gefühle verbanden.

Um unsere Liebe zu zerstören, versuchte die Militärführung, Hassan zu versetzen. Er musste alle Lehrgänge besuchen, die ein Offizier nur absolvieren konnte, und zwar an den entlegensten Orten. Tauchen, Alpinski, Schießen, Fallschirmspringen ... Er hat alles gemacht. Dank mir hat er eine besonders umfassende Ausbildung genossen. Als perfekter Soldat folgte er allen Anweisungen und schloss immer als einer der Besten ab.

Vier Jahre lang währte diese ebenso chaotische wie wundervolle Geschichte zwischen Hassan und mir. Wir konnten uns nur sporadisch treffen, aber wir erlebten herrliche Momente. Als er in Spanien auf einem Lehrgang war, besuchte ich meine Kinder, Myriam und Raouf, die zu der Zeit im Marie-José-Internat im schweizerischen Gstaad waren. Auf dem Rückweg traf ich dann meine große Liebe in Jaca, einem Wintersportort in den Pyrenäen, unweit der spanisch-französischen Grenze. Oufkir wusste nicht, wo ich war, und ließ mich überall suchen. Als er mich gefunden hatte, schickte er meinen Vater mit dem Auftrag, mich zu überwachen.

Oft trafen wir uns auch in Frankreich. Einmal holte ich meine Kinder vom Internat ab, um sie nach Paris zu bringen, wo sie eine Windpockenimpfung bekommen sollten. Das Ganze kam mir sehr gelegen. Ich verbrachte Tag und Nacht mit Hassan im Hotelzimmer in der Rue Sainte-Anne und konnte gleichzeitig die Kinder beaufsichtigen. Der Trip war alsbald zu Ende, weil Hassan wieder zurück nach Jaca musste. Ich begleitete ihn bis nach Bordeaux. Bei dem Gedanken, uns trennen zu müssen, wurde uns beiden schwer ums Herz. Doch wir hielten unsere Tränen zurück. Ich sagte ihm auf dem Bahnsteig Lebewohl, und er verschwand. Dann setzte ich mich auf eine Bank und brach, vom Schmerz überwältigt, in Schluchzen aus.

Plötzlich spürte ich, dass er da war, und sah auf. Er schloss mich in die Arme und sagte:

»Ich bin da ... Was soll's, ich werde ihnen erzählen, dass ich krank geworden bin.«

Wir kehrten nach Paris zurück und verbrachten noch zwei wundervolle Tage miteinander. Es war Wahnsinn. Je strenger das Verbot, je größer die Gefahr für uns wurde, desto verrückter wurde unsere Beziehung.

In Marokko liebten wir uns, wo immer es möglich war, sogar in einem noch im Bau befindlichen Kanalisationskanal. Im Norden des Landes fanden damals in großem Umfang Bauarbeiten statt, und riesige Kanalrohre waren herangeschafft worden. Hier fanden wir vorübergehend ein gefährliches Versteck. Mit zwei Decken und Proviant bewaffnet, blieben wir volle vierundzwanzig Stunden darin. Niemand wusste, wo wir waren. Das muss man erst einmal wagen, mit jemandem wie Oufkir auf den Fersen!

Wir liebten uns am Meer, im Wald, auf den Feldern und in der Stadt. Man hätte denken können, Oufkir wäre überhaupt nicht mehr im Land. Mit diesem jungen Mann habe ich die Liebe kennen gelernt, die Liebe eines kühnen Liebhabers. Bis dahin hatte ich immer nur Leute gekannt, die sofort in einem Erdloch verschwanden, sobald der Name meines Mannes fiel. Er dagegen rief mich mitten in der Nacht an, während ich neben Oufkir lag, oder weckte mich morgens mit den Worten:

»Du kommst sofort zu mir.«

Also glitt ich aus dem Bett, um zu ihm zu gehen, und wenn ich mich in seine Arme schmiegte, verhörte er mich:

»Schwöre, dass er dich nicht angerührt hat …«

Ich musste schwören. Es war schrecklich.

Ich fing an, meinem Mann aus dem Weg zu gehen, und er begriff, dass es mir wirklich ernst war. Mit Hassan traf ich mich in seiner Junggesellenwohnung, doch über mir schwebte ständig der Schatten meines Mannes. Im Aufzug roch ich sein Rasierwasser, und manchmal waren die Scheibenwischer meines Autos verbogen. Oufkir hinterließ gezielt Spuren, um mir klar zu machen, dass er alles wusste. Ich konnte mit dieser Angst und all diesen Lügen nicht mehr länger leben. Also eröffnete ich ihm eines Abends:

»Ich liebe einen anderen. Ich möchte gehen.«

Zunächst versuchte er, freundlich zu bleiben und sich verständnisvoll zu zeigen, um mir die Chance zu geben, zu begreifen, dass da immerhin fünf Kinder waren.

Aber ich wollte meine Freiheit. Natürlich wollte ich mit meinen Kindern leben, aber auch mit dem Mann, den ich liebte. Monatelang bedrängte ich Oufkir, mich ziehen zu lassen. Ich kämpfte so lange um meine Unabhängigkeit, bis er schließlich nachgab. Der Streitereien müde, ließ er den Kadi, den islamischen Richter, rufen. Am 16. Juli 1964 wurden wir geschieden. Nachdem die Papiere unterschrieben waren, wies der Kadi Oufkir im Hinausgehen noch schnell darauf hin, dass er eine sehr charmante Tochter habe, die Pharmazie studiere ... Schon wurde eifrig daran gearbeitet, einen Ersatz für mich zu finden.

Die Emporkömmlinge drehten mir den Rücken zu. Ich war nicht länger die Frau des mächtigen Generals, es gab also keinen Anlass mehr, mich zu hofieren. Es blieb nur eine Hand voll echter Freunde übrig. Da ich nun nicht mehr ständig zu repräsentieren hatte, zog ich mit meinen beiden jüngsten Töchtern, Maria und Soukaïna, in ein Häuschen in Rabat zurück. Es war ein Haus wie in *Schneewittchen*, mit winzigen Zimmern, einem Miniatursalon und einem hübschen Kamin.

Laut Koran hätte ich nach der Scheidung drei Monate und zehn Tage warten müssen, bis ich wieder eine Beziehung zu einem Mann eingehe – so lange, bis feststeht, dass ich nicht schwanger bin. Doch das hinderte mich nicht daran, mich mit Hassan in der Öffentlichkeit zu zeigen, im Restaurant oder beim Tanzen.

Nachdem er lange Zeit in Rabat stationiert gewesen war, war er versetzt worden und musste nun immer in eine Kaserne in Bouârfa nahe der algerischen Grenze fahren, über sechshundert Kilometer von der Hauptstadt entfernt. Um mich zu sehen, musste er das halbe Land in seinem Militärjeep durchqueren. Er fuhr die Nacht durch, und wir schlossen uns dann früh am Morgen in die Arme, glücklich über die Aussicht, ein paar wunderbare Momente miteinander verbringen zu können. Als die Entfernung uns nicht auseinander bringen konnte, wurden andere Geschütze gegen ihn aufgefahren: Druck, Drohungen, ja sogar von Entführung war die Rede.

Eines Abends brachte er mich nach einem gemeinsamen Kinobesuch nach Hause. Plötzlich wird unser Auto von hinten angefahren, so dass wir gegen eine Mauer prallen. Eine Gruppe von Männern in den Dschellabahs der *Moukhaznis,* der Hilfstruppen, fällt über uns her, ergreift Hassan, stößt ihn in einen Jeep und fährt mit quietschenden Reifen davon. Ich bin allein und völlig ratlos, es ist kurz vor Mitternacht. In Tränen aufgelöst, renne ich zum Palast, wo ich sofort das Schlafzimmer des Königs aufsuche. Als einzige Frau außerhalb des Serails kenne ich das Codewort. Völlig verzweifelt schildere ich ihm, was gerade passiert ist.

Obwohl er versucht, streng dreinzublicken, kann sich Hassan II. ob meiner Unverfrorenheit ein Grinsen nicht verkneifen.

»Deshalb störst du mich mitten in der Nacht? Schämst du dich denn nicht?«

Er will sich nicht um die Sache kümmern. Er hat sich gegen die Scheidung ausgesprochen und will jetzt nicht eindeutig Partei ergreifen müssen. Mein Exmann ist sein wichtigster Minister, ich bin eine Vertraute des Palastes – eine schwierige Situation für den König. Aber ich gebe nicht auf und tue so, als ob er mein Bruder oder mein Vater wäre und nicht der König von Marokko. Noch in meiner Anwesenheit greift er zum Telefon und erteilt Befehle. Nicht zuletzt dank meiner Kühnheit in dieser Situation entkam mein junger Offizier seinen Häschern.

Ich habe nie erfahren, wer diese Entführung geplant hat. Oufkir hat mir versichert, dass er nichts Derartiges angeordnet hat. Und ich habe ihm geglaubt. Wenn er seinen Rivalen hätte aus dem Weg räumen wollen, hätte er es selbst getan, persönlich von Mann zu Mann. Wahrscheinlich hat jemand aus seiner Umgebung ein wenig zu viel Eifer an den Tag gelegt. Am meisten an dieser Sache schmerzte mich allerdings, dass dieser junge Mann, der mir wirklich vertraute, meinetwegen entführt und mit Schlägen traktiert wurde. Verletzt – vor allem in seinem Selbstbewusstsein – verließ er drei Tage lang seine Wohnung nicht. Zu mir sagte er nur:

»Immerhin bin ich jetzt sicher, dass du nicht zu ihm zurückgehst.«

Und ich versprach ihm, bei ihm zu bleiben. In diesem Moment meinte ich das wirklich ernst, doch ich saß zwischen allen Stühlen. Hassan flehte mich an, ihn nicht zu verlassen, und Oufkir bat mich, zu ihm zurückzukehren. Und dann waren da noch meine Kinder: Malika, die im Palast großgezogen wurde, Myriam und Raouf, die in der Schweiz waren, und Maria und Soukaïna, die unter Aufsicht eines Kindermädchens bei mir lebten.

Um meinen schönen Soldaten endgültig unter Druck zu setzen, ließen ihn seine Vorgesetzten antreten und stellten ihn vor die Wahl:

»Die Armee oder sie.«

Die Antwort kam ohne Zögern: »Sie.«

Und tatsächlich trat er daraufhin aus der Armee aus.

Während unserer Trennung hatte Oufkir Zeit gefunden, wieder zu heiraten. Meine Nachfolgerin war acht Jahre jünger als ich und hieß ebenfalls Fatéma. Trotzdem ließ er mich nicht in Frieden und versuchte mit allen Mitteln, mich wieder zu einem gemeinsamen Leben zu bewegen. Er hatte die Scheidung offenbar nur akzeptiert, um mir entgegenzukommen, obwohl er alles nur für eine Eskapade hielt.

Was der Kadi aufgelöst hatte, wollte er nun wieder zusammenfügen.

Ich dagegen hätte am liebsten Hassan geheiratet, doch Oufkir ließ das nicht zu. Wenn ich wieder heiratete, wäre ich endgültig für ihn verloren. Als ihm nichts mehr einfiel, drohte er mir damit, mich nie wieder zu meinen Kindern zu lassen. Hätte ich jemals meine eigene Familie im Stich lassen können?

Hassan und ich durchlebten schreckliche Phasen, unsere Beziehung wurde immer schwieriger. Wir wurden ständig überwacht, mein Exmann stand ganze Nächte lang unter meinem Fenster. Ich war hin und her gerissen zwischen diesen beiden Männern, die mein Leben bedeuteten. Ich verzehrte mich vor Leidenschaft, doch Oufkir ging mir nicht aus dem Kopf. Er blieb Dreh- und Angelpunkt meines Lebens.

V

Im Schatten der Ben-Barka-Affäre

Eine meiner damaligen Freundinnen sagte stets über Oufkir und mich:

»Du bist seine Joséphine.«

Und tatsächlich: Wie Napoleon, der nur Probleme und Ärger hatte, nachdem er seine Frau verstoßen hatte, bekam Oufkir heftige Schwierigkeiten in den zweiundzwanzig Monaten unserer Trennung. Im März 1965 wurde Casablanca von schrecklichen Aufständen erschüttert. Die Demonstrationen, die ursprünglich von Studentenkreisen ausgingen, mobilisierten alsbald die Arbeiterschaft, später auch die Arbeitslosen und am Ende dann alle Unzufriedenen. Bald wurde die Bewegung unkontrollierbar, nachdem die Gewalt die Oberhand gewonnen und sie antikapitalistische, aber auch rassistische, antisemitische und antifranzösische Züge angenommen hatte. Drei Tage lang brannte Casablanca an allen Ecken und Enden. Am vierten Tag stürmten die Agitatoren bei Straßenkämpfen die Kommissariate und Kasernen. Rund dreißig Polizisten kamen dabei ums Leben. Oufkir, der dieses Inferno von einem Hubschrauber aus beobachtete, hatte Order, das Feuer zu eröffnen, sollten die bewaffneten Banden in Richtung Anfa und Bourgogne ziehen, der Viertel der marokkanischen Juden.

Die französische Presse ereiferte sich über den Innenminister, den man »Schlächter von Casablanca« getauft hatte.

Hätte er alles noch weiter aus dem Ruder laufen lassen sollen? Hätte man ihm dann nicht vorgeworfen, er würde tatenlos zusehen, wie die Bevölkerung massakriert werde? Ein Sündenbock musste her. Die Journalisten wagten nicht, offen die Politik Hassans II. zu kritisieren, weil sie weiterhin gern in ihren Luxushotels absteigen und die üppigen Geschenke des Monarchen entgegennehmen wollten. Da war es doch wesentlich einfacher, über den General herzufallen, der mit starker Hand die Ordnung aufrechterhielt und Aufmärsche niederschlug, die nichts anderes zum Ziel hatten, als Angst und Chaos zu verbreiten.

Und dann kam die Affäre. Am Freitag, den 29. Oktober 1965 verschwand Mehdi Ben Barka mitten in Paris. Ein Vorfall, der damals das gaullistische Frankreich ins Mark traf und bis heute nicht aufgeklärt ist. Bekannt ist, dass französische Agenten bei der Entführung und vielleicht sogar bei der Ermordung des marokkanischen Oppositionellen die Hand im Spiel hatten. De Gaulle, der sich mitten im Wahlkampf für die Präsidentschaftswahlen befand, nannte die Angelegenheit »unter Niveau und unbedeutend«. Die Operation und der Staub, den sie aufwirbelte, erschütterte die V. Republik bis in ihre Grundfesten, zumal sie auch die bis dahin unumstrittene Vaterfigur des Generals besudelte. Es musste also dringend ein Verantwortlicher her, um Frankreichs Staatsführung rein zu waschen und den Geheimdienst zu entlasten. De Gaulle suchte sich Oufkir heraus. Und weil Paris dem marokkanischen Minister die Schuld in die Schuhe schob, entstand in der Öffentlichkeit der Eindruck, als sei die ganze Angelegenheit nichts weiter als ein belangloser Zwischenfall, ausgekocht in irgendeinem Berberzelt und jenseits der marokkanischen Grenzen folgenlos.

Während der ganzen Zeit hatte ich keinen Kontakt zu Oufkir, sondern lebte meine Leidenschaft zu Hassan aus. Am 30. Oktober 1965 flog ich abends von Rabat aus nach Paris, wo mich mein Exmann um ein Uhr nachts abholte. Er selbst war ebenfalls erst gegen 23 Uhr aus Fès dort angekommen. Bis wir unser Gepäck geholt hatten, in die Innenstadt gefahren waren und unser Hotel, das Royal Monceau in der Avenue Hoche, erreicht hatten, war es drei Uhr morgens. Er ging auf sein Zimmer, ich auf meines.

Zu diesem Treffen kam es nur, weil wir zusammen unsere Kinder in der Schweiz besuchen wollten, die zu Allerheiligen schulfrei hatten. Die Schule hatte uns darüber informiert, dass Myriam krank war, also brachen wir sofort am nächsten Tag nach Gstaad auf. Nach zwei Tagen Aufenthalt in den Bergen brachte uns am 2. November ein Flugzeug von Genf aus nach Paris zurück. Auf dem Flug erfuhren wir aus *Le Monde* vom Verschwinden Ben Barkas.

Am Flughafen wurde Oufkir sofort von einer Meute Journalisten umringt. Aber was sollte er auf all die drängenden Fragen antworten? Schließlich war für ihn selbst die Nachricht am überraschendsten gewesen. Die Stadt stand Kopf, die Leute waren völlig durcheinander, die Affäre war in aller Munde. Wir blieben drei Tage in Paris, weil Oufkir, der unablässig von Reportern belagert war, an einem Empfang des Innenministers Roger Frey teilnehmen wollte.

Bald waren sich alle einig – entsetzte Politiker ebenso wie zurückhaltende Leitartikler, geschwätzige Geheimdienstler wie die Öffentlichkeit: Oufkir ist der alleinige Verantwortliche für die Entführung. In einer beispiellosen Medienkampagne wurde mein Mann in infamen Artikeln eines himmelschreienden Verbrechens bezichtigt. Grässliche Schlagzeilen prangten auf Zeitungen und Zeitschriften, und der Tenor war immer wieder derselbe: Oufkir hat Ben Barka getötet. Dass der marokkanische Minister sich zum Zeitpunkt der Entführung des Oppositionellen gar nicht in Frankreich befand, interessierte niemanden. Ebenso wenig, dass er die ganze Zeit über mit mir zusammen gewesen war, sowohl an dem Abend in Paris als auch die darauf folgenden Tage in der Schweiz.

Ist es wirklich allen Ernstes vorstellbar, dass Oufkir in ein fremdes Land kommt, einen bekannten Dissidenten entführt und tötet und dann seine Leiche verschwinden lässt? Warum sollte er sich selbst so in Gefahr bringen? Journalisten und Ermittler müssen die Leute schon für besonders dumm gehalten haben, dass sie ihnen diese verdrehte Version auftischten.

Wurde Ben Barka von Verbrechern gekidnappt, misshandelt und umgebracht? Wurde er heimlich nach Marokko oder sonstwohin gebracht? Niemand wird jemals die volle Wahrheit herausfinden.

Oufkir bewahrte Stillschweigen und reagierte nicht auf die verbalen Attacken, es schien ihm gleichgültig, was man von ihm hielt. Es war indes ein Fehler, sich nicht zu rechtfertigen, denn seine Feinde und Verleumder nutzten sein Schweigen aus, um ihm daraus einen Strick zu drehen und ihm einen fürchterlichen Ruf anzuhängen. Er nahm alles hin und gab sich größte Mühe, vor allem das Ansehen des Königs zu bewahren.

Alle wussten, dass Oufkir nur Befehle ausführte. Hassan II. war kein Mensch, der sich sein Verhalten vorschreiben ließ. Die einzige Macht seines Ministers bestand darin, die königlichen Instruktionen zu befolgen. Oufkir hatte noch nicht einmal die Freiheit, die Mitglieder seines eigenen Kabinetts auszusuchen! Als er einmal, ein einziges Mal, versuchte, seine Mitarbeiter selbst auszusuchen, entließ sie der Monarch sofort wieder und ersetzte sie durch andere, die er selbst ausgewählt hatte. Hassan II. war kein Mensch, den man manipulieren oder dem man eine Idee aufzwingen konnte: Er entschied alles selbst. Seine Minister konnten sechs Monate lang über einem Projekt brüten, dem König genügten ein paar Minuten, um sich darüber zu informieren, seine Schlüsse zu ziehen und seine Entscheidung bekannt zu geben.

Doch in diesem Fall war Hassan II. ebenso viel oder wenig verdächtig, das Verschwinden Ben Barkas veranlasst zu haben, wie die Franzosen, die Briten, die Amerikaner oder die Israelis. Es gab eine ganze Menge Leute, die diesen unbequemen Aktivisten loswerden wollten.

Der König hatte vielleicht sogar das geringste Motiv, um diesen bekannten Oppositionellen aus dem Weg zu räumen. Ben Barkas Handlungsspielraum im eigenen Land war extrem eingeschränkt, genauer gesagt drohte ihm in Marokko die Hinrichtung. 1963 war er nach einem Komplottversuch des Hochverrats angeklagt und in seiner Abwesenheit zum Tode verurteilt worden. Die Amnestie, die der König im März 1965 erließ, änderte kaum etwas an den Fakten: Die politischen Kräfte, die den Anführer der Linken unterstützten, standen unter schärfster Beobachtung durch den Staat, er war mithin unter strenger Kontrolle. Einzige Sorge des Landes war, dass er heimlich Truppen für einen Aufstand ausrüsten könnte. Doch darauf hatte Oufkir ein Auge, indem er dafür sorgte, dass keine einzige Waffe die Grenze passierte. Außerdem unterhielt Marokko sehr gute offizielle Beziehungen zur UdSSR, damals die einzige Macht, die unter Verdacht stand, revolutionäre Zellen mit Waffen zu beliefern.

Andererseits stellte Ben Barka für weite Teile der Welt eine echte Bedrohung dar, vor allem für die USA. Sein Name stand für Entkolonialisierung, Emanzipation, Befreiung. Ben Barka wandelte auf den Spuren von Che Guevara, war dabei allerdings viel gefährlicher. Während Che ein Idealist war, war er ein Politiker, ein Führer der Dritten Welt, ein Freund der Sowjets. Und damals galt jeder, der sich auf die Seite Moskaus schlug, automatisch als Feind des Westens. Es ist also durchaus nachvollziehbar, wenn weitaus bedeutendere Länder als Marokko ein Interesse daran hatten, diesen »Agitator« zu liquidieren.

Dass Oufkir von Frankreich zum Buhmann abgestempelt wurde, hatte rein politische Gründe. Die Nation, der er siebzehn Jahre lang brav gedient hatte, ließ ihn nun fallen wie eine heiße Kartoffel, weil man sich davon einen Vorteil versprach. Es ist eine Sache, die ich niemals akzeptieren werde. Manchmal packt mich ein schier unwiderstehlicher Drang, die Wahrheit herauszufinden, und ich überlege, ob ich nicht mit Ben Barkas Sohn in Kontakt treten soll; gemeinsam würden wir vielleicht Licht in die Angelegenheit bringen. Und im nächsten Augenblick frage ich mich, ob ich es wirklich so genau wissen will. Was könnte man nach fünfunddreißig Jahren noch herausfinden? Ist es nicht besser, die Toten ruhen zu lassen?

Ben Barkas Sohn möchte wissen, wo sein Vater begraben ist. Er wünscht sich ein Grab, an dem er trauern kann. Doch ist das wirklich so wichtig? Mein Mann ruht seit achtundzwanzig Jahren im Süden Marokkos unter einem Baum, und ich bin noch nie dort gewesen. Dennoch trage ich ihn immer noch in meinem Herzen. Er ist mir auf diese Weise viel näher, als wenn ich jeden Freitag an sein Grab gehen würde. Ein Toter verschwindet erst dann für immer, wenn ihn seine Lieben aus ihren Herzen verbannt haben.

Die Ben-Barka-Affäre veränderte unser Leben. Seither wurden wir von Verdächtigungen, Zweifeln und Rachlust verfolgt. In den Augen der Welt unterstützte Hassan II. mit Oufkir offen einen Mann, der in Frankreich in seiner Abwesenheit zu lebenslanger Haft verurteilt worden war. Der König fror die diplomatischen Beziehungen zu Frankreich fünf Jahre lang ein und verbot allen den Mund, die seinen Minister herabwürdigen oder von seinem Posten verdrängen wollten. Nicht zuletzt ehrte er ihn für sein »unverrückbares Festhalten an unserer Person«. Doch je mehr der König in dieser Richtung unternahm, desto stärker wurde Oufkir zu seinem Sklaven. Der mächtige General war kaltgestellt. Als einfacher Handlanger Hassans II. hatte er nichts weiter zu tun, als dessen Entscheidungen auszuführen, und es wurde von ihm auch kein eigenständiges Denken mehr erwartet. Der Graben zwischen den beiden Männern klaffte immer weiter auf. Der eine, militärisch geschult, wollte klare Worte, der andere, zum König erzogen, wusste, dass er niemandem trauen konnte.

Oufkir sein uneingeschränktes Vertrauen zu verweigern, war ein großer Fehler. So wurde das Verhältnis zum König immer schlechter. Bis zu diesem Zeitpunkt hatte er seine Aufgabe ernsthaft und voller Integrität erfüllt, jetzt wurde er schlampig. Nichts funktionierte mehr. Er kümmerte sich um nichts mehr, es interessierte ihn nicht mehr, was vorging. Seine Leute machten, was sie wollten, und er hatte dazu nichts weiter zu sagen als:

»Das ist nicht mein Problem. Der König will es ja schließlich nicht anders ...«

Wir lebten nicht mehr zusammen, aber wie sollte ich mich endgültig von diesem Mann trennen, der mein Leben geprägt hatte? Ich sah ihn regelmäßig, und das nicht nur wegen der Kinder. Nach wie vor empfanden wir etwas füreinander, unsere Liebe war trotz allem nicht erloschen. Ich warnte ihn davor, sich so gehen zu lassen.

»Weißt du, Oufkir, es tut mir sehr Leid, dass ich das sagen muss, aber du bist dabei, ganz großen Mist zu machen. Was du tust, ist nicht ehrlich. Wenn du nicht mehr für den König arbeiten willst, solltest du ihm das sagen, und damit basta.«

»Und wohin soll ich deiner Ansicht nach gehen? Glaubst du im Ernst, dass er mich bei allem, was ich weiß, was ich mit ihm geteilt habe, einfach so ziehen lässt?«

Zu diesem Zeitpunkt galt Oufkir noch immer als der mächtigste Mann Marokkos. Der König amüsiert sich, so hieß es, und der General gibt die Befehle. In Wirklichkeit wusste Hassan II. immer genau über seine Angelegenheiten Bescheid und war perfekt im Bilde, wie das Land regiert wurde. Er ließ Oufkir Ermittlungen durchführen, Aufstände niederschlagen und die Schuldigen festnehmen, und am Ende machte er sich selbst das Vergnügen, die Gefangenen wieder freizulassen. Die Polizei arbeitete ein oder zwei Jahre an einem Fall, legte Unmengen von Akten an, führte Verhöre durch und konfiszierte Waffen, und dann erschien Seine Majestät und spielte den wohlwollenden Herrscher, der Angeklagte begnadigt und königliche Milde walten lässt.

Als Oufkir beschloss, dem Ganzen ein Ende zu bereiten, war es längst zu spät. Er wusste zu viel. Hätte er alles aufgeben und sich in eine Kaserne zurückziehen sollen? Einen Mann wie ihn hätte man niemals an die Spitze eines bewaffneten Bataillons gestellt. Dazu fürchtete man ihn viel zu sehr.

Er war Innenminister gewesen und wusste genau, dass das Land ausgeblutet dalag und die Verwaltung nur mangelhaft funktionierte. Er hatte nicht nur für Ruhe und Ordnung gesorgt, sondern auch das Staatswesen am Leben erhalten. Man muss dazu wissen, dass Marokko im Jahre 1956 gänzlich hätte in Flammen aufgehen können, so viele

Waffen, Maschinenpistolen und Granaten waren im Umlauf. Oufkir entwaffnete die Kampfmilizen, rekrutierte und schulte die Offiziere und Unteroffiziere der regulären Armee und setzte die Analphabeten in den Hilfstruppen ein. Er schuf ein ziemlich strenges System, innerhalb dessen gleichwohl eine gewisse Freiheit gewahrt blieb. Die Menschen durften sich frei äußern, und die Parteien hatten die Möglichkeit, ungehindert ihre Meinung zu sagen, selbst wenn sie kontrolliert wurden.

Nach seinem Tod wurde alles anders. Der Terror hielt Einzug, die Angst regierte, und niemand wagte es mehr, öffentlich über Politik zu reden. Wie in den kommunistischen Ländern.

Oufkir nahm alles wieder selbst in die Hand und organisierte sogar Wahlen und Volksbefragungen, die natürlich gefälscht waren. Die Staatsräson ging über alles, und dem hatte er sich zu beugen. Vor Wahlen machte ich mich regelmäßig über ihn lustig:

»Na, Oufkir, wie wird die Wahl morgen ausgehen?«

Dann musste er immer lachen.

»Das weißt du doch sehr gut: 99,99 Prozent ... Darüber braucht man gar nicht mehr zu diskutieren.«

Er selbst lästerte über den unglaublichen Einfluss, den Seine Majestät auf seine Untertanen ausübte. Aber er warf den Parteien auch vor, das Spiel allzu willfährig mitzuspielen. Wenn der König sie brauchte, rief er sie zu sich. Bei der ersten Unstimmigkeit warf er sie mit einem Tritt in den Hintern hinaus; wenn er sie dann erneut rief, kamen sie wieder angekrochen. Diese Unterwürfigkeit erschütterte Oufkir:

»Das sind doch keine Parteien«, sagte er oft, »das sind keine Männer! Wenn mich jemand so hinauswirft, gehe ich und komme nicht wieder.«

Und häufig wünschte er sich:

»Mein Gott, gib mir ebenbürtige Feinde, die ich gleichzeitig bekämpfen und respektieren kann.«

Doch seine Feinde waren alles andere als ebenbürtig. In Marokko beugt man sich gern der Macht. Wer aufsteht und kämpft, wird als verrückt angesehen. Wenn man versucht, ein wenig Mut oder einen Hauch von geistiger Unabhängigkeit zu zeigen, wird man als schwachsinnig oder vollkommen verantwortungslos hingestellt. Die Mentalität der Marokkaner ist manchmal schon höchst erstaunlich.

Am Ende gelang es Oufkir, die Oppositionsparteien gegeneinander auszuspielen. Heute sind sie nach vierzig Jahren Verfolgung stark geschwächt, und das ist nicht zuletzt Oufkirs Werk. Es war seine Methode, mit der er für den Erhalt der Monarchie gesorgt hat. Als Hassan II. gegen Ende seines Lebens von Krankheit gezeichnet war, rief er die politischen Kräfte des Landes zum Wandel auf. Aber zu was für einem Wandel? Um mehrheitsfähig zu sein, braucht die Opposition die Unterstützung der Parteien, und die standen seit jeher im Schatten der Macht.

Hassan II. respektierte Oufkir bis zu einem gewissen Grad, weil er ihn fürchtete und brauchte. Oufkir nötigte ihm Respekt ab, weil er sich nicht korrumpieren ließ. Der König konnte ihn nicht mit einer Nacht-und-Nebel-Aktion beauftragen und ihn anschließend mit einem schönen Bauernhof zum Schweigen verpflichten. Als Hassan II. ihm einmal Geld und Besitztümer anbot, lehnte Oufkir mit den Worten ab:

»Wenn ich korrupt wäre, würde ich nicht für Sie arbeiten. Ich würde vielleicht Ihre alten Hemden annehmen, aber nicht mehr.«

Tatsächlich bekam er Hemden vom König, und obwohl er

eine Kragenweite von neununddreißig hatte und der König zwei Nummern kleiner, trug er sie – eben mit offenem Kragen.

Zum Geld hatte er überhaupt eine ganz besondere Einstellung. Er hatte nie welches dabei, redete nie darüber, und wenn jemand das Thema anschnitt, schickte er ihn hinaus. Auf seinem Konto lagen nie mehr als 2000 Francs, das war die Höhe seines letzten Soldes aus der französischen Armee. 2000 Francs, das war für ihn das Höchste der Gefühle, das absolute Maximum. Eines Tages kaufte ich ihm ein Hemd für 600 Francs, was damals noch viel Geld war. Er hat das überhaupt nicht verstanden:

»Was ist denn in dich gefahren? Warum soll ich ein Hemd für 600 Francs anziehen? Du kannst doch für so was nicht so viel Geld ausgeben! 600 Francs, so viel bekommt ein Offizier an Sold! Ich bin ein Offizier, ich habe nicht das Recht, ein so teures Hemd anzuziehen.«

»Und wenn du stirbst?«, fragte ich ein wenig unüberlegt.

»Wenn ich sterbe, ohne dass ich ein Hemd für 600 Francs getragen habe, wird die Erde nicht aufhören, sich zu drehen. Das passiert nur in deinem Kopf. Mir ist es egal, ob ein Hemd aus Nylon, Baumwolle oder Seide ist, solange ich mich in meiner eigenen Haut wohl fühle. Nicht meine Kleider machen das aus mir, was ich bin.«

Dabei hatte ich ihm nur eine Freude bereiten wollen. Ich spürte, dass er zu der Zeit wenig Befriedigendes erlebte: Er ging nicht aus, reiste nicht, entspannte sich nicht und war ständig nur von Schmarotzern umgeben, die ihm aus purem Eigennutz um den Bart strichen. Ich wollte ihm so gerne hin und wieder etwas Gutes tun, doch was nützte das, wenn er es nicht zu schätzen wusste?

Wenn er dagegen mit seinen Freunden beim Poker saß, konnte er wahrhaft astronomische Summen setzen. Allerdings forderte niemals jemand wirklich seine Schulden ein. Die Leute spielten gern mit ihm, er sorgte für Stimmung, erzählte wunderbare Geschichten, und wenn er zum Scherzen aufgelegt war, konnte es niemand mehr mit ihm aufnehmen. So war er, freigebig hinsichtlich Geist und Gefühl, aber an Geld vollkommen desinteressiert. Er sagte immer:

»Bevor ich einen Vertrag unterschreibe, lasse ich meinen Kugelschreiber stundenlang in der Luft hängen, während ich überlege, ob das Papier auch seriös ist. Ich könnte für alles ins Gefängnis kommen, nur nicht wegen Diebstahl. Ich will nicht stehlen, Geld interessiert mich nicht.«

Einmal im Sommer beobachtete er schockiert, wie unsere beiden Töchter ihren Kameraden Eintrittsgeld für eine kleine Aufführung abknöpften, die sie in ihrer Hütte in Kabila, einem Seebad im Norden Marokkos, inszeniert hatten.

»Wie erziehst du nur diese Mädchen? In ihrem Alter! Mit acht oder neun Jahren beuten sie bereits die anderen aus«, warf er mir vor.

Ich gab zurück, so sei eben das Leben und die Kinder müssten lernen, selbst zu rechnen.

»Doch nicht die Mädchen!«, rief er empört aus. »Ich erlaube nicht, dass meine Töchter sich von Leuten bezahlen lassen, die zu ihnen kommen!«

Er war unerbittlich, und so mussten die Kleinen ihren jungen Zuschauern das ganze Geld zurückgeben. Manchmal reagierte er ein wenig über. Andererseits konnte man die Kinder Anfang der siebziger Jahre nicht im Geist der vierziger Jahre aufziehen.

Nach der Ben-Barka-Affäre tickten die Uhren in unserem Leben anders. Eines Tages rief mich aufgebracht die Leiterin des Schweizer Internats an, in dem unsere Kinder lebten:

»Da ist ein Auto mit Männern, die ständig Ihre Kinder

umkreisen. Wir fürchten, dass sie versuchen, sie zu entführen. Bitte, kommen Sie sie abholen!«

Bis an die Zähne bewaffnete Polizisten wurden nach Gstaad geschickt, wenn ich auch sagen muss, dass ich an diesen Zirkus nie geglaubt habe. Ich bin sicher, dass die Männer der UNFP – der linken Oppositionspartei Marokkos – niemals Kinder angegriffen hätten, ob nun im In- oder Ausland. Oberst Dlimi, Oufkirs Mitarbeiter, versuchte seinen Vorgesetzten mit solchen Drohungen einzuschüchtern. Ein paar Jahre später, 1972, spielte er uns den gleichen bösen Streich noch einmal. Eines Morgens kam er mit vor Entsetzen geweiteten Augen zu mir:

»Malika ist in Gefahr. Kadhafi will sie entführen. Sie muss unbedingt nach Marokko zurückkehren.«

Meine Älteste studierte zu der Zeit in Paris. Auch diesmal hatte ich nicht einen Augenblick lang Angst, sie könnte sich wirklich in Gefahr befinden. Der libysche Oberst hätte so etwas nie getan. Er vergriff sich an Männern, aber nicht an Frauen und schon gar nicht an einem jungen Mädchen. Malika blieb in Paris.

Während die Ben-Barka-Affäre noch immer Wogen schlug, stand ich buchstäblich im Banne Hassans. Bis dahin hatte mich niemals jemand formen oder beeinflussen wollen, doch er machte mit mir, was er wollte. Ich konnte es mir selbst nicht eingestehen, und doch war ich zum puren Objekt eines Mannes verkommen, der mir vorschrieb, was ich zu essen und wie ich mich anzuziehen hatte. Wenn mein Dekolleté etwas zu weit ausgeschnitten war, machte er mir eine Szene und befahl mir, mich umzuziehen. Und ich war es nicht gewöhnt, so behandelt zu werden.

Mein Mann hat sich nie so Besitz ergreifend und tyrannisch verhalten. Er ließ mich die Kleider tragen, die mir gefielen, und freute sich darüber, wenn ich gut aussah und strahlte. Ich hatte schon immer getan, was ich für richtig hielt, aber mit Hassan war das unmöglich.

Irritiert stellte ich irgendwann fest, dass ich mich auf Dauer sicher nicht gut mit ihm verstehen würde. Die Summe vieler nervtötender Kleinigkeiten brachte das Fass schließlich zum Überlaufen. Zum Beispiel liebte er meine Füße, weil sie so klein waren. Warum wohl sollte man eine Frau in einzelne Teile zerlegen? An ihr ist Gutes und weniger Gutes, Schönes und weniger Schönes, vielleicht spricht sie laut oder sanft – eine Frau ist ein Ganzes, sie hat eine Seele und eine bestimmte Art zu sein. Man verliebt sich nicht in Mandelaugen oder eine Stupsnase, lange Beine oder kleine Füße.

Und dann war da noch Oufkir, der uns ständig bedrängte. Als mein Exmann erfuhr, dass sein Rivale die Armee verlassen hatte, um mich zu heiraten, setzte er sich in den Kopf, um mich zu kämpfen, um mich wieder ins gemeinsame Heim zurückzuholen.

Ich wusste nicht, was ich machen sollte. Ich war hin und her gerissen zwischen einer verzehrenden Liebe und einem soliden Mann, den ich nicht verlieren wollte. Es war eine ausweglose Situation. Für wen ich mich auch entschied, mit nur einem von beiden würde ich immer unvollständig und zerrissen sein. Voller Verzweiflung wollte ich meinem Leben ein Ende bereiten. Ich zog ein schönes weißes Seidennachthemd an und schluckte Unmengen von Beruhigungstabletten.

Gefunden wurde ich am nächsten Morgen von einer Freundin, Sylvia Doukkali, der Frau vom Privatsekretär des Königs. Sie klopfte an meine Tür. Als niemand reagierte, klopfte sie erneut. Wieder nichts. Schließlich trat sie ein. Ich lag regungslos da, und sie dachte zuerst, ich schliefe.

Man brachte mich mit der Ambulanz ins Krankenhaus,

wo ich acht Tage im Koma lag. Als ich aufwachte, tobte ich wie ein wildes Tier, warf alles über den Haufen, Bett, Nachttisch, Infusionsflaschen ... Ich habe keine Ahnung, welche zerstörerischen Kräfte mich dabei trieben. Irgendwann fiel ich hin und verletzte mich. Als ich aus diesem Albtraum erwachte, war ich völlig abgemagert und fühlte mich lächerlich, dumm und wankelmütig. Das Leben hatte mich wieder. Wenn man einmal dem Tod so nahe war – man sagte mir, dass ich eine ganze Woche lang nicht bei Bewusstsein gewesen war –, betrachtet man die Dinge anders. Ich sah wieder ein wenig klarer, und in meinem Kopf überschlugen sich die Fragen. Warum und für wen wolltest du alles hinter dir lassen?

Dennoch sah ich Hassan wieder. Ein einziges Mal. In meinem tiefsten Innersten wusste ich bereits, dass diese Begegnung die letzte sein würde. Wir mieteten uns mitten in Casablanca ein schmuddeliges Zimmer an einem Marktplatz, auf dem Versteigerungen stattfanden; hier würde uns niemand suchen. Drei Tage lang schlossen wir uns ein und ernährten uns nur von Brot und Milch. Wir lebten voneinander, in einer verrückten, sinnlosen Liebe. Schließlich beschlossen wir, uns bei der Gattin eines bekannten Arztes einzuladen, einer sehr hübschen und sportbegeisterten, aber auch ziemlich leichtlebigen und skrupellosen Frau. Ich rief sie an.

»Ich komme mit Hassan vorbei.«

»Gern«, erwiderte sie, »ich gebe euch das Gästezimmer.«

Sie empfängt uns in einem durchsichtigen Negligé, das zu allem Überfluss auch noch skandalös weit ausgeschnitten ist. Als sie den Tee serviert, beugt sie sich direkt vor Hassans Nase verführerisch vor. Er hat nur noch Augen für die Reize, die sie so offen zur Schau stellt. Sie schreckt vor nichts zurück und hat keinerlei moralisches Empfinden. Ich schaue dieser Verführungsszene zu wie eine Närrin, aber innerlich koche ich vor Wut; ich bin ziemlich impulsiv. Irgendwann reicht es mir, und ich stehe abrupt auf, um zu gehen. Hassan hält mich zurück und schwört mir ewige Liebe. Wir verbringen die Nacht miteinander, doch schon früh am nächsten Morgen packe ich meine Sachen zusammen und schleiche mich davon.

Es war unerträglich für mich zu sehen, wie dieser junge Mann diese Frau begehrte und wie wenig er dieses Verlangen im Griff hatte. Ich habe weder ihm noch ihr verziehen, da geht mir mein Selbstwertgefühl über die Liebe. Damals war ich ziemlich anspruchsvoll, und ich hatte auch alles Recht dazu. Für Hassan hatte ich alles aufgegeben. Und ihm fiel nichts Besseres ein, als sich mir gegenüber derart unverfroren zu verhalten! Das erschien mir absolut inakzeptabel.

Ich kehrte in mein Schneewittchen-Haus zurück, und als er mich am nächsten Tag anrief, sagte ich kalt:

»Du wirst mich nie wieder anrufen.«

Er versuchte sich herauszureden:

»Ich rufe von ihr aus an, ich konnte nicht …«

Ich unterbrach ihn brüsk:

»Ich weiß sehr gut, dass du bei ihr bist, und da kannst du auch bleiben, bis du genug hast. Auf Wiedersehen und vielen Dank.«

So endete unsere Geschichte. Ich habe Hassan nie wieder gesehen. Aber er hat mein Leben geprägt, all meine Prinzipien ins Wanken gebracht, meine Existenz und meine Einstellung zu den Dingen in Frage gestellt. Monatelang war ich hin und her gerissen zwischen dieser unbesonnenen Leidenschaft und meinem Mann, dem gegenüber ich nach wie vor Liebe und Respekt empfand.

Nachdem ich aus dem Haus dieser Frau kam, wo ich Hassan seinem Schicksal überlassen hatte, ging ich bei einer Freundin vorbei. Oufkirs neue Frau war gerade vor mir da gewesen, und so erfuhr ich die neuesten Neuigkeiten.

»Sie hat uns erzählt, dass Oufkir dich nicht mehr zurückhaben will nach all dem, was du ihm angetan hast. Jetzt weist er dich zurück, er will dich nicht mehr.«

»Aha. Hat sie dir das erzählt? Nun denn, dann kannst du ihr gleich mitteilen, dass ich in vierzehn Tagen wieder bei ihm sein werde!«

Damit ging ich wieder nach Hause. Kurz darauf kam Oufkir vorbei, um mir zu erklären, dass der König der Tafilalet-Region und seinem Heimatdorf Boudnib einen offiziellen Besuch abstatten wolle.

»Würde es dir etwas ausmachen, dich um den Empfang in Boudnib zu kümmern?«, fragte er mich.

So fuhr ich nach Boudnib zu Oufkirs jüngerem Bruder, der Kaid des Ortes war, und organisierte eine einwöchige Feier für über zweitausend Personen. Als Hassan II. mich auf dem Empfang entdeckte, blieb er kurz stehen.

»Was machst du denn hier?«

»Ganz einfach, Oufkir hat mich gebeten zu kommen.«

Ungläubig runzelte der König die Stirn. Wenn Oufkir beschlossen hatte, seine Frau zurückzunehmen, warum war er nicht darüber in Kenntnis gesetzt worden? Nach der Veranstaltung reiste Seine Majestät nach Marrakesch weiter, Oufkir und ich kehrten nach Rabat zurück. Noch am selben Abend wollte Oufkir in mein Schlafzimmer, aber ich wies ihn ab. Ich musste an das alte arabische Prinzip denken: »Sie ist meine Frau, und ich muss ihr den Hof machen, um sie zu verführen.« Als er weiterhin hartnäckig darauf bestand, die Nacht mit mir verbringen zu wollen, verwies ich ihn kalt auf seinen Platz:

»Ich gehöre nicht zu der Sorte Frau, die mit einer anderen Ehefrau leben kann. Außerdem sind wir geschieden, du darfst mich gar nicht anfassen.«

»Wenn es nur daran liegt, rufen wir sofort den Kadi.«

In Wirklichkeit hatte sich Oufkir mit seiner zweiten Frau bereits seit Monaten auseinander gelebt. Er hatte sie geschwängert, und dann hatte ihn die Arbeit aufgefressen. Jetzt rief er sogleich seinen Freund Mohamed Ben Alem an, der Generalsekretär im Innenministerium und seine rechte Hand war, und bat ihn, zu uns zu kommen und den Islamischen Richter mitzubringen.

Die beiden Männer waren ziemlich schnell zur Stelle. Gegen 23 Uhr waren alle Papiere unterschrieben. Wir waren wieder verheiratet. Hätte ich mir doch an diesem Abend im Mai 1966 lieber ein Bein gebrochen! Dann hätte ich mir neunzehn Jahre Gefangenschaft erspart.

Die andere Frau, die zweite Fatéma, befand sich noch bei der königlichen Familie in Marrakesch. Oufkir bestieg sofort am nächsten Morgen ein Flugzeug, um ihr die Nachricht persönlich zu überbringen. Gegen elf Uhr betrat sie das Hotelzimmer meines Mannes, im selben Moment rief ich dort an. Sie nahm ab.

»Hallo, wer ist am Apparat?«

»Madame Oufkir«, meldete ich mich ruhig.

»Wie bitte?«

Auf diese Weise musste er sich noch nicht einmal mehr Ausreden ausdenken oder die Szene im Geiste durchspielen. Sie hatte verstanden. Den Hörer an ihn weiterreichend, sagte sie ein wenig verbittert:

»Hier, da ist angeblich Madame Oufkir am Apparat.«

Mich amüsierte die Situation ein wenig, und ich mutmaßte: »Ich denke, du wirst noch Schwierigkeiten bekommen und Einiges erklären müssen.«

»Ja, Liebling, damit rechne ich durchaus, aber ich werde schon klarkommen.«

Als er aufgelegt hatte, forderte Fatéma eine Erklärung:

»Was ist denn das für eine Geschichte? Wenn du deine Frau zurückgenommen hast, wirst du dich von mir scheiden lassen.«

»In Ordnung, wie du willst.«

Gegen Mittag ging Oufkir in Fatémas Begleitung den König begrüßen. Sie nutzte die Situation, um sich zu beschweren:

»*Sidi,* er hat seine Frau zurückgenommen, und ich verlange jetzt die Scheidung.«

Hassan II. wandte sich an seinen Minister:

»Was sagst du dazu?«

»Wenn sie sich scheiden lassen will, bitte.«

Das genügte bereits, um die Trennung offiziell zu machen. Alles Weitere passierte, ohne dass ich mich eingemischt hätte. Oufkir ließ einen Lastwagen der Hilfstruppen kommen, damit seine zweite Frau ihre Sachen aus dem Haus holen konnte, das sie bewohnte und das mir gehörte. Sie kam, nahm ihre persönlichen Dinge, ihre Kleider, die Geschenke, die sie von ihm bekommen hatte, und ging. Sie hat Oufkir nie wieder gesehen. Sie lebte ihr Leben und er seines.

Sieben Jahre später, nach Oufkirs Tod, versuchten ihre *Adouls,* ihre Notare, zu beweisen, dass sie immer noch seine Frau sei und einen Anspruch auf einen Teil des Nachlasses des Verstorbenen habe. Ihre Forderung wurde abgewiesen, weil sie keine offiziellen Dokumente vorweisen konnte. Die Papiere waren verbrannt. Gleichwohl bekam sie die Genehmigung, eins meiner Häuser zu beziehen, in dem sie dann fünfundzwanzig Jahre lang gewohnt hat, während ich im Gefängnis war …

Ich hatte meinen Mann also zum zweiten Mal geheiratet, und wir nahmen unser gemeinsames Leben wieder auf. Hassan trat kurz darauf wieder in die Armee ein. Seine Eltern zwangen ihn, eine seiner Cousinen zu heiraten. Er lebte ein unspektakuläres, beschauliches Leben, kam dabei allerdings ziemlich viel in der Welt herum. Fünfunddreißig Jahre lang zog er als Militärattaché von einem Land ins nächste, verbrachte also einen Großteil seines Lebens im Ausland. Inzwischen ist er in Rente, wie ich gehört habe.

Bis vor einiger Zeit besaß ich noch Fotos, sichtbare Zeugnisse dieser wunderbaren Liebesgeschichte. Ich hatte sie auf einer Bank in einem Safe deponiert, wo ich sie nach meiner Entlassung aus dem Gefängnis abholte. Doch dann wurden sie mir gestohlen. Wer hatte wohl ein Interesse daran, mir diese persönlichen Dinge wegzunehmen? Wer wollte sich meine Erinnerungen aneignen?

Ich habe alles verloren, es gibt keine Anhaltspunkte mehr für mich, so dass ich oft Schwierigkeiten habe, meine Erinnerungen zu sortieren. Ich habe unglaublich viel erlebt und entsetzliche Ängste ausgestanden. Ich war lange Zeit verloren, ausgestoßen und verzweifelt, und viele Menschen haben mir weh getan.

Warum nur haben mich all diese Leute mit ihrer Feindseligkeit verfolgt? Ich habe keiner Frau den Mann weggenommen und niemanden von seinem Platz verdrängt. Was ich besaß, habe ich mit den Ärmsten geteilt und jedes Jahr große Summen ausgegeben, um Gläubigen eine Pilgerfahrt nach Mekka zu ermöglichen. Habe ich jemanden verletzt, ohne es zu bemerken? Ich habe immer versucht, zu meinen Freunden, zu meinen Mitmenschen, ja auch zu Fremden nett zu sein. Ich war nie aggressiv, eifersüchtig oder neidisch. Warum hätte ich das auch sein sollen? Ich habe das Leben von seinen schönsten Seiten kennen gelernt.

VI

Verbrechen und Verrat

Es ist schön an diesem Samstag, dem 10. Juli 1971. Der Sand am Strand ist brennend heiß, und das Wasser des Atlantiks eiskalt. Meine Kinder, Soukaïna und Abdellatif, spielen in der prickelnden Gischt, und ich genieße die paar gestohlenen Mußestunden. Etwas weiter entfernt im Palast von Skhirat feiert der König in ausschließlich männlicher Gesellschaft, die sich aus Ministern, Generälen, Industriellen und Botschaftern zusammensetzt, seinen 42. Geburtstag.

Die direkt am Meer gelegene Palastanlage besteht aus mehreren benachbarten Gebäuden und sieht aus wie ein Freizeitpark. Auf dem Achtzehn-Loch-Golfplatz hat am Vormittag ein Turnier stattgefunden, und im Swimmingpool plantschen ein paar Gäste, die in der sommerlichen Hitze Erfrischung suchen.

Alles wirkt beständig und unveränderlich, wie unverrückbar festgeschrieben in dem Protokoll, das unser Leben bestimmt. Nichts scheint diese beschauliche Ordnung stören zu können. Plötzlich zieht, vom Küstenwind herübergeweht, Pulvergeruch über den Strand, ein scharfer Gestank, der nach Tod und Verderben riecht.

Wir brauchen nicht lange, um zu begreifen, dass ein Staatsstreich im Gange ist. Unter dem Befehl von Oberstleutnant Mhamed Ababou haben die Kadetten der Militärschule von Ahermoumou den Palast von Skhirat besetzt. In einem Inferno aus Explosionen und Gewehrsalven finden rund sechzig Gäste einen sinnlosen Tod. Der führende Kopf des Komplotts, General Mohamed Medbouh, zeigt sich, als es ernst wird, als zu zögerlich und wird von seinen Komplizen niedergeschossen.

Oufkir, der gerade aus dem Pool gestiegen ist, rettet sich in der Badehose zusammen mit dem König und einigen anderen Gästen in die Toiletten. Darunter sind auch der Juwelier Pierre Chaumet, Premierminister Ahmed Laraki, Berater Driss Slaoui, zwei Medizinprofessoren und zwei französische Abgeordnete. Lange suchen die Rebellen auf dem Gelände nach dem König, doch vergeblich. Schließlich begehen sie den Fehler, den Palast in den Händen zweier Kommandos zu lassen, die aus kaum hundert Mann bestehen, während der größte Teil der Truppen nach Rabat zieht, um die strategisch wichtigsten Punkte der Hauptstadt zu besetzen.

Gegen 17 Uhr wird im Radio der Sieg der Putschisten verkündet: »Das monarchistische System wurde ausgelöscht. Die Armee des Volkes hat die Macht übernommen ...« Zur gleichen Zeit treten Hassan II. und Oufkir aus ihrem Versteck, und beim Anblick des Obersten Befehlshabers aller Gläubigen schwindet alsbald die wilde Entschlossenheit der Aufrührer. Nach einigen Augenblicken des Zögerns drehen die Läufe der Maschinengewehre ab, und man begrüßt den König in einwandfreier Habachtstellung. Der Sieg ist auf einmal auf der anderen Seite. Oufkir streift sich hastig eine Uniform über, die ihm ein Pilot geliehen hat, und zieht an der Spitze seiner Sondereinheit nach Rabat, um den Aufstand niederzuschlagen. Noch am selben Abend um 23 Uhr ist alles vorbei. In der Nacht kann Hassan II. auf *Europe 1* ins Mikrofon sagen:

»Ich bin heute noch ein wenig mehr König als gestern.«

Der Putschversuch von Skhirat hinterließ bei Oufkir tiefe Spuren. Zuallererst fühlte er sich gedemütigt, weil er sich stundenlang in Badehosen in der Palasttoilette verstecken musste:

»Wenn ich schon sterben muss, will ich wenigstens in Würde sterben und nicht in Unterhosen!«, sagte er immer wieder.

Und dann kamen die Repressalien. Zehn inhaftierte Offiziere wurden ohne Prozess hingerichtet. Diese Verdammten – von denen einige zweifelsfrei unschuldig waren – waren der Obhut von Oberst Ahmed Dlimi, Oufkirs Untergebenem, unterstellt worden. Vor ihrer Exekution waren sie bestialisch misshandelt worden. Als sie an die Wand gestellt wurden, waren ihre Gesichter von den Schlägen bis zur Unkenntlichkeit verschwollen.

Nun waren diese Männer aber Oufkirs Waffenbrüder. Mit einigen von ihnen war er bereits in Azrou im Mittleren Atlas in die Volksschule gegangen. Sie hatten die Militärakademie in Meknès im selben Jahr abgeschlossen und später Seite an Seite im Zweiten Weltkrieg in Italien und anschließend in Indochina gekämpft. Auf Befehl des Königs musste Oufkir zusehen, wie seine Kameraden füsiliert wurden, und diese Hinrichtung löste ein Gefühl des Abscheus in ihm aus. Er musste zuschauen, wie seine Freunde gedemütigt und gefoltert wurden, musste mit ansehen, wie sie im Kugelhagel des Exekutionskommandos zusammenbrachen. In diesem Moment fühlte er sich so ohnmächtig, so unnütz, dass er jeglichen Lebenswillen verlor. Er wurde zunehmend verbittert und verhärmt.

Nachdem Oufkir versucht hatte, die Ehre dieser Soldaten zu verteidigen, dauerte es nicht lange, bis Gerüchte im Umlauf waren, nach denen er selbst einer der führenden Köpfe des Staatsstreichs von Skhirat gewesen sein sollte. Hassan II. bekam mit Sicherheit Wind von diesem Gerede, ließ sich aber zunächst in seinem Vertrauen dem Minister gegenüber nicht beirren. Nachdem er einmal mehrere Briefe von Denunzianten bekommen hatte, ging er mit ausgebreiteten Armen auf Oufkir zu und sagte:

»Die behaupten, du wolltest mich umbringen. Hier bin ich!«

Das war seine Art, sein Vertrauen auszudrücken.

Sicherlich war der Putsch für Oufkir nicht völlig überraschend gekommen. Zwei Jahre lang hatten ihm seine Kameraden zu verstehen gegeben, dass sich etwas ändern müsse und sie beabsichtigten, aktiv zu werden. Nur hatte er sie nie wirklich ernst genommen. Einmal hat er in meiner Gegenwart einem seiner Freunde augenzwinkernd angedroht:

»Wenn du Hassan II. auch nur ein Haar krümmst, knall ich dich ab!«

Sogar dem Bruder des Königs, Moulay Abdallah, drohte er einmal offen. Er war ein sehr netter Junge, den ich gern mochte, und er besaß ein scharfes und zukunftsorientiertes politisches Bewusstsein. Seinen Bruder kritisierte er in vielen Punkten, brachte ihm aber wegen seiner Klugheit großen Respekt entgegen, wenn er auch ein wenig mit der Opposition sympathisierte. Oufkir traf ihn eines Tages bei einem Empfang in Gesellschaft einiger Politiker, die im Palast nicht besonders angesehen waren. Mein Mann wandte sich an ihn und sagte in scherzhaftem Ton:

»Hören Sie, Moulay Abdallah, sollten Sie jemals etwas gegen den König aushecken, werde ich Ihnen höchstpersönlich den Hals umdrehen. Ich stehe persönlich für den Erhalt des Throns ein.«

»Also wirklich, Oufkir! Du wirst uns doch nicht den Abend verderben«, erwiderte der Prinz ziemlich gereizt.

»Ich will Sie nur warnen. Wenn Sie gegen Ihren Bruder

ein Komplott anstrengen, werde ich Sie zur Strecke bringen«, beharrte Oufkir.

Was Moulay Abdallah indes nicht davon abhielt, unser Freund zu bleiben. Wir besuchten ihn häufig, er nahm meinen Sohn Raouf auf Reisen mit und schenkte ihm sein erstes Motorrad.

Ich bekam also oft genug mit, wie Oufkir die Monarchie gegen alle verteidigte, die sich in irgendeiner Form gegen Hassan II. äußerten. Zu der Zeit hatte ich wenig Gelegenheit, mit meinem Mann zu sprechen, da der König ihm gleich nach Skhirat das Verteidigungsministerium übertrug. Von seinen neuen Pflichten voll in Anspruch genommen, arbeitete er von morgens bis abends und schlief nachts nur noch ein paar Stunden. Unser Haus in der Allée des Princesses wurde in ein regelrechtes Hauptquartier umgewandelt: Die Kinder und ich saßen in unseren Zimmern fest und hatten kaum mehr Platz zum Leben. Manchmal konnte ich nicht einmal mehr ins Erdgeschoss gehen, weil überall Fremde waren, die sich eifrig um den Minister bemühten. Es kam vor, dass ich morgens meinen Kaffee auf der Treppe trinken musste, weil sämtliche Räume des Hauses mit Offizieren belegt waren. Es war ein schreckliches Jahr.

Sooft ich konnte, floh ich in dieser Zeit aus Marokko, um nach Paris und vor allem nach London zu fahren, wo ich in der Hyde Park Street ein kleines Haus gekauft hatte. Mit Frankreich standen wir seit der Ben-Barka-Affäre ziemlich auf Kriegsfuß. Von der französischen Justiz verurteilt, konnte Oufkir keinen Fuß mehr ins Land setzen. Natürlich betraf das weder mich noch die Kinder, dennoch vermied ich längere Aufenthalte. Da ich kein Englisch konnte, nahm ich Unterricht bei einer jungen Frau namens Anne Brown, die ich engagiert hatte und die mir nicht von der Seite wich.

Am 6. Mai 1972 hatte meine Tochter Malika in Paris einen schrecklichen Autounfall. Luc, Sohn des Großindustriellen André Guelfi, war mit seinem Porsche an einen Mast gerast. Malika war mit einer zerschnittenen Nase, einer abgerissenen Lippe und etlichen Schmissen auf den Wangen völlig entstellt. Ich blieb über zwei Monate bei ihr und bekam in dieser Zeit überhaupt nichts davon mit, was in Marokko passierte.

Unsere Freundschaft zu André Guelfi hat die Fantasie der Leute immer ziemlich angeheizt. Als er kürzlich Probleme mit der Justiz hatte, bekam Malika Besuch von einem befreundeten Journalisten. Er überbrachte ihr die überraschende Nachricht:

»Guelfi hat das Geld von deinem Vater genommen ... 25 Millionen Dollar, die dieser ihm anvertraut hatte! Mit diesem Grundstock hat er sein Vermögen gemacht. Du musst die Summe zurückfordern.«

Malika bat mich um meine Meinung.

»Der Typ, der dir das gesagt hat, ist ein Idiot«, antwortete ich. »Er wollte André Guelfi und damit Oufkir drankriegen, weil diese Verleumdung ihm sogar noch im Jenseits schaden kann. Glaubst du im Ernst, dass an dieser Geschichte etwas dran ist? Woher sollte Oufkir denn 25 Millionen Dollar gehabt haben? Nicht einmal der König verfügte über solche Summen.«

Am 14. Mai 1972, während Malika im Krankenhaus lag, wurde Oufkir Opfer eines Helikopterunfalls in Marokko. Er kam mit drei gebrochenen Rippen davon. Hinter vorgehaltener Hand wurde etwas von einem Attentat gemunkelt. Ein als Unfall getarnter Mordversuch? Wollte der König seinen Minister damals schon kaltstellen, weil er zu viel wusste und überhaupt nicht damit einverstanden war? Ich konnte mir bis heute keine klare Meinung darüber bilden.

Jedenfalls haben die Ben-Barka-Affäre und der Putsch von Skhirat aus Oufkir einen anderen Menschen gemacht. Von dieser Zeit an störte ihn immer mehr am König, seine Geheimniskrämerei, sein absolutistischer Starrsinn, all die willkürlichen Verhaftungen und standrechtlichen Exekutionen. In kleiner Runde wagte er, offen zu sprechen und den König zu kritisieren. Er hatte so viele Tragödien erlebt, trug so viele Geheimnisse mit sich herum, so viele Dinge schmerzten und empörten ihn. Und er hatte keine Freunde. Er fühlte sich von allen Seiten beobachtet. Die meisten seiner ständigen Begleiter, die ihn auch privat aufsuchten, waren Spitzel des Königs. Sogar einige unserer Hausangestellten waren Spione; sie informierten den König darüber, was wir aßen, tranken und was wir redeten, wie wir uns anzogen, welche Diamanten und welche neuen Gürtel ich trug. Hassan II. erfüllte die Rolle des Monarchen akribisch. Er hatte seine Ohren überall, wollte er doch genau wissen, was sich bei dem starken Mann seines Regimes zu Hause abspielte.

Anfang Juli 1972 war ich immer noch in Paris bei Malika, die sich allmählich von ihrem Unfall erholte. Auf Bitten meines Mannes besuchte ich vier marokkanische Offiziere, die ebenfalls dort im Krankenhaus lagen. Darunter waren auch General Abdelkader Loubaris, der in einer Klinik in Créteil, zehn Kilometer südlich von Paris, von den schweren Verletzungen genas, die er beim Attentat von Skhirat davongetragen hatte, sowie ein gewisser Amokrane, ein junger Hauptmann, der an Nierenkrebs litt und im Militärkrankenhaus Val-de-Grâce lag. Am Krankenbett des Hauptmanns hielt ich mich nicht lange auf. Durch seinen Verband konnte er ohnehin kaum sprechen, und da ich ihn zum ersten Mal sah, wusste ich auch nicht, was ich sagen sollte. Also begrüßte ich ihn, überreichte ihm ein Buch, blieb fünf Minuten mit gesenkten Augen neben seinem Bett stehen und verabschiedete mich wieder.

Ich kam gerade rechtzeitig nach Marokko zurück, um am Geburtstagsfest des Königs am 9. Juli teilnehmen zu können. Wie jedes Jahr feierte ich mit und brachte meine Geschenke, wie es Brauch war. Lalla Latifa, die Frau Hassans II., lud mich ein, die königliche Familie ein paar Tage später nach Frankreich zu begleiten, und ich sagte begeistert zu. Doch Oufkir stellte sich auf diesem Ohr taub und wollte nicht, dass ich schon wieder verreise. Noch am selben Abend machte er mir eine Szene.

»Bist du verrückt oder was? Du warst vier Monate in Paris, deine Kinder haben dich die ganze Zeit nicht gesehen, und du willst schon wieder dorthin, nachdem du gerade erst zurückgekommen bist? Du kannst unmöglich schon wieder weg. Du wirst ihnen sagen, dass du an dieser Reise nicht teilnehmen wirst.«

»Das kannst du ihnen selbst sagen.«

Also ging Oufkir zu Hassan II., um ihm zu erklären, dass seine Frau Lalla Latifa nicht begleiten werde, weil sie sich um Haus und Familie zu kümmern habe.

Im Palast war man schockiert über diese barsche Absage. Und dann beging ich selbst noch einen Fauxpas. Kurz bevor Hassan II. seine Reise nach Frankreich antrat, kam ich, um mich zu verabschieden, wie es Usus war. Wenn der König verreist, müssen alle Frauen des Hofes dezente Kleidung tragen, am besten aus Seide, ohne jeglichen Schmuck und Tand. Schließlich kann man sich nicht schön machen oder strahlen wollen, wenn der Herr das Haus verlässt. Ich war nun aber am Nachmittag auf einer Hochzeit eingeladen, präsentierte mich Seiner Majestät also in vollem Hofstaat, in einem leuchtend bunten Kleid und Brillantschmuck. Er sagte nichts, wandte sich aber deutlich erbost von mir ab. Hatte er den Eindruck, ich wollte ihn verhöhnen? Nur weil er auf Reisen ging, konnte ich doch nicht mein ganzes Leben danach ausrichten! Ich hätte es ihm erklären müssen, und er hätte es auch verstanden. Leider hatte ich dazu keine Gelegenheit mehr.

Ich sah ihn nie wieder. Es war der Tag, bevor alles begann. Später kamen immer wieder Leute auf mich zu, um mir Vorwürfe zu machen. Dass ich mich geweigert hatte, die königliche Familie zu begleiten, und dass ich in einem unpassenden Kleid vor den König getreten war, war ihrer Ansicht nach nur dadurch zu erklären, dass ich von allem gewusst haben musste. Es wäre mir in der Tat lieber gewesen, wenn ich eingeweiht gewesen wäre, dann wäre ich nicht wie eine Maus in die Falle getappt. Oufkir hat mir gegenüber mit keiner Silbe etwas erwähnt. Vor dem Attentat waren wir fünf Tage zusammen, und er hat nicht das geringste Detail über das verraten, was sich da anbahnte.

Am Mittwoch, den 16. August 1972 befinde ich mich in Kabila, einem kleinen Seebad im Norden Marokkos, zusammen mit meinen Kindern. Nur Malika ist nicht bei uns, da sie nach ihrem Unfall nach Casablanca gegangen ist, um sich auf ihr Abitur vorzubereiten. Als wir am späten Nachmittag aus dem maurischen Bad zurückkommen, finde ich vor unserer Strandhütte einen Menschenauflauf vor. Es wird getuschelt:

»Irgendwas geht vor in Rabat. Das Flugzeug des Königs wurde beschossen …«

Bald ist mein Wohnzimmer voller nervöser Menschen. Es gibt keine gesicherten Informationen. Wer steckt hinter dem Attentat? Was ist mit dem König? Wer hält die Zügel der Macht in der Hand? Gegen 20 Uhr erfahren wir aus dem

Radio ein paar bruchstückhafte Neuigkeiten. Hassan II. ist in Sicherheit. Zur Stunde weiß ich noch nicht, dass Oufkir in dieses neue Komplott verwickelt ist. Die Hütte leert sich, die Vorsichtigsten ziehen sich bereits zurück. Zurück bleiben nur noch ein paar echte Freunde. Ich bin wie betäubt, verfolge die Ereignisse wie eine unbeteiligte Beobachterin, als ob sie mich nichts angingen. Um 21 Uhr ruft Oufkir an und versucht mich zu beruhigen. Sicherlich würde alles wieder in Ordnung kommen; nur weiß ich nicht, in welche Ordnung ... Ich bin vollkommen willenlos, unfähig, die Lage zu beurteilen oder gar eine Entscheidung zu treffen.

Gegen 22 Uhr kommen spanische Freunde. Das Meer ist stark aufgewühlt an diesem Abend, als ob es das traurige Schicksal, das uns beschieden ist, kommentieren wolle. Einer der Freunde sagt:

»Hör zu, unser Schiff liegt vor Anker. Du nimmst die Kinder, kommst mit uns nach Ceuta, das ist eine kleine spanische Enklave siebzehn Kilometer von hier. Wir bleiben die Nacht über dort, und wenn alles glatt geht, kommen wir morgen wieder zurück.«

»Nein, ich sehe keinen Grund, warum ich hier fort sollte.«

Vor all den Anwesenden, die er nicht kennt, will er nicht offen sprechen. Stattdessen blickt er mir tief in die Augen und sagt beschwörend:

»Es ist besser, jetzt zu fahren, Fatéma. Morgen kommen wir zurück ...«

Ich begreife nicht, was er mir zu sagen versucht, und weigere mich, Marokko zu verlassen. Es gelingt mir nicht, mir ein klares Bild von der Situation zu machen. Ich kann telefonisch niemanden erreichen. Was soll's! Ich schnappe mir meinen kleinen Jungen, lege mich hin und schlafe ein.

Gegen acht Uhr kommt mein Chauffeur und rüttelt mich wach.

»Madame, Madame …«

»Was ist los?«

»Madame, der General …«

»Was, der General?«

»Der General ist tot.«

Vorsichtig stehe ich auf, während ich zu begreifen versuche, was ich gerade gehört habe. Aber es gelingt mir nicht, einen zusammenhängenden Gedanken zu fassen. Der Chauffeur fährt mich an:

»Sie müssen nach Rabat zurück.«

Ich rufe die Hausangestellten zusammen, fordere sie auf, alles zusammenzupacken, und dann fahren wir. Mit den Kindern, einigen Freunden, dem Personal und dem Gepäck bilden wir einen kleinen Konvoi aus drei oder vier Autos. Der Chauffeur fährt den Wagen mit den Kindern. Eine Freundin, Mama Guessous, sitzt in meinem am Steuer. Als wir an einer Tankstelle halten, kommt es mir vor, als hätte sich der Blick der Leute und die Art, wie sie uns grüßen, verändert. Ich rufe Malika an, die noch geschlafen hat.

»Hallo … dein Vater ist tot.«

Sie stößt einen Schrei aus. Bevor ich auflege, sage ich nur noch:

»Wir sehen uns in Rabat. Auf Wiedersehen.«

Warum bin ich so hart? Ich weiß es nicht. Wie benommen, habe ich keine Macht mehr über das, was ich denke und sage. Wir brauchen drei Stunden bis in die Hauptstadt. Drei unerträgliche Stunden. Ich versuche, im Autoradio Nachrichten zu hören, doch die marokkanischen Sender bringen nur Koranverse, und auf den spanischen Stationen, die ich empfange, kommt nur klassische Musik. Noch habe ich nirgendwo im Radio gehört, dass Oufkir tot ist. Mir bleibt immer noch die Hoffnung. Ein absonderliches, unwirkliches Gefühl: Ich fahre nach Rabat in dem Wissen, dass mein Mann tot ist, ohne aber wirklich davon überzeugt zu sein.

Ich weiß nicht, warum ich auf der Fahrt solche Angst ausstehe. Jedes Mal wenn der Wagen unvermutet ruckelt, zucke ich vor Schreck zusammen. Die ganze Zeit über fürchte ich, dass wir ins Schleudern kommen. Es kommt mir vor, als ob wir mit dem Wagen über Seife rutschen würden, als ob mir im wahrsten Sinne des Wortes der Boden unter den Füßen weggezogen würde. Die Ungewissheit ist unerträglich.

Als ich in Rabat eintreffe, erwartet mich vor meiner Tür bereits eine Ansammlung von Menschen, wenn auch nur eine ziemlich kleine Ansammlung. Ein marokkanisches Sprichwort kommt mir in den Sinn: »Wenn der Sklave des Kadis stirbt, kommt der ganze Stamm. Wenn der Kadi stirbt, kommt niemand.« Wenn tags zuvor, als Oufkirs Macht noch ungebrochen war, einer unserer Hausangestellten gestorben wäre, hätte sich ganz Rabat aufgemacht, um uns zu kondolieren. Doch nun war Oufkir selbst der Verstorbene, viele mögen sich gedacht haben, wer weiß, was morgen sein wird, und blieben lieber fern. Dennoch zeigen sich ein paar Freunde, etwa der Premierminister und einige Parlamentsmitglieder. Alle halten sich an die offizielle Version, nach der sich Oufkir »aus Treue« selbst umgebracht habe. Niemand erwähnt explizit den Anschlag. Die Ordnung ist wiederhergestellt. Man spricht nicht mehr davon.

Dabei hatte tags zuvor alles ganz anders ausgesehen. Später erfuhr ich, dass die Boeing 727 des Königs, aus Paris kommend, über Tétouan von einem F5-Geschwader der marokkanischen Armee unter Beschuss genommen worden war. Kommandeur des Geschwaders war Hauptmann Amokrane gewesen, derselbe, den ich einige Wochen zuvor im Militärkrankenhaus Val-de-Grâce in Paris besucht hatte. Die Soldaten hatten den Befehl, die Maschine zu eskortieren und sie zu zwingen, auf der Militärbasis von Kénitra, nördlich von Rabat, zu landen, wo Oufkir mit dem Generalstab der Rebellen wartete. Der Pilot des Königs setzte alles auf eine Karte. Um seinen Angreifern zu entkommen, steuerte er mit vollem Schub auf den Flughafen von Rabat-Salé zu. Die Verfolger nahmen die Boeing daraufhin in die Zange und eröffneten das Feuer. Ihre Warnschüsse mit Übungsmunition konnten aber nicht verhindern, dass die Maschine ohne Schwierigkeiten landete. Erst in dem Augenblick, als das Flugzeug bereits auf festem Boden stand, beschoss die F5 den Rumpf mit echten Patronen, eine letzte und sinnlose Verzweiflungstat. Bilanz dieses Wahnsinns: zehn Tote und fünfundvierzigVerletzte.

Nach allem, was ich weiß – und ich weiß nichts von Oufkir aus erster Hand –, war es Ziel der Operation, die Boeing zur Landung zu zwingen, Hassan II. festzunehmen und ihn gemeinsam mit seinen Frauen in einen seiner Paläste einzusperren. In der Zwischenzeit sollte ein Regentschaftsrat eingerichtet werden, bis Hassans Sohn und Nachfolger Mohammed VI. die Volljährigkeit erreicht hätte.

Mein Mann wollte die Monarchie nicht beseitigen. Er wollte Hassan II. ausschalten, aber gleichzeitig die Bedingungen dafür schaffen, dass der Erbprinz den Thron besteigen kann. Er wollte auch kein Militärregime, wie man ihm häufig unterstellt hat. Überall in Afrika war zu beobachten, was passiert, wenn die Militärs eine Diktatur errichten. Ich selbst verabscheue Militärregimes, obwohl ich in einer Kaserne geboren und aufgewachsen bin. Die Armee muss stark sein, weil sie die Institutionen schützt, aber sie darf sich nicht in die Politik einmischen.

Oufkir hatte auch nicht die Absicht, die Macht an sich zu

reißen. Schließlich war er als Leiter von Armee und Polizei bereits mächtig. Was sollte er sich noch mehr wünschen? Andererseits arbeiteten die Männer in seinem engsten Umkreis durchaus daran, das Land in ihre Hände zu bekommen. Ihr Plan war es, dem General bis an die Spitze der Staatsführung zu verhelfen, um ihn anschließend zu beseitigen und selbst die Macht zu übernehmen.

Dieser kleine Kreis von Emporkömmlingen bedrängte Oufkir seit langem, den Monarchen zu liquidieren. Doch davon wollte er nichts wissen. Sollte er sich bereit erklärt haben, die Regierungsgeschäfte zu übernehmen, so hat er doch nie dem König persönlich etwas anhaben wollen. Und trotzdem, wie oft wurde geschrieben und berichtet, Oufkir habe versucht, den König zu ermorden! Eine wahrhaft lächerliche Anschuldigung. Wenn er Hassan II. hätte töten wollen, hätte er es leichter haben können. Seine Majestät war fünf- oder sechsmal allein bei uns zu Hause, ohne dass Freunde, Hausangestellte oder Wachen dabei gewesen wären. Die Familie war unter sich – der König, mein Mann, mein Sohn, meine Tochter und ich. Alles wäre in diesen Momenten möglich gewesen. Es hätte für Oufkir Tausende von Gelegenheiten gegeben, bei denen er den Monarchen einfacher, schneller, diskreter und weniger riskant hätte aus dem Weg räumen können als bei einem Flugzeugangriff in der Luft, bei dem siebzig Passagiere in Lebensgefahr gebracht wurden. Marokko ist nicht Westafrika, wo man einen Staatschef umbringen kann und nebenbei noch ein paar Zivilisten dazu, ohne dass irgend jemand groß etwas dabei findet. Unsere ganze Zivilisation, Vergangenheit und Kultur sprechen dagegen. Die marokkanischen Offiziere waren von einer alten, traditionsreichen Armee mit festen Werten ausgebildet worden. Ein Staatsstreich kann nicht gelingen, wenn das Blut von Unschuldigen an ihm klebt.

Wie 1971 in Skhirat waren auch im Jahr darauf über den Wolken die Offiziere, die Köpfe der Rebellion, von ihren Untergebenen, jungen, unerfahrenen, heißblütigen oder besonders ehrgeizigen Soldaten, überrollt worden. Beide Staatsstreiche misslangen, nachdem dilettantische Anfänger ein Blutbad angerichtet hatten. Als der Hauptmann Amokrane begriff, dass der Putsch gescheitert war, ließ er auf das Flugzeug feuern, einfach so, ohne Sinn und Zweck. Das Schicksal der Passagiere kümmerte ihn wenig, zumal er sie ebenfalls für Korrumpierte des Systems hielt, die ihr Vermögen auf Kosten des marokkanischen Volkes zusammengerafft hatten.

Ich verstehe nicht, wie jemand annehmen kann, Oufkir hätte auf die Maschine des Königs schießen lassen. Er war doch kein Narr, sondern ein außerordentlich kluger und weitsichtiger Mensch. Mit seiner geradezu britischen Kaltblütigkeit hätte er solch eine unglaubliche Dummheit nie begehen können.

Niemand hat jemals erfahren, was wirklich an diesem Tag geschehen ist. Ich für meinen Teil bin davon überzeugt, dass westliche Geheimdienste bei der Operation die Finger im Spiel hatten. Sie waren sämtlich beteiligt, selbst wenn sie nach der Niederlage alles dementierten. Auch Hassan II. war nicht dumm. Wenig später ließ er als Vergeltungsmaßnahme die letzten Franzosen aus dem Land jagen, die hier noch Haus und Hof besaßen.

Was genau hinter der Affäre steckte, wird man nie erfahren, da sich Oufkir der Armee gegenüber nie offen geäußert hat. Nur einige leitende Offiziere hat er ins Vertrauen gezogen, und sie wurden fast alle verhaftet, streng abgeschirmt und schließlich exekutiert. Diejenigen, die verschont wurden, begingen aus gutem Grund Selbstmord. In dem Terrorregime, das anschließend in Marokko herrschte, galt nur noch die eine offizielle Version der Geschichte. Die letzten Zeugen wurden nach und nach heimlich liquidiert. Selbst im Privaten, im Schoß der Familie, traute sich niemand mehr, über Politik zu reden. Misstrauen und Angst lasteten wie ein Bleideckel über dem ganzen Land.

Noch am Abend des Attentats wurde Oufkir in den Palast von Skhirat gerufen, und er folgte dem Befehl. Er wusste, dass er dem sicheren Tod entgegenging. Würdevoll und mutig bot er seinen Feinden die Stirn.

Unser Chauffeur hat mir erzählt, wie alles ablief. Ahmed Dlimi wartete vor dem Palasttor, um Oufkir in Empfang zu nehmen. Er umarmte ihn zur Begrüßung, so dass er sofort feststellen konnte, ob der General eine Waffe bei sich trug. Oufkir hatte offensichtlich keine dabei. Er war gekommen, um dem Tod ins Auge zu blicken. Dlimi brachte ihn in einen Raum, in dem sich bereits Hassan II. und Abdelhafid Alaoui aufhielten. Hier wurde mein Mann niedergestreckt. Unter den Augen des Souveräns und der tätigen Mithilfe zweier dunkler Gestalten: Dlimi und Alaoui.

Als Protokollchef und Minister des königlichen Hauses hatte der General Abdelhafid Alaoui dreißig Jahre lang gestohlen, geplündert und gelogen. Ein wahres Ungeheuer! Er ist der Einzige, bei dessen Erwähnung ich wirklich Gift und Galle spucke und vor dem ich keinerlei Respekt habe. Noch nicht einmal den Respekt, den man Verstorbenen zollt. Dabei bin ich tief gläubig, und der Koran gebietet uns, niemals schlecht über unsere Toten zu sprechen. Aber bei ihm kann ich nicht anders. General Alaoui war nicht nur ein Feind des Königs, sondern ein Feind des ganzen Landes. Hatte er nicht früher den Franzosen gesagt, dass der Sultan Marokko für immer verlassen sollte? Jeder wusste das, und allein das hätte ihn schon disqualifizieren müssen. Doch er verstand es, die Leute in seinen Bann zu ziehen. Jeder König, jeder Staatschef braucht eine schwarze Seele, die sein schlechtes Gewissen verkörpert und an seiner Stelle schmutzige Aufgaben erledigt, ohne darum gebeten werden zu müssen, einen Helfershelfer, der die finsteren Gedanken seines Herrn lesen kann. Dieser Übeltäter verkörpert die dunkle Seite von Hassans Regentschaft. Korruption. Willkürliche Verhaftungen. Standrechtliche Exekutionen. Wüstenlager.

Hassan II. vertraute dieser schändlichen Gestalt. Ich habe diesen Schuft in Aktion gesehen. Ihm war jede Gelegenheit recht, um zu betrügen. Als ihm der König einmal Geld gab, das er in Mekka als Almosen verteilen sollte, ging ein winziger Teil davon an die Armen, und der Rest verschwand in seiner eigenen Tasche. Bei seinem Tod im Dezember 1990 hinterließ er ein immenses Vermögen, und als der König erfuhr, wie schamlos sich dieser Mann bereichert hat, soll er den Kopf in die Hände gestützt und geweint haben. Er muss jahrzehntelang gestohlen und dem Staat den letzten Dirham aus der Tasche gezogen haben, um all diese Milliarden anzuhäufen.

Alaoui war klar, dass ich viel über ihn wusste und mich nicht gescheut hätte, ihn vor aller Öffentlichkeit bloßzustellen. Er hasste mich und versuchte mit allen Mitteln, mich fertig zu machen. Als wir später im Gefängnis waren, bekamen wir von unseren Häschern zu hören:

»Nicht der Tod Hassans II. wird euch die Freiheit bringen. Es gibt noch jemand anderen, der euch viel mehr hasst als der König: Abdelhafid Alaoui.«

Ahmed Dlimi war ein Intrigant. Er verdankte Oufkir alles, fühlte sich aber als Untergebener nicht wohl in seiner Haut. Unter Mohammed V. war Dlimi vom Hof verbannt worden. Der König verachtete ihn zutiefst, weil er der Tochter des damaligen Innenministers übel mitgespielt hatte. Er war mit der jungen Dame verlobt, verliebte sich dann aber eine Woche vor der Hochzeit in eine andere. Um seine Braut loszuwerden, hatte er sich eine perfide Strategie ausgedacht. Am Tag vor der Hochzeit ging er zu ihrem Vater und erklärte ihm eiskalt:

»Ich habe herausgefunden, dass Ihre Tochter keine Jungfrau mehr ist.«

Und das war in der Tat ein Grund, die Hochzeit abzusagen, eine Schande für die Braut und ein Skandal für die ganze Familie. Mohammed V. hat Dlimis würdelose Haltung immer verabscheut.

Nach dem Tod des Königs kam Dlimis Frau – die, die er geheiratet hatte, nachdem er die erste verjagt hatte – zu mir, um mich zu fragen, ob ich dafür sorgen könnte, dass ihr Mann für Oufkir arbeiten kann. Und ich war dumm genug, meine Hilfe anzubieten. Alsbald wurde Dlimi Leiter der Staatssicherheit und rechte Hand meines Mannes. Ich betrachtete seine Frau als Freundin, doch für sie war und blieb ich eine Rivalin.

In dem Magazin *Jeune Afrique* zitierte der Journalist Hamid Berrada kürzlich den Chefredakteur der ägyptischen Tageszeitung *Al Ahram,* Mohamed Heykal, mit den Worten: »Oufkir war ein Schwein, und er ist gestorben wie ein Schwein.« Nein. Oufkir starb nicht wie ein Schwein, er starb wie ein Mann, weil er genau wusste, was ihn erwartete, als er seinem Schicksal entgegenging. Allerdings kann dieser hasserfüllte Berichterstatter wahrscheinlich nicht anders, als sich so auszudrücken. Oufkir und er sind sich einst unter für ihn allzu demütigenden Bedingungen begegnet. Das war 1963, als Oberst Nasser gerade im Begriff war, sein Intrigennetz zu weben, um den Maghreb zu destabilisieren und dem Panarabismus zum Sieg zu verhelfen. Auch nach Marokko waren die Ägypter damals gekommen, um hier die Agitation zu organisieren, und Oufkir hatte sie festgenommen. Sie wurden von Journalisten begleitet, unter denen sich auch Heykal befand. Als er dem General Auge in Auge gegenüberstand, packte ihn plötzlich die Panik. Seitdem lässt er keine Gelegenheit aus, um das »Schwein« zu verunglimpfen, das gesehen hatte, wie er vor Angst schlotterte. Dabei schreckt er nicht einmal davor zurück, ihm Folter und Sadismus vorzuwerfen.

Abraham Serfaty, damals Oufkirs schärfster Gegner, wurde einmal von Stephen Smith, einem Redakteur der *Libération,* gefragt, ob Oufkir ihn jemals bei einem Verhör oder im Gefängnis gefoltert habe. Die Antwort kam wie aus der Pistole geschossen:

»Nein, niemals.«

Da diese Antwort von einem der erbittertsten Feinde des Regimes stammt, darf man ihr wohl besonderes Gewicht beimessen.

Oufkir war kein Schwein, sondern ein Mann, der seinen Stolz hatte. Sicher war er kein Engel, und er hatte Gegner, die er bekämpfte. Aber alles, was er tat, tat er zum Wohl der Monarchie und Marokkos und nicht, um seine persönlichen Interessen zu verfolgen. Sogar in einem demokratischen Land wie Frankreich hat der Innenminister nicht nur Freunde. In einem totalitären Staat, wo der König uneingeschränkt über Wohl und Wehe seiner Untertanen bestimmt, gilt das nun umso mehr. Die Staatsmacht konnte einen Menschen entführen und totschlagen lassen und anschließend einen Unfall oder einen Herzinfarkt als Todesursache angeben. Wer hätte es wohl gewagt, deswegen einen Prozess gegen den König, einen Minister oder auch nur einen Polizisten anzustrengen?

»Selbstmord aus Treue« hatte man mir gesagt, und zunächst hatte ich das auch geglaubt. Oufkir hatte sich das ganze Jahr über unwohl gefühlt. Vielleicht wollte er ja wirklich Schluss machen, weil er dieses Lebens überdrüssig war. Ich erinnere mich noch gut an die letzten vier Tage vor seinem Tod, die wir zusammen in Kabila verbrachten. Er verhielt sich in der Tat ein wenig ungewöhnlich. Stundenlang saß er allein am Strand, den Blick starr aufs Meer gerichtet, während die Sonne am Himmel ihre Bahn zog. Als er sich von seinen Kindern verabschiedete, sah er ihnen lange und intensiv in die Augen – obwohl er doch so ungern Gefühle zeigte – und nahm sie liebevoll in den Arm. Es war, als ob er ihnen für immer Lebewohl sagen wollte.

Ich bin kaum zurück aus Kabila, da stürzt schon eine Freundin auf mich zu, umarmt mich und flüstert:

»Wir warten nur noch auf dich, damit wir den Sarg schließen können.«

Tags zuvor ist der Leichnam, in ein Leintuch gehüllt, auf einen Lastwagen geworfen und bis zur Stadtgrenze von Rabat gebracht worden. Mein Vater, den man mitten in der Nacht gerufen hat, ist zur Stelle gewesen, um sich der sterblichen Hülle seines Schwiegersohns anzunehmen. Jetzt liegt der Leichnam in einem Sarg, der in unserem Vorführraum aufgestellt wurde. Die Atmosphäre ist unerträglich, die Klageweiber heulen, und eine Handvoll Gläubiger liest, wenig überzeugend, Passagen aus dem Koran vor. Ich beuge mich vor, um meinen toten Mann ein letztes Mal zu küssen, da entfährt mir ein Aufschrei:

»Mein Gott, er ist ja ganz kalt!«

Sein Gesicht ist eisig. Ich sehe ihn intensiv an. Da entdecke ich ein Loch, ein Loch an seiner linken Schläfe. In diesem Augenblick fängt in meinem Kopf alles an zu rotieren. Ein Loch an der linken Schläfe … Er war kein Linkshänder. Mit dem letzten Rest von Verstand, der mir in diesem unsäglichen Moment noch geblieben ist, beginne ich die Wahrheit zu erahnen.

Ich bleibe an seiner Seite, die Hände auf seinen Körper gelegt, und weine. Die Augen geschlossen, die Stirn gerunzelt, sieht er ebenso ernst und streng aus wie immer. Auf seinem Gesicht ist nicht das geringste Anzeichen von Erleichterung oder Erlösung zu entdecken. Das Loch in seiner Schläfe lässt mir keine Ruhe. Dann werde ich weggezogen, und irgendjemand schlägt mir vor, ich solle mir eine Beruhigungsspritze geben lassen.

»Niemals. Ich will weder Beruhigungsmittel noch eine Spritze!«

Ich will diese Tragödie und mein Schicksal bei vollem Bewusstsein erleben.

Während ich den Raum verlasse, wird der Sarg geschlossen, der anderntags in den Süden des Landes transportiert werden soll. Ich wollte, dass Oufkir in Rabat beerdigt wird, doch man hat mir zu verstehen gegeben, dass der König offiziell dagegen ist. Oufkir hat mir gegenüber einmal den Wunsch geäußert, ganz schlicht bestattet zu werden, nur in ein einfaches Stück Stoff gehüllt, direkt in der Erde, wie die Armen. Das war sein innigster Wunsch. Oft sagte er zu mir:

»Wenn ich sterbe, möchte ich unter einer Palme begraben werden. Ich will über mir keinen Marmor und keine Statue, nur Erde ...«

Nun starb er aber im August, und sein Leichnam musste siebenhundert Kilometer weit im Flugzeug befördert werden. Ein Sarg war mithin unerlässlich. Wir mussten seinem Wunsch zuwiderhandeln.

Bei der Beerdigung war ich nicht dabei. Mein Sohn Raouf führte die Prozession an. Noch jetzt, achtundzwanzig Jahre später, spüre ich einen Kloß im Hals, wenn ich daran denke. Der Junge, damals gerade einmal dreizehneinhalb, organisierte die Zeremonie zusammen mit Freunden der Familie, die unter diesen Umständen wirklich Mut bewiesen. Hamid Ben Abès, Habib Tayeb, zwei Polizeikommissare, nahmen offen an der Beerdigung teil und verloren dafür ihren Posten. Nachdem sie vom Polizeidienst suspendiert worden waren, machte der eine Karriere in der Tourismusbranche, der andere stieg ins Buchgeschäft ein.

Oufkir wurde in der Nähe seines Vaters beerdigt, der früher ein wenig als Marabut, als Heiliger der Gegend angesehen wurde, weil er unendlich gütig, großzügig und sehr gläubig gewesen war. Die Leute aus dem Ort hatten ihm eine kleine Gruft aus Erde und Kalk gebaut. Seit sein Sohn an seiner Seite liegt, ist das bescheidene Monument bereits dreimal eingestürzt, als ob Oufkir sich weigerte, in diesem Mausoleum zu bleiben.

Beim letzten Mal rief mich jemand an, um zu fragen, was unternommen werden solle. Ich ordnete an, dass es nicht repariert werden solle. Er will nicht unter diesem Erdhügel ruhen. Warum soll man ihn dann jedes Mal wieder aufschütten?

Oufkirs Bruder hatte den Leichnam von einem französischen Arzt, dem ehemaligen Leiter des Avicenne-Krankenhauses, obduzieren lassen. Sein Bericht ließ keinen Zweifel zu: »General Oufkir wurde mit fünf Kugeln getötet. Eine davon traf ihn in die Leber, eine ins Herz, eine ins linke Schlüsselbein, eine in den rechten Arm. Der Gnadenschuss erfolgte in die linke Schläfe.« Die Version vom Selbstmord war damit endgültig und eindeutig widerlegt.

Zwei Tage nach Oufkirs Tod – er war noch nicht beerdigt – bekam ich Besuch vom Polizeipräsidenten. Ich kannte ihn von früher; er war ein Schmarotzer, der immer bis spät in die Nacht blieb, sich köstlich amüsierte und eine Anekdote nach der anderen erzählte. Ich empfing ihn auf der Terrasse, immer noch in Tränen aufgelöst, es war mir unmöglich aufzuhören. Auf meinem Lid hatte sich sogar schon ein Ödem gebildet, so sehr hatte ich geweint. Freundschaftlich nahm ich seine Hände und brachte zwischen zwei Schluchzern hervor:

»Sie haben ihn umgebracht.«

In seinen Augen sah ich ein kurzes Aufblitzen, als ob er in dem Moment eine Information bekommen hätte, mit der er seine eigene Haut retten konnte. Dieser »alte Freund« war bereit, Verrat zu begehen, um seine Karriere zu retten. Er ging zum König und übermittelte ihm meine Worte, nicht ohne sie ein wenig auszuschmücken.

»Sie sagt, Sie hätten ihren Mann umgebracht.«

Ich wusste nicht, was ich darüber denken sollte, und ich dachte auch nicht darüber nach. Dennoch veränderten sich das Verhalten und die Blicke der Leute um mich herum. Sogar die Hausangestellten bekamen es mit der Angst zu tun und verschwanden einer nach dem anderen. Wir hatten damals zweiundzwanzig Bedienstete, Köche, Haushälterinnen, Diener, Gärtner, Kindermädchen, alle vom Staat bezahlt. Binnen Stunden packten die Ersten die Koffer, und nach wenigen Tagen war die Hälfte von ihnen verschwunden.

Freunde kamen mich noch besuchen, wenn auch zögerlich, um herauszufinden, woher der Wind wehte, damit sie ihr Fähnchen richtig hängen konnten. Betäubt von meinem Unglück, nahm ich meine Umwelt kaum wahr. Der Schmerz lähmte mich so sehr, dass ich zwar körperlich anwesend war, aber nicht begriff, was vor sich ging. Über meinen Kummer hinaus fühlte ich eine weitere Last auf meinen Schultern: das Schicksal meiner sechs Kinder. Ich spürte, dass das Drama noch nicht ausgestanden und Oufkirs Tod erst der Auftakt zu einer Tragödie war.

VII

Der Sturm des Zorns

Drei Tage nach dem Attentat, am Samstag, den 19. August 1972 verkündete der König vor der Armeespitze, dass Oufkir für den gescheiterten Putsch verantwortlich sei. Der Version »Selbstmord aus Treue« folgte die Version »Selbstmord aus Verrat«. Am folgenden Abend kam der Polizeipräsident zu uns. Er wirkte streng und verschlossen. Von einem Tag auf den anderen hatte er seine Haltung und sein Benehmen uns gegenüber vollkommen verändert. Das ist das wahre Gesicht des Lebens. Nur wer solche Momente erlebt hat, weiß wirklich etwas über die Abgründe der menschlichen Seele.

Er gab seine Befehle. Das Haus wurde abgeriegelt und in ein befestigtes Lager verwandelt. Niemand konnte mehr herein, und die letzten Besucher und Hausangestellten mussten gehen. Damit begann auch die Plünderung. Die Freunde von gestern bedienten sich ungeniert und rafften Geschirr, Kleidung und Teppiche zusammen. Die letzten Getreuen waren meine Dada, einige Neffen meines Manns, zwei Freunde der Familie, Salem Layachi und Houria Oubéja, meine Cousine Achoura, unsere Englischlehrerin Anne Brown, die Schwester des Kindermädchens und ein Koch, der mir immer wieder versicherte:

»Wenn Sie gehen, gehe ich mit. Wenn Sie sterben, sterbe ich auch.«

Von diesem Zeitpunkt an waren wir Gefangene im eigenen Haus. Es begannen endlose Verhöre. Zwölf Nächte lang befragte mich ein nicht müde werdender Kommissar von acht Uhr abends bis Tagesanbruch. Er verlor kein einziges Mal seine Kaltblütigkeit, wurde nie aggressiv, aber was viel schlimmer war: Er kam tausendmal auf dieselben Punkte zurück, so oft, dass ich irgendwann nur noch Blödsinn erzählte. Dennoch spielte er weiterhin immer wieder dieselbe Platte ab. Er wollte wissen, wo mein Geld und mein Besitz waren. Das interessierte ihn am allermeisten.

Dlimis Leute rissen sich übrigens später alles unter den Nagel, was mir gehörte. Ich habe nichts wiederbekommen, weder Möbel noch Schmuck noch Gemälde. Nichts. Bevor er das Haus verließ, um im Palast von Skhirat dem Tod entgegenzugehen, hatte Oufkir Omar Akkouri, dem Ehemann einer seiner Nichten, Schmuck und Geld anvertraut, mit der Bitte, mir alles zurückzugeben. Um an diese Beute zu kommen, ließ man Akkouri einfach siebzehn Monate in den geheimen Verliesen verschwinden. Auf ähnliche Weise gelangte man an die Eigentumsurkunden unseres Grundstücks in Marrakesch, die unser Anwalt Reda Guedira verwahrte, übrigens ein Berater des Königs. Das Land wurde verkauft und der Erlös verteilt. Wer sich daran bereichert hat, habe ich nie erfahren.

Der Kommissar hörte nicht auf, mir Fragen zu stellen. In die Befragung über unser angebliches Vermögen mischten sich Anspielungen auf die Politik: Warum ich im Juli in Paris Hauptmann Amokrane im Krankenhaus besucht hätte. Ich habe es auf Bitten meines Mannes, in meiner Funktion als Gattin des Verteidigungsministers getan, war meine Antwort. Das war dem Polizisten offenbar zu wenig, so dass er seine Fragen wiederholte, immer und immer wieder, die ganze Nacht über:

»Warum haben Sie diesen Offizier besucht? Was haben Sie ihm gesagt? Was hat er Ihnen gesagt?«

Nach dem Attentat floh Amokrane in einem Helikopter nach Gibraltar. Der Felsen, der damals unter einem strengen Embargo durch Francos Spanien stand, wurde ausschließlich von Marokko aus versorgt. Die Engländer hatten dem Druck des Königs nichts entgegenzusetzen und lieferten den kranken Mann gegen Obst und Gemüse aus.

Im November wurden im Eilverfahren elf Todesurteile verhängt. In der »Nacht des Schicksals« fielen Amokrane und seine Komplizen im Kugelhagel eines Exekutionskommandos.

Vor seinem Tod legte Amokrane angeblich noch ein Geständnis ab: Ich hätte bei meinem Besuch in Val-de-Grâce an seinem Krankenbett gesagt, Hassan II. dürfe nicht auf dem Thron bleiben. Wie käme ich dazu, einem Mann gegenüber solche Worte zu äußern, den ich überhaupt nicht kenne?

Nachdem wir später in den Süden verschleppt worden waren, sprach mich ein Polizist durch die Mauer hindurch an, die uns von der Außenwelt abschirmte. Er war einer von Amokranes Wärtern im Gefängnis von Kénitra gewesen, und der zum Tode verurteilte Oberst hatte ihm eine letzte Botschaft mitgegeben: Aus dem Grab heraus bat mich Amokrane um Verzeihung. General Abdelhafid Alaoui hatte ihn schändlich erpresst, indem er ihm versprach, dass er der Exekution entkommen und seine Offiziere und Soldaten retten konnte, wenn er Oufkirs Frau belastete.

»Ihr wird der König nichts antun, und du kannst deine Männer retten!«, hatte er ihm vorgegaukelt.

Von diesen falschen Versprechungen getäuscht, hatte Amokrane für die Ermittler ein Gespräch mit mir erfunden. Eine nutzlose Lüge, denn der Oberst hat weder sein Leben noch das seiner Untergebenen gerettet. Im letzten Augenblick hatte er diesen unbekannten Polizisten damit beauftragt, mich um Vergebung zu bitten. Doch es war zu spät. Seine Reue konnte mir nicht mehr helfen.

Nächtelang kommen immer wieder dieselben Fragen:

»Warum sind Sie nach Paris gefahren? Warum haben Sie Amokrane besucht? Was haben Sie über den König gesagt?«

Irgendwann wechselt er das Thema und will wissen, was ich mit der Uniform meines Mannes gemacht habe. Die Frage, was aus der von Kugeln durchlöcherten Kleidung geworden ist, interessiert den Kommissar – und mit ihm den Palast – brennend. Ich antworte, dass ich sie verbrannt habe, weil wir Mitte August hätten und der blutgetränkte Stoff langsam zu verrotten angefangen und bestialisch gestunken habe. Weil er mir nicht recht glaubt, lässt er den Dampfkessel des Hammam durchwühlen und findet tatsächlich die Asche von Kleidungsstücken, die ich klugerweise angesteckt habe, bei denen es sich allerdings nicht um die fragliche Uniform handelt.

Diese hatte ich tatsächlich zunächst verbrennen wollen, doch meine Freundin Mama Guessous hielt mich zurück:

»Nein, es gibt überhaupt keinen Grund dafür, diese Stücke zu verbrennen. Behalte sie lieber, dann hast du gegen die Mörder deines Mannes Beweise in der Hand.«

Ich beschloss, auf meine Freunde zu hören, denn sie waren bei all dem Tumult und der Aufregung sicher klarer bei Sinnen als ich. Unsere Haushälterin wusch die Blutflecken aus der Uniform und hängte sie im Badezimmr zum Trocknen auf. Anschließend packten Mama Guessous und ihr Mann Abdessalam sie in eine Tüte und nahmen sie mit:

»Wir werden sie in Gibraltar in einen Banktresor geben, so dass niemand drankann.«

Die Uniform ist nie wieder aufgetaucht. Zweifellos wurde sie den Schergen des Königs in die Hände gespielt. Und ich wurde ein weiteres Mal verraten.

Im Gefängnis sagte ich meinen Kindern immer wieder:

»Wenn mir etwas zustoßen sollte, bevor ihr wieder in Freiheit seid, findet ihr in Mama Guessous eine treue Verbündete.«

Ich habe die Guessous wirklich als echte Freunde betrachtet. Ich hielt eine Aktienbeteiligung an einem Hotel, das sie gebaut hatten. Als ich nach zwanzig Jahren aus dem Gefängnis freikam, leugneten sie, dass wir jemals privat miteinander zu tun gehabt hatten. Sie überwiesen mir das Geld, das ich investiert hatte, ohne einen Pfennig Zinsen, und Mama Guessous sagte mir ins Gesicht:

»Wenn wir je etwas mit dir zu schaffen hatten, dann nur deshalb, weil du Oufkir heißt und uns eine Genehmigung für die Eröffnung eines Hotel-Casinos verschaffen konntest.«

Solche Worte tun weh, vor allem wenn sie von einer Person kommen, die man geliebt und geschätzt hat. Ich hätte mir nie vorstellen können, dass Menschen ihr Fähnchen so sehr nach dem Wind hängen, wenn es um Ansichten und Freunde geht.

Während wir so von der Polizei überwacht und verhört werden, dürfen wir weder das Haus verlassen noch Besuche empfangen. Glücklicherweise finden wir rasch einen Trick: Wir schläfern unsere Wächter ein, indem wir ihnen Schlafmittel in den Tee mischen. Auf diese Weise können Freunde unbemerkt über den benachbarten Golfplatz zu uns ins Haus gelangen, und wir genießen in dieser schmerzvollen Zeit ein paar wenige fröhliche Stunden.

Vier Monate und zehn Tage dauert dieser Hausarrest, solange wie die Trauerzeit islamischer Witwen. Ich versuche immer noch, den Anschein eines normalen Lebens zu wahren, und lasse einen Weihnachtsbaum und Geschenke für die Kinder besorgen ... wie jedes Jahr, denn selbst im Palast wird Weihnachten gefeiert.

Am 23. Dezember gegen 16 Uhr erscheint der Polizeipräsident, sieht sich eingehend um und bemerkt dann spöttisch:

»Wer hätte gedacht, dass dieses Haus innerhalb von ein paar Monaten so verkommen könnte!«

»Das ist Gottes Wille. Gott wollte, dass es so ist.«

Um meinen Frieden zu haben, spiele ich die Unterwürfige, doch aus meinen Augen spricht so viel Verachtung, dass seine Ironie schnell einem schrofferen Ton weicht.

»Sie haben zwei Stunden, um Ihre Sachen zu packen, Winter- und Sommerkleidung.«

»Wohin fahren wir?«

»Das weiß ich nicht.«

Augenblicklich stürmen schwarz gekleidete Polizisten das Haus, die Maschinengewehre im Anschlag. Man könnte meinen, sie wollten eine Bande gefährlicher Terroristen stellen.

Ich beginne zu weinen, so einsam und hilflos fühle ich mich. Mein Vater ist nicht bei uns. Er befindet sich zu der Zeit auf Kur in Moulay Yacoub, einem Thermalbad rund hundert Kilometer von Rabat entfernt. Das Telefon ist bereits vor einiger Zeit abgestellt worden, so dass ich schon lange keinen Kontakt mehr zu ihm habe. Wir müssen aufbrechen, ohne ihm Lebewohl sagen zu können.

Die Waffen, die auf uns gerichtet sind, versetzen uns in Panik. Wir fürchten, die Polizisten könnten jeden Augenblick auf uns schießen. Voller Angst packen wir unsere Sachen. Zwei Stunden ... Die Zeit reicht uns nicht, um zu begreifen, wie unser Leben aus den Fugen gerät. Wir stopfen zahllose Koffer voll mit den eleganten Kleidern, die wir im Jahr zuvor aus Paris mitgebracht hatten, stecken aber auch Decken, eine Stereoanlage und ein Radio ein. In einen Schiffskoffer packe ich wahllos Bücher. Wenigstens lesen will ich noch können.

»Seine Majestät, der König, hat Ihnen und Ihren Kindern die Erlaubnis erteilt, noch zwei Begleitpersonen mitzunehmen«, verkündet der Polizeipräsident.

Als ich mich umsehe, fällt mein Blick auf meine Cousine Achoura Chenna, die mit mir zusammen bei meinem Vater aufgewachsen ist. Sie ist diejenige, mit der ich früher durch unseren *Douar* im Zemmour streunte und die seither nicht mehr von meiner Seite gewichen ist. Ich frage sie:

»Willst du mitkommen?«

Sie zögert einen Augenblick und erwidert dann:

»Ich möchte nur noch meine Sachen in Kénitra holen.«

»Komm mit, deine Sachen werden nachgeschickt.«

Halima Abboud, die Schwester von Abdellatifs Kindermädchen, brauche ich gar nicht zu fragen, ob sie unser Schicksal teilen will. Sie meldet sich von selbst zu Wort:

»Ich möchte mitkommen.«

Ich will sie warnen:

»Hör zu, es ist nicht nur für ein paar Tage, und wir fahren nicht zum Baden ans Meer. Das sind hier keine Ferien, du weißt nicht, was aus uns allen werden wird.«

»Was auch immer euch geschieht, ich werde bei euch bleiben.«

Und dann besteigen meine sechs Kinder, das jüngste gerade einmal drei Jahre alt, Achoura, Halima und ich in dieser Dezembernacht die großen amerikanischen Wagen, die vor dem Tor warten. Es ist ein unheimlicher Konvoi, flankiert von Stafetten aus Polizisten in Zivil, die bis an die Zähne bewaffnet sind.

Ich blicke mich noch einmal nach unserem Haus um und sehe meine Dada, die ich nicht auf diese Reise ins Unbekannte mitnehmen kann, weil ihr Gesundheitszustand es nicht mehr zulässt. Die Wagen fahren los. Wir nehmen die Straße, die in Richtung der »Gärten des Königs« führt, wie man zynisch die königlichen Gefängnisse nennt, das Niemandsland jenseits der Grenzen der zivilisierten Welt, wo man uns in der Versenkung verschwinden lässt und von der Liste der Lebenden streicht.

Wir müssen von der Bildfläche verschwinden, denn ein Prozess oder eine Anklage wäre schlicht unmöglich: Trotz akribischer Ermittlungen haben die Schergen Hassans II. nichts gefunden, womit sie ihre Akten und Berichte füllen könnten. Unsere überstürzte Verhaftung wird offiziell damit begründet, dass man um unsere Sicherheit besorgt sei. In der Stadt laufen wir angeblich Gefahr, von der Bevölkerung gelyncht zu werden. Dieser Vorwand ist natürlich lachhaft. Niemals hat ein Marokkaner uns beleidigt, geschweige denn die Hand gegen uns erhoben. Aber sie brauchen eben für Geschichte und Volk einen Sündenbock. Oufkirs Tod hat ein Machtvakuum hinterlassen, und der König muss dieses Loch schließen. Er will uns aus dem Verkehr ziehen und betraut Dlimi mit dieser Aufgabe, der zwischen seinem Ehrgeiz und seiner Freundschaft mir gegenüber hin und her gerissen ist. Hinzu kommt noch die Bewunderung, die er Oufkir entgegengebracht hatte, bevor er später davon träumte, seinen Platz einzunehmen. Der König verstand es in der Tat meisterlich, Unfrieden zu stiften, um zu herrschen.

Auf den holprigen Straßen kommen die Fahrzeuge nur schleppend voran. Gegen 23 Uhr hält der Konvoi mitten in der Wüste. Die Wächter lassen uns aussteigen. Wir müssen uns in einer Reihe im Licht der Scheinwerfer aufstellen, und sie richten die Läufe ihrer Maschinengewehre auf uns. Ratschend entsichern sie die Waffen. Dann herrscht wieder Stille. Wir warten darauf, dass Schüsse durch die Nacht hallen. Jetzt ist es um uns geschehen.

Ich werde nie das brutale Gesicht dieses Mannes im weißen Pullover vergessen, der die Befehle erteilt. Eine Gestalt wie aus einem Albtraum mit einem schwarzen Bart, der ihm bis unter die Augen reicht. In diesem Moment bin ich mir sicher, dass wir alle sterben werden. Unaufhaltsam steigt die Panik in mir auf, und mein Magen krampft sich zusammen. Und doch gelingt es mir, meine Angst nicht zu zeigen. Meine großen Kinder wahren Stolz und Würde, die Kleinen bitte ich inständig, nicht zu weinen und sich nicht zu rühren. Diese Sadisten hätten doch mit Vergnügen beobachtet, wie wir auf Knien vor ihnen kriechen und sie anflehen. Doch ich kannte sie zu gut, um sie um irgendetwas zu bitten. Im Gegenteil. Ich blieb arrogant und hochnäsig. Ich blickte sie mit solcher Verachtung an, dass ihnen die Schamesröte ins Gesicht stieg. Ich sagte kein Wort, aber mein Blick genügte, um sie niederzuzwingen. Ihr Einschüchterungsversuch war gescheitert. Wir fuhren weiter.

Als ich *The Confession* (wörtlich: Das Bekenntnis) von Artur London und später *Sonnenfinsternis* von Arthur Koestler las, wurde mir klar, dass sie genau dieselben Methoden angewandt hatten, die auch die Kommunisten ihren politischen Gefangenen gegenüber eingesetzt hatten. Sie versuchten, uns zu terrorisieren, um uns klein zu halten, uns moralisch zu brechen und gefügig zu machen.

Dreißig Stunden Fahrt; Angst, Hunger und Durst, dann kommen wir im tiefsten Süden, in Assa, unweit der algerischen Grenze an. In dieser kleinen Oase auf dem Gelände einer ehemaligen französischen Kaserne wartet ein bescheidenes gekalktes Lehmhäuschen auf uns. Und rings herum die Wüste, die wir hinter den Mauern erahnen. Die Baracke, die aus einem Eingangsbereich und zwei Zimmern besteht, muss dereinst ganz annehmbar gewesen sein, als sie noch nicht verfallen und von Skorpionen, Schlangen und Mäusen bewohnt war.

Wir finden Behelfsbetten vor und viel zu kleine Leintücher, mit denen wir uns nur unzureichend zudecken können, einen Tisch mit feuerfesten Glastellern, eine Sardinenbüchse für jeden und ein Brot ... Armselig. Aber wir sind gerade dem Tod entronnen, und ich sage mir: »Sei zufrieden mit dem, was du hast, alles ist besser, als wenn deine Kinder umgekommen wären.« Ich bin mit den Nerven am Ende. Die angedeutete Exekution hat ihren Zweck erfüllt. Stillschweigend ergebe ich mich in mein Schicksal.

Winternächte mitten in der Sahara sind bitterkalt. Glücklicherweise habe ich eine Tagesdecke aus Nerz mitgenommen, die ich einmal in New York gekauft habe. In meinen Koffern wühle ich nach den besten Stücken aus meiner luxuriösen Vergangenheit: Die extravaganten Blusen und eleganten Kleider führen mir erst so richtig vor Augen, wie tief der Abgrund ist, in den ich gestürzt bin. In dieser elenden Umgebung wirkt mein eleganter Nerz unpassend und lächerlich, doch er leistet uns gute Dienste. Ich schiebe alle Matratzen zusammen und lege mich mitten zwischen die Kinder. Dank dem dicken Pelz haben wir es die Nacht über warm.

Als ich am nächsten Morgen aufwache, erfasse ich das ganze Grauen unserer Lage. Ich fange an zu weinen und kann nicht mehr aufhören, nicht einmal vor den Wachen, die mich gut kennen, da sie für meinen Mann gearbeitet haben. Sie versuchen, mich zu trösten:

»Es wird nicht lange dauern, vielleicht zwei Monate.«

Zwei Monate in der Hölle. Bei diesen Worten habe ich das Gefühl, als reiße man mir das Herz aus dem Leib, und ich sage mir, dass das unmöglich zu ertragen ist. Zwei Monate …

Wer konnte denn ahnen, dass dieses Grauen neunzehn Jahre anhalten würde?

Unter uns sprachen wir von Oufkir immer, als ob er noch am Leben wäre. Wir nannten ihn lachend einen »großen bösen Wolf«, amüsierten uns über seine Ticks, seine kleinen Schwächen und lebten weiterhin mit ihm. Es war unsere Art, damit fertig zu werden, dass wir ohne jegliche Hilfe dastanden; auf diese Weise erhielten wir eine irreale Hoffnung aufrecht. Indem wir unsere tragische Situation ein wenig ins Lächerliche zogen, machten wir uns selbst weis, dass das alles nicht so ganz ernst zu nehmen war.

Kurz zuvor hatten wir noch im Überfluss gelebt, nun hatten wir nichts mehr. Es war nicht lange her, da hatten wir zu essen gehabt, ein schönes Haus, die Kinder waren zur Schule gegangen, ich war auf Kosten der Prinzessin gereist, und wir hatten unzählige Privilegien genossen. Ich hatte Gäste empfangen können, Geschenke machen und annehmen … ein Leben führen, mit dem ich voll und ganz zufrieden war. Selbst bei meinem Vater waren uns zu jedem Essen zwei verschiedene *Tajines** serviert worden, dazu Salate und hinterher Desserts. Wir waren wohlhabende Landbewohner gewesen; Gemüse, Obst, Schafe und Hühner waren aus dem Landesinnern gekommen. Wir hatten im Wohlstand gelebt, auch wenn wir nach heutigen Maßstäben vielleicht nicht reich gewesen waren. Plötzlich, auf den Willen eines Man-

* Eintopfgericht, Spezialität des Maghreb (Anm. d. Übers.).

nes hin, hatten wir nichts mehr und mussten Jahr um Jahr dieselben Kleider tragen, bis sie in Fetzen herunterhingen.

Ziemlich schnell begriffen wir, welchen Regeln wir uns zu unterwerfen hatten. Die kleineren Kinder durften mit den Wachen bis zum Dorf der Oase streunen. Malika und Myriam – meine beiden großen Mädchen –, Halima, Achoura und ich durften nur Richtung Wüste gehen, dem Meer aus Steinen, das bis zum Horizont reichte. Ich selbst wies dieses »Privileg« zurück und sagte auch meinen Töchtern:

»Ihr geht nicht hinaus. Ihr seid Gefangene, ihr bleibt im Gefängnis. Die wollen doch nur auf euren Hintern glotzen, wenn ihr in der Wüste herumspaziert. Das kommt gar nicht in Frage. Ihr bleibt hier.«

Von dem Tag an, an dem ich gefangen genommen wurde, bis zu dem Moment, in dem ich wieder freikam, neunzehn Jahre später, habe ich kein einziges Mal den Fuß vor die Tür gesetzt. Nur wenn sie uns wieder einmal mitten in der Nacht von einem Gefängnis in ein anderes verlegten.

Hier, in diesem Flecken am Ende der Welt, nahmen uns die Dorfbewohner mit Sympathie auf. Diese armen und gottesfürchtigen Menschen konnten nicht begreifen, wie man Kinder so einsperren konnte. Sie beklagten dieses grausame Schicksal. Für sie war es Gotteslästerung, denn Gott hat uns befohlen, stets zu Witwen und Waisen zu stehen. Wenn die Kleinen kamen, boten ihnen die Einheimischen Küken, frische Eier, Datteln oder ein wenig Henna an, sie kochten ihnen Tee und schenkten ihnen Mandeln als Zeichen des Willkommens und der Zuneigung.

Selbst Bouazza, unser oberster Wächter, der vordem Wärter im Militärgefängnis von Kénitra gewesen war, konnte nicht mit ansehen, dass die Kinder im Gefängnis darben mussten. In dem Jahr, in dem er auf uns aufpasste, knurrte er ohne Unterlass:

»Seit dreißig Jahren bin ich nun bei der Armee, aber Kinder im Gefängnis, das habe ich noch nie gesehen. Das ist nicht mein Ding, das kann ich nicht unterstützen.«

Nur zwei Tage nach unserer Ankunft in Assa stürzte eine Wand unseres Hauses ein und begrub drei *Moukhaznis,* Soldaten der Hilfstruppen, unter sich. Unsere Wächter bekamen es mit der Angst zu tun: Wenn das Haus über uns zusammenbrach, würde man sie vielleicht beschuldigen, uns liquidiert zu haben. Und so telegrafierten sie eilends nach Rabat, um den Bau eines Fertighauses zu beantragen, das stabiler wäre als das alte Gemäuer unserer Bruchbude.

Wir bekamen auch tatsächlich eine Hütte im amerikanischen Stil, allerdings erst im April, als bereits eine mörderische Hitze von fünfzig Grad im Schatten herrschte. Für gewöhnlich sind diese Baracken mit Klimaanlage ausgestattet. Uns gestand man diesen Luxus natürlich nicht zu, und so brannte die Sonne auf unser Wellblechdach, das das Häuschen in einen Backofen verwandelte. Eine nicht enden wollende Tortur.

Ich sehe mich noch, wie ich den Boden im Flur befeuchte und die Kinder auf die dünne Wasserschicht lege. Den Kleinen legte ich zwischen zwei Kissen und deckte ihn mit einem feuchten Laken zu; dann sorgten wir für ein wenig Luftzug. Ein dürftiges, aber wirkungsvolles Mittel: Er hatte es schön kühl! Man kann sich gar nicht vorstellen, was für Ideen man entwickelt, wenn man überhaupt nichts mehr zur Verfügung hat. Es ist erstaunlich. Auf diese Art und Weise muss sich die Menschheit entwickelt haben. Wenn der Mensch nichts hat, bleibt ihm immer noch seine Fantasie.

Damit unsere Versorgung gesichert war, mussten die Wächter einmal die Woche ins hundert Kilometer entfernte Goulimine zum Einkaufen fahren. Der Jeep holperte frühmorgens davon und kam erst spätabends, gegen Mitternacht, wieder. Wir wünschten uns immer nur Bücher, Bücher ohne Ende. Statt zu essen, verschlangen wir Bücher. Nur Lesen vertrieb uns ein wenig die Zeit. Wir haben alles gelesen. Alle Klassiker, alles, was wir in die Finger kriegen konnten. Amerikanische und französische Schriftsteller, auch die großen russischen Autoren wie Tolstoi und Dostojewski. Dann gingen wir zu zeitgenössischen Autoren über, wie Solschenizyn, die ein wenig von Lebensgeschichten wie der unseren erzählten, weil sie ähnlich wie wir gelitten hatten. Von ihnen lernten wir, wie man sich in solchen Situationen verhielt.

Besonders gut kann ich mich an Solschenizyns *Ein Tag im Leben des Iwan Denissowitsch* erinnern. Dieses Buch hat mir so viel gegeben und mir damit geholfen, diese Hölle zu ertragen. Mir wurde klar, dass es Schlimmeres gibt als das, was wir durchmachten. Und doch dachte ich oft, grausamer als jede Maßnahme ist das Verdammtsein zum Nichtstun. Wenn man ohne jegliche Beschäftigung ist, bricht im Kopf irgendwann die Anarchie aus.

Ich unterrichtete die Kleinen mehrere Stunden am Tag. Das war alles, was wir tun konnten. Ich brachte ihnen Lesen und Schreiben bei, Malika lehrte sie Englisch, und Raouf, der erst vierzehn war und dessen Schulwissen nur bis zur siebten Klasse reichte, unterrichtete sie in Mathematik, Physik und Chemie, wobei er selbst immer wieder die Nase in die Bücher steckte, um weiterzukommen.

All meine Kinder kommen heute ausgezeichnet zurecht, obwohl sie nicht in die Schule gegangen sind. Wenn Raouf spricht oder schreibt, zweifelt man nicht einen Augenblick daran, dass er den gesamten Bildungsweg durchlaufen hat. Dabei wurde seine Schullaufbahn im Collège unterbrochen. Doch nachdem er jahrelang immer wieder den Stoff der

Abiturklassen durchgekaut hat, erreichte er trotzdem ein hervorragendes Bildungsniveau.

Malika hätte im September in Rabat ihr Abitur machen sollen, doch der König hatte ihr nicht erlaubt, während unserer Trauerzeit das Haus zu verlassen. Ich hing trüben Gedanken nach. Meine sechs Kinder sollten keine Schulbildung erhalten! Warum? Was hatten sie sich zu Schulden kommen lassen? Wenn ihr Vater ein Verbrechen begangen hätte, wenn ich – damals sechsunddreißig – irgendeinen Fehler gemacht hätte, hätte ich verurteilt und ins Gefängnis gesteckt werden können, aber warum ließ man die Kinder nicht in Ruhe?

Am 28. April 1973 mussten wir Hals über Kopf den Ort verlassen. Grund für diese Eile war offenbar, dass ganz in der Nähe, im algerischen Tindouf, ein *Moussem* stattfinden sollte. Bei diesen Festen wird zu Ehren eines Marabuts, eines islamischen Heiligen, ein großer Markt veranstaltet, zu dem einmal im Jahr die Leute aus der Region zusammenkommen, um Waren feilzubieten und einzukaufen, zu essen, sich zu amüsieren und Musik zu hören. Hatten unsere Wächter Angst, dass wir die Gelegenheit zur Flucht nutzen würden? Fürchteten sie Gerede über die Gefangenschaft einer fremden Familie, deren Name langsam die Runde machte? Befürchteten sie, dass Algerien eine Entführung plante?

Zum großen Zorn Hassans II. hatte mir Houari Boumedienne offiziell sein Beileid ausgesprochen. Nun ging das Gerücht um, der algerische Präsident habe ein Kommando geschickt, das uns entführen sollte. Damals schenkte ich dem Tratsch keinen Glauben, doch viele Jahre später wurde mir von Leuten, die der algerischen Regierung nahe standen, bestätigt, dass die Gerüchte nicht aus der Luft gegriffen gewesen waren. Der Präsident hatte nicht vergessen, was Oufkir und ich für die Unabhängigkeit seines Landes getan hatten, dadurch dass wir die Aufständischen mit Waffen versorgt hatten, oder wie wir die algerischen Kämpfer bei uns empfangen hatten. Boumedienne hatte dem König von Marokko sogar angeboten, uns unter seinen persönlichen Schutz zu stellen. Der Schah von Persien und König Hussein von Jordanien hatten ebenfalls Vorschläge in dieser Richtung gemacht. Doch je mehr sich diese Mächtigen für uns einsetzten, desto mehr hatten wir zu leiden.

Wir müssen also weg aus Assa. Unsere Wächter stoßen uns auf die Ladefläche eines Kleintransporters, auf der ein nicht allzu großer Teppich liegt, und so brechen wir auf Richtung Wüste. Schon nach wenigen Kilometern in diesem Meer aus Steinen sind wir über und über mit Staub bedeckt. Er legt sich auf Haare, Wimpern, Augenbrauen und dringt in die Nase ein. Wir haben zwei Krüge Wasser dabei und befeuchten uns immer wieder den Mund, damit uns der feine Sand nicht austrocknet, der selbst durch die Kleidung dringt. Achtzehn Stunden fahren wir so dahin, achtzehn Stunden ohne Pause, ohne Essen. Zum Glück habe ich vorgesorgt und einen großen Fünf-Liter-Milchtopf mitgenommen, in den die Kinder Pipi machen können. Unsere Begleiter sind so grausam und unmenschlich, dass wir uns darüber fast schon totlachen könnten. Während wir auf der Ladefläche dieses Kleintransporters wieder einmal einem unbekannten Schicksal entgegenholpern, singen wir aus vollem Hals, bis wir heiser sind.

Auf unserem Weg kommen wir in einem Dorf vorbei, dessen Namen ich noch nie gehört habe. Der Kaid des Ortes hat erfahren, dass die Familie Oufkir vorbeikommt. Der Unglückselige befindet sich allerdings in dem Irrglauben, dass Oufkir noch im Innenministerium sei, und so hat er alles vorbereitet, um uns, unserem Rang entsprechend, gebührend zu empfangen. Die Tische biegen sich unter Bergen von Hühnchen und *Pastillas**. Bass erstaunt, drücken unsere Zerberusse beide Augen zu und lassen uns an diesem vorzüglichen Mahl teilnehmen. Doch kaum haben wir den letzten Bissen hinuntergeschluckt, treiben sie uns wieder auf den Wagen. Es ist Zeit, die Fahrt fortzusetzen.

Sie bringen uns nach Agdz, ein kleines Dorf am anderen Ende des Landes, im Südosten Marokkos. Einen Monat lang bleiben wir hier, eingesperrt im Haus des Kaiden, das beschlagnahmt worden ist und dessen Fenster zugemauert wurden. Einzige Öffnung ist die Eingangstür, die mit einem unüberwindbaren Gitter verschlossen ist. Einen Monat lang vollständige Isolation in Dunkelheit. Einen Monat lang hören wir von draußen die Geräusche des Lebens, heulende Hunde, vorbeifahrende Autos, vorbeigehende Leute.

Am 28. Mai sind wir zurück in Assa, zurück in den Mauern der verlassenen Kaserne. Mein Vater schickt uns Schulbücher für die Kinder. Malika, Raouf und ich halten Unterricht ab, unser alter Wächter Bouazza meckert herum, und die Skorpione krabbeln über die von der Sonne aufgeheizten Steine. Es stellt sich so etwas wie ein Gefühl von Alltag in unserem Eremitendasein ein.

Manchmal überlege ich, ob ich nicht zur Feder greifen soll, um alles aufzuschreiben, Tagebuch führen ... Aber was soll ich erzählen? Unsere Tage verlaufen einer wie der andere und sind dabei unendlich banal in ihrer Gleichförmigkeit. Es wären jeden Tag dieselben Zeilen. Die Wochen und Monate verschmelzen ineinander. Ich wache jeden Tag zur gleichen Zeit auf, unsere Wächter erscheinen immer zur

* Gefüllte Blätterteigpasteten (Anm. d. Übers.).

gleichen Zeit, wir treten jeden Tag zur gleichen Zeit auf den Hof hinaus und kehren jeden Tag zur gleichen Zeit ins Haus zurück. Es sind immer die gleichen Bitten an unsere Wächter und immer die gleichen ablehnenden Antworten.

Zudem sage ich mir, dass ich meinem Schicksal nicht entrinnen kann. Es gehört zum Leben dazu, dass man es nicht manipulieren und auch nicht mit dem anderer vergleichen kann. Ich bin sehr gläubig und sehr fatalistisch. Es kommt, wie es kommen muss.

Weit von uns entfernt, in einer anderen Welt, gab es Menschen, die sich bei den Machthabern für uns einsetzten, doch der König stand unter üblem Einfluss. Männer wie Alaoui suggerierten ihm, ich sei eine Karrieristin, eine äußerst gefährliche Frau, die den Umsturz plane, die Monarchie abschaffen und selbst die Macht ergreifen wolle! Ich und die Macht ergreifen!

Als der König zögerte, vielleicht nahe daran, uns freizulassen, impfte ihn diese infame Person: »Also gut, *Sidi,* Sie brauchen sie nur zu begnadigen … Und bei nächster Gelegenheit werden sie Sie umbringen. Wenn sie siegreich sind, werden sie mit Ihnen und Ihrer Familie kein Erbarmen haben!«

Dabei bin ich fest davon überzeugt, dass Hassan II. der Einzige war, der das für ausgeschlossen hielt. Was ging nur in diesem Menschen vor? Ich habe durchaus erlebt, dass er Gefühle zeigte. Ich habe ihn weinen sehen, als sein kleiner Sohn krank war, ich habe ihn ergriffen gesehen. Er war nicht nur der eiskalte Monarch. Mit ihm hatte ich nicht nur schlechte Zeiten. Bevor all das Unglück und Elend über uns hereinbrach, haben wir viel Schönes, Glück und Freude geteilt. Wir haben Dinge gesehen und erlebt, die normale Sterbliche niemals kennen lernen. Das kann ich nicht vergessen. Einmal, er war damals noch Kronprinz, war ich krank, und er besuchte mich regelmäßig. Vier Monate lang hat sein Koch für mich Essen zubereitet, das er mir morgens, mittags und abends vorbeibrachte.

Sein ganzes Leben lang litt der König darunter, dass er als Kind nicht geliebt worden war. Wenn er auf Unterwürfigkeit überhaupt nicht ansprach, so reagierte er doch stark auf Liebe. Das fiel mir auf, wenn er mit den wenigen Privilegierten zusammen war, mit denen er in Liebe verbunden war. Ihnen gegenüber zeigte er keinerlei Aggressivität oder Misstrauen. Ich glaube, zeigte nur selten sein wahres Selbst, etwa seinen Kindern gegenüber. Aber auch nicht allen: der Älteste, der Kronprinz, war wie er selbst streng und autoritär erzogen worden.

Doch nach den zwei gescheiterten Staatsstreichen war Hassan II. ein anderer Mensch geworden, der sich vollkommen in sich selbst zurückgezogen hatte. Er hatte niemanden mehr, auf den er sich verlassen konnte. Nachdem sein Vertrauensmann tot war, blieb ihm nur noch Dlimi, und offensichtlich wusste er nicht, dass diese ebenso ehrgeizige wie erbärmliche Person nur darauf wartete, ihn zu beseitigen. Der König lebte in einer Atmosphäre des Misstrauens.

Viel später, nach unserer Befreiung, vertraute mir seine Frau einmal an: »Seine Majestät, so wie du ihn gekannt hast, gibt es nicht mehr. Der König hat sich verändert, er hat Rückschläge eingesteckt, Enttäuschungen und Verrat erlebt. Du kannst nicht mehr so mit ihm reden wie früher.«

Aber warum sollte ich überhaupt noch mit ihm reden? Nachdem wir unserer Hölle entronnen waren, hatte ich ihm nichts mehr zu sagen außer Abscheulichkeiten. Und im Laufe der Zeit hat sich der Groll dann verflüchtigt. Als wir uns schließlich wieder sahen, war es zu spät. Er war bereits ein müder, kranker Mann. Kurz nach unserer Begegnung starb er.

VIII

Lebendig begraben

Am 7. November 1973 werden wir erneut verlegt. Mit einer Eskorte werden wir wieder einmal in die endlose Steinwüste geschickt. Stundenlange Fahrt durch eine bitterkalte Nacht, eine Rast beim Kaiden von Ouarzazate, der so tut, als würde er nichts begreifen, und uns fürstlich empfängt. Dann rund dreißig Kilometer Holperpiste, in der Ferne die Gebirgskette des Atlas, die sich verschwommen in der Dunkelheit abzeichnet.

Gegen zwei Uhr nachts erreichen wir endlich unser Ziel, ein Häuschen in Tamataghrt, hingeschmiegt an die Ruine eines alten Palastes. Es ist eine ehemalige Residenz, errichtet von einem Vorfahren des Paschas Thami el Glaoui, der früher in Marrakesch herrschte. Zu Feudalzeiten empfing der Herrscher auf diesem Landsitz die Leute der Gegend, die ihm ihre Ehre erwiesen und Geschenke mitbrachten. Laut Koran musste jeder Bauer und Handwerker seinem Herrn zehn Prozent seines Gewinns abgeben, in Form von Tieren, Getreide, Wolle oder Geld. Auf diese Weise war der Pascha das ganze Jahr über versorgt und konnte sogar einen Teil dieser Abgaben an die Ärmsten weiterverteilen, so dass alle ein würdevolles Leben leben konnten.

Nachdem er von den Franzosen die Absetzung Mohammeds V. gefordert hatte, galt el Glaoui als Verräter, und man hatte ihm all seinen Reichtum weggenommen und seinen

Palast verfallen lassen. Seinen Erben wurden Versprechungen gemacht, und der König setzte sich dafür ein, dass sie ihre Besitztümer wiederbekommen. Doch sie warten noch heute. Als der junge Mohammed VI. den Thron bestieg, erklärte er seine Absicht, alle ungelösten Probleme vom Tisch zu schaffen. Vielleicht gelingt es ihm ja, einen Schluss-Strich unter diese Affäre zu ziehen.

Das Haus, das man für uns vorgesehen hat, gehörte früher el Glaouis Sohn, der später für immer nach Fankreich gegangen ist. Sein Sohn Mehdi wurde dort durch eine Fernsehserie landesweit bekannt.

Ich habe nie erfahren, warum wir Assa so überstürzt verlassen mussten, und bin auf Spekulationen angewiesen. Vielleicht war Bouazza, unser alter Wächter, unseren obersten Kerkermeistern in Rabat zu nachgiebig gewesen, vielleicht äußerten die Dorfbewohner inzwischen offen ihren Unmut über das Schicksal der Kinder, vielleicht gab es auch politische Gründe, die zu dieser Entscheidung führten. In der Tat stritt man sich gerade nur ein paar Kilometer entfernt von Assa um Westsahara. Im Mai des Vorjahres war die Polisario-Front gegründet worden, die für die Unabhängigkeit von Westsahara eintrat, und Marokko bereitete sich auf einen Krieg mit Spanien vor, um die verlorenen Gebiete zurückzuerobern.

Unser neues Gefängnis, das weder fließendes Wasser noch Toiletten hatte, bestand aus mehreren Stockwerken. Zu ebener Erde lag ein Kabuff, dessen Boden aus fest getretener Erde war und das uns als Küche diente; darüber lagen zwei Zimmer mit hohen Decken, in denen wir alle neun schliefen; von hier aus erreichte man über eine steile Treppe einen weiteren Raum mit Zementboden, in dem wir Unterricht abhielten.

Alle Fenster waren vor unserer Ankunft zugemauert worden. Offen geblieben war nur ein Fensterbogen, durch den man bis zum Horizont nichts als Dürre erblickte, eine trockene Ebene, ein paar verdörrte Bäume und ein kleines Wadi, das in der Nähe verlief. Dieser freie Ausblick auf die weite Wüste schien unseren Aufsehern schon viel zu viel des Guten, und so machten sie sich daran, auch ihn zu verbauen. Sie begannen, eine Mauer zu errichten, die Stück für Stück wuchs und uns immer mehr in Dunkelheit tauchte.

Nie werde ich diese entsetzlichen Augenblicke vergessen, in denen ich glaubte, sie würden uns lebendig einmauern. Es war ein einziger Albtraum. Ich hatte das Gefühl, in ein Grab versenkt zu werden ... Grauenvoll! Der Blick nach draußen war uns verboten. Uns blieb nur ein zwanzig Zentimeter breiter Spalt, der einen schmalen Lichtstrahl durchließ, und ein kleiner, schmutziger Hof, in dem wir, umgeben von hohen Mauern, ein wenig frische Luft schnappen konnten.

El Glaouis Palast zerfiel durch die tatkräftige Mithilfe unserer Wächter vollends, da sie die alten Wände aus Lehm und Stroh einrissen, um im Winter damit zu heizen.

Drei Jahre und drei Monate verbrachten wir in diesem steinernen Grab. Zum Glück waren wir zusammen, das tröstete uns ein wenig. Unsere Nahrung war vielleicht nicht besonders üppig, aber wir hatten genug, um zu überleben.

Wenn ich kochte, waren die Kinder immer um mich herum, lachten, erzählten Geschichten oder versuchten sonst irgendwie, sich die Zeit zu vertreiben. Voller Hoffnung malten wir uns die Zukunft aus, schmiedeten Pläne und sprachen davon, dass wir eines Tages in Kanada eine Ranch errichten würden.

»Ich werde Honig herstellen«, verkündete der eine.

»Und ich werde Hühner züchten«, warf der andere ein.

Wenn wir nur immer so von unserem Leben hätten träumen können, wenn wir immer so hätten lachen und lesen können, wäre uns diese Haft nicht ganz so schrecklich vorgekommen. Prinz Moulay Abdallah, der Bruder des Königs, ließ uns regelmäßig Kisten voller Bücher schicken, um unseren Heißhunger nach Wissen und Ablenkung zu stillen. Obwohl er selbst während des Putschversuches in dem Flugzeug gewesen war, trug er der Familie Oufkir nichts nach. Er vergaß nicht, dass wir über viele Jahre eng befreundet gewesen waren. Noch auf seinem Sterbebett, im Dezember 1983, bat er den König, uns freizulassen. Dank der großzügigen Buchspenden des Prinzen konnte Abdellatif schon mit viereinhalb perfekt lesen, ging er doch in die beste Schule: Ich hatte alle Zeit der Welt, um mich um ihn zu kümmern.

Immer wieder wurden wir von Panikattacken heimgesucht, die wir aber meist recht schnell in den Griff bekamen. Noch waren wir fest davon überzeugt, dass sich unsere Lebensbedingungen bald wieder bessern würden. Dass die schlimmsten Leiden noch vor uns lagen und diese Station nur der Vorhof der Hölle war, wussten wir damals noch nicht.

Ende 1974 wurde Oberst Dlimi, der bis dahin für uns zuständig gewesen war, von seinen Funktionen befreit, um sich voll und ganz dem Westsahara-Konflikt widmen zu können. Unser Schicksal lag von da an in den Händen von Abdelhafid Alaoui, der »schwarzen Seele« des Königs. Pervers und durchtrieben, wie er war, hatte uns Alaoui Oberst Ben Aïch anvertraut, dessen Bruder beim Attentat von Skhirat umgekommen war. Er war felsenfest davon überzeugt, dass wir alle gemeinsam an diesem Tod schuld seien. Er gehorchte den Befehlen und führte sie peinlich genau aus. Wahrscheinlich überstieg es seine Vorstellungskraft, dass man eine unschuldige Familie verhaftet und eingesperrt hatte.

Unser Freiheitsentzug nutzte allen und wirkte zudem beruhigend aufs Gewissen: Die Schuldigen waren benannt und dingfest gemacht worden! Eine Menge Offiziere und Leute, die ebenfalls in das Attentat verwickelt waren, führten weiterhin ein schönes und ruhiges Leben an der Seite des Königs, ohne sich die geringsten Sorgen machen zu müssen! Für ihre Bequemlichkeit und ihre Sicherheit war ich angeschwärzt worden, zur allein Verantwortlichen erklärt worden, zur eigentlichen Drahtzieherin des Putsches, die Oufkir mit List und Tücke überredet hatte. Ich wurde nie vor Gericht gestellt und nie verurteilt. Ohne jemals zu erfahren, warum, wurde ich zusammen mit meinen Kindern in die Verliese des Königs gesteckt. Es muss schon ungeheuer wichtig und dringlich gewesen sein, all jene mundtot zu machen, die den Namen Oufkir tragen.

Unter Ben Aïch verschlechterten sich umgehend unsere Haftbedingungen. Er stürzte sich mit solcher Brutalität auf uns, dass man den Eindruck bekam, er habe uns in Skhirat dabei überrascht, wie wir auf seinen Bruder schießen.

Zuallererst nahm er uns einen Großteil unserer Bücher weg und erlaubte nicht mehr, dass wir neue bekamen. Es blieb uns nichts anderes übrig, als die wenigen, die wir hatten behalten dürfen, immer und immer wieder zu lesen. *Krieg und Frieden* zum Beispiel habe ich viermal gelesen, *Die Brüder Karamasow* dreimal. Die Vorstellung, dass wir uns weiterbildeten und unterhielten, war Ben Aïch unerträglich. Keine Schule mehr, keine Schulbücher, kein Zeitvertreib. Die Kinder waren so begabt in Zeichnen und Malen und entwickelten dabei große Fantasie und Kreativität; natürlich konnten sie unter diesen Umständen nichts aus dieser Begabung machen.

Unser Leben wurde unerträglich. Selbst das Essen wurde

nun rationiert. Alaoui zögerte keine Sekunde, einen Teil des Geldes, das für unsere Versorgung gedacht war, in die eigene Tasche zu stecken.

Die Jahreszeiten wechselten sich ab. Auf schneereiche Winter folgten brüllend heiße Sommer. Doch für uns änderte sich nichts. In unserem Steingrab, auf unserem düsteren Hof, wo es außer Sand und Steinen nichts gab, konnte uns das Echo des Lebens und der umliegenden Natur nicht erreichen.

Man hatte uns alles genommen, wir hatten nicht einmal mehr anständige Kleidung. Im Winter schlotterten wir vor Kälte. Jedes Jahr aufs Neue mussten wir die Pullover des vorigen Jahres auftrennen, weil sie voller Löcher waren, und aus der Wolle neue stricken, die mit jedem Mal ein bisschen kleiner wurden. Fünfzehn Jahre lang haben die Kinder keine neuen Schuhe bekommen. Der Jüngste hatte nur die Schühchen eines Dreijährigen, erst mit achtzehn sollte er wieder ein Paar bekommen. Die Kinder liefen alle auf den Schläuchen von Lastwagenreifen, die sie mir brachten und aus denen ich dann schuhähnliche Gebilde bastelte. Dazu strickte ich Socken, deren Sohle ich mit einem Stück Gummi besetzte. Aber das war noch nicht das Schlimmste, denn dabei hatte ich wenigstens die Möglichkeit, mich nützlich zu machen. Die grausamste aller Qualen für mich war es, meine Kinder leiden und immer mehr verkümmern zu sehen.

Langsam formte sich in unseren Köpfen die Idee auszubrechen. Es war eine Vorstellung, die uns nicht mehr losließ und an die wir uns klammerten wie Ertrinkende an einen Strohhalm. Wir mussten nur noch einen realistischen Plan ausarbeiten. Zwei Faktoren waren günstig für uns. Erstens waren die Mauern unseres Gefängnisses, die aus Lehm und Stroh bestanden, nicht sonderlich stabil. Zweitens hatten unsere Wächter feste Gewohnheiten. Sie stellten uns einmal in der Woche Nahrungsmittel hin und kamen im Übrigen nur zweimal am Tag, einmal morgens, um uns Wasser zu bringen und den Abfall zu entsorgen, und einmal abends, um unsere Wasservorräte erneut aufzufüllen.

Eines Abends bitten mich die Kinder:

»Komm, Mama, wir gehen hinaus in die Ruinen.«

Wir graben ein Loch in die Hauswand und steigen hinaus in die Überreste des Palastes von el Glaoui. Hier finden wir vielleicht eine Möglichkeit, die dicken Palastmauern um die alte Residenz des Paschas zu überwinden. Im Augenblick aber blicken wir nur durch ein paar kleine Löcher in dieser Mauer hinaus. Der Himmel scheint uns unendlich weit. Das Wadi plätschert leise vor sich hin. Ein Stück weiter weg wachsen Luzernen und ein paar andere Pflanzen, eine wohltuende Unterbrechung in der endlosen Monotonie der Wüste. Seit drei Jahren haben wir keinen Grashalm mehr gesehen. Für uns ist diese Aussicht ein Blick auf den Garten Eden, und wir saugen diese gestohlenen Augenblicke in Freiheit in vollen Zügen ein.

Aber wie sollen wir die Mauern überwinden? Die Kinder führen mich zu einer Stelle, die ihnen für einen Ausbruch geeignet erscheint. Es ist ein Raum, bei dem die Außenwand fehlt. Weit unter uns erstreckt sich die Wüste, zu der eine steile Wand abfällt. Strohhalme stehen aus der abgebröckelten Fassade. Die Kinder haben sich ein riskantes Unterfangen ausgedacht: aus Stroh einen Strick flechten und sich daran hinunterlassen. Bis zum Boden sind es mindestens dreißig Meter, sie könnten stürzen, sich verletzen oder gar umkommen oder zumindest unsere Wächter auf sich aufmerksam machen. Ich bin dagegen.

»Nein, hier lasse ich euch niemals hinunter.«

Malika und Raouf bleiben stur:

»Mama, wir schaffen das ganz bestimmt, so etwas haben wir schon in der Schule gemacht.«

»Kommt überhaupt nicht in Frage, ihr werdet unter den gegebenen Umständen nichts dergleichen versuchen.«

Ich gehe in ein anderes Zimmer, blicke durch Öffnungen in der Mauer auf den Himmel, streune überall herum und entdecke plötzlich in der Wand eines dachlosen Raums einen großen Stein. Ich gehe hin, entferne ihn vorsichtig, nicht ohne auf unsere speziellen Freunde, die Skorpione und Schlangen, zu achten, und linse mit einem Auge durch das Loch. Auf der anderen Seite sehe ich einen weiteren Saal und eine notdürftig mit Lehmziegeln getarnte Tür. Es ist der Ausgang des Palastes – ich habe unseren Fluchtweg gefunden! Sofort rufe ich die Kinder zu mir:

»Kommt und schaut! Wir müssen jetzt nur noch herausfinden, wie wir zu dieser Tür gelangen ...«

Wir durchstreifen die Ruinen und stehen irgendwann tatsächlich vor der ersehnten Tür. Ich habe eine Wasserflasche dabei und befeuchte die Lehmziegel, um sie weich zu machen. Wir beschließen, früh am nächsten Morgen wiederzukommen, um den Vorgang zu wiederholen. Erst am Abend kommen wir dazu, genauer über unsere Flucht in die Freiheit nachzudenken.

Nachdem wir die Spuren unseres kleinen Ausflugs so gut wie möglich verwischt haben, gehen wir ins Bett. In dieser Nacht haben wir sicherlich alle schön geträumt. Dieses unverhoffte Tor zur Freiheit eröffnete uns den Ausblick auf ein neues Leben.

Am nächsten Morgen kommen wie gewöhnlich die Wachen. Sie bringen uns unsere tägliche Wasserration, schaffen den Abfall weg und gehen wieder. Für die Rückkehr in die Ruinen ziehe ich mich bequem an: Schlafanzughosen und eine Jacke aus orangefarbenem Kaschmir, die der König einmal meinem Mann geschenkt hat. Ich fülle einen Kanister mit Wasser, um den Lehm erneut zu befeuchten. Genau in diesem Moment geht die Tür zu unserem Gefängnis auf. Zwei *Moukhaznis* kommen auf mich zu:

»*Hadja,* wir wollen mit dir sprechen!«

Sie nennen mich *Hadja,* so werden die Frauen genannt, die bereits einmal nach Mekka gepilgert sind. Abgesehen von dieser höflichen Anrede ist ihr Ton ziemlich schroff.

»Ihr werdet jetzt all eure Sachen auf die eine Seite und die Sachen des Staates auf die andere legen.«

»Sachen des Staates? Aber vom Staat haben wir hier nichts, zwei schimmlige Matratzen und ein paar Töpfe ... Den ganzen Rest habe ich selbst gekauft!«

»Los, legt eure Sachen auf die Seite ...«

In dem Moment wird mir klar, dass wir Tamataghrt verlassen werden. Sie verlegen uns genau an dem Tag, an dem wir einen Fluchtweg gefunden haben! All unsere Hoffnung ist dahin. Das Schicksal spielt uns wieder einmal übel mit.

Wir fangen an zu packen und uns anzuziehen. Gegen 14 Uhr taucht ein Oberst vor dem Haus auf. Er schickt zwei Schergen, um mir seine Anordnungen zu übermitteln:

»Sie kommen als Erste heraus, Sie mit Ihrem Jüngsten. Dann Raouf, dann Malika mit den beiden Kleinen. Zum Schluss Myriam mit Halima und Achoura.«

Die Kinder haben Angst, von mir und ihrem Brüderchen, unser aller Sonnenschein, getrennt zu werden. Sie beginnen zu protestieren und drängen mich, dem Befehl nicht zu folgen:

»Geh nicht allein. Wer weiß, wohin sie dich bringen. Die wollen dich von uns trennen. Wir wollen dich nicht gehen lassen.«

Bekleidet mit meiner Dschellaba, einem Kopftuch vor dem Gesicht und einer Sonnenbrille auf der Nase, stehe ich da und versuche, den letzten Rest Würde zusammenzukratzen, der noch in mir ist. Raouf geht hinaus, um mit dem Oberst zu verhandeln:

»Ich werde mich nicht von meiner Mutter trennen. Ich werde sie begleiten, wo immer sie auch hingeht.«

Der Offizier ist ein höflicher und wohlerzogener Mann. Er versichert uns:

»Ich verspreche Ihnen, man wird Sie nicht voneinander trennen. Sie werden nur eine Reise machen, etwas näher an die Hauptstadt heran. Vielleicht werden Sie sogar freigelassen.«

Ich glaube nicht recht an diese Möglichkeit, aber ich gehe mit Raouf und dem kleinen Abdellatif hinaus. Wir passieren die äußeren Palastmauern durch zwei riesige Portalvorbauten hindurch, die durch einen weiteren Raum voller Steinpodeste verbunden sind. Hier schliefen früher el Glaouis Sklaven. Als wir draußen ankommen, bleibe ich wie vom Schlag getroffen stehen. Zwei Reihen Polizisten erwarten uns mit Maschinengewehren. Vor mir steht ein grüner Lieferwagen, dessen Fenster mit Teer geschwärzt sind. Ich höre, wie hinter mir ein Befehl ertönt:

»Einsteigen!«

Sie lassen mich mit dem Kleinen Platz nehmen, Raouf setzt sich ebenfalls. Beide werden wir von je zwei *Moukhaznis* flankiert, zwei weitere sitzen im Fahrerhaus. Abdellatif zwischen den Knien, bin ich zwischen zwei Wachen eingeklemmt, Raouf sitzt etwas weiter weg. Die Schiebetür schließt sich, wir sitzen im Dunkeln.

Wenn sich irgendetwas Gravierendes ankündigt, wissen sie genau, wie sie uns psychologisch am besten darauf vorbereiten. Meine Töchter in Begleitung von Halima und Achoura folgen im zweiten Lieferwagen. Wieder sind wir unterwegs ... Dreißig Kilometer bis Ouarzazate und dann einhundertvierzig Kilometer eine Kurve nach der anderen. Der Wagen schaukelt und schwankt hin und her. Ich kenne diese verschlungene Straße. Sie führt nach Marrakesch.

Der Wächter mir gegenüber hat unglaubliche Mengen von Tomaten und Zwiebeln gegessen, die er jetzt wieder von sich gibt. Ich habe nichts gegessen, deshalb habe ich in dieser Hinsicht keine Probleme, aber ich muss aufs Klo. Zum Glück habe ich in weiser Voraussicht den Milchtopf wieder mitgenommen. Meine Söhne halten mein Kopftuch vor mich, und ich bitte die *Moukhaznis,* sich wegzudrehen. Anfangs wollen sie nicht recht, schließlich sind sie ja da, um ein Auge auf uns zu haben. Doch irgendwann begreifen sie, wie lächerlich die Situation ist. Außerdem haben sie anderes zu tun, als sich um ihre Gefangenen zu kümmern: Ihnen ist hundeelend. Die ganze Fahrt über stinkt es nach Erbrochenem, es ist entsetzlich.

Gegen acht Uhr abends kommen wir nach fast sechs Stunden Fahrt in Marrakesch an. Es ist der 26. Februar 1977, der Tag vor dem Thronfest, aber auch der Vortag von Abdellatifs Geburtstag. Als wir in unserem rollenden Gefängnis durch ein Dorf vor den Toren der Stadt kommen, spähen wir durch einen schmalen Schlitz in der Teerschicht und erkennen bunte Fahnen und Menschen, die auf der Straße tanzen, sowie Fantasia-Reiterspiele ... Ich verschlinge das farbenfrohe Schauspiel auf der Bühne des Lebens mit Blicken.

Es folgen weitere Stunden Fahrt, dann wechseln wir das Fahrzeug. Auf den schlechten Wegstrecken, die durch den winterlichen Regen noch dazu unter Wasser stehen, kommen unsere Lieferwagen nicht mehr voran. Unsere Wächter verbinden uns die Augen, bevor wir in Jeeps umsteigen.

Gegen zwei Uhr morgens schließlich erreichen wir einen unbekannten Ort. Sie nehmen uns die Augenbinden ab.

Grelles Scheinwerferlicht blendet uns. Diesmal haben sie uns in ein echtes Gefängnis gebracht. Mir wird klar, dass wir nicht so bald freikommen werden. Sie hätten sich nicht solche Mühe gegeben, wenn sie uns am nächsten Tag ziehen lassen wollten.

Erst viel später erfuhren wir, dass wir in Bir-Jdib waren, rund vierzig Kilometer von Casablanca entfernt, in einem ehemaligen Kolonialhaus, das in eine Strafanstalt mit kahlen Wänden und gepanzerten Türen umfunktioniert worden war. Sogar die große Terrasse war mit einer hohen Mauer umgeben. Durch eine von Gitterstäben und Drahtzaun bewehrte Luke drang nur schwaches Licht. Vor dem Gebäude lag ein kleiner Hof, den wir aber zunächst nicht betreten durften. Alles war düster, trist und feucht.

Schon am ersten Abend wurden wir voneinander getrennt. Meine Töchter – Malika, Myriam, Maria und Soukaïna – kamen in drei nebeneinander liegende Zellen, die durch eine einzige Panzertür erreichbar waren. Halima und Achoura wurden zusammen in eine gesteckt, Raouf blieb allein, und ich kam mit Abdellatif zusammen in die letzte.

Nachts wurden wir eingeschlossen und saßen dann vollkommen isoliert in vier auf vier Meter großen Zellen mit halb verfallenen feuchten Wänden, ohne Fenster, nur mit einer kleinen Dachluke, durch die grünliches Licht schimmerte. Bislang hatten wir alles gemeinsam und einträchtig durchgestanden, und diese Trennung war ein harter Schlag für uns. Sie hatten genau erfasst, wie sie uns am besten mürbe machen konnten. Jeden Tag errichteten sie eine neue Mauer, jeden Tag stopften sie ein weiteres Loch, das noch ein wenig Licht durchgelassen hatte. Jeden Tag wurde unser Gefängnis finsterer und bedrückender, und jeden Tag entfernten wir uns ein Stück weiter von der Welt und dem Leben.

Zehn Jahre verbrachten wir in diesem Kerker. Zehn Jahre, in denen unsere Haftbedingungen immer unerträglicher wurden. Zehn Jahre, in denen wir uns unaufhaltsam immer mehr dem Reich der Toten näherten.

Bis zum Spätsommer 1977 war unser Leben noch relativ erträglich gewesen. Ich hatte sogar heimlich mein Radio retten können. Am 1. September erfuhr ich auf diese Weise, dass Prinzessin Lalla Nezha, die Schwester des Königs, bei einem Unfall ums Leben gekommen war. Diese tragische Meldung traf mich tief. Ich dachte viel an ihre Mutter und welchen Schmerz sie zu erleiden hatte. Weil ich nicht aufhören konnte zu weinen, merkten die Wachen irgendwann, dass wir einen Radioapparat versteckt hatten. Am 26. September führten sie zum ersten Mal eine richtige Razzia durch und konfiszierten das Radio und die Stereoanlage. In ihrer Rage nahmen sie außerdem unsere letzten Zeitschriften, Zeichnungen der Kinder und persönliche Fotos mit und verbrannten alles im Hof. Anschließend musste ich mit Halima und Achoura meine Kleidung tauschen; damit glaubten sie mich noch zusätzlich zu demütigen.

Oberst Ben Aïch, der uns nach wie vor mit Rachlust und Hass verfolgte, hatte diese beiden mutigen Frauen, die für uns kochten, wissen lassen:

»Sie können alles essen und denen nichts übrig lassen, Sie können sie verhungern lassen, niemand wird Ihnen deswegen Vorwürfe machen. Sie können ihnen sonst was ins Essen tun, Sie haben die Erlaubnis dazu.«

Die beiden weigerten sich einmütig, sich als Folterknechte einspannen zu lassen:

»Nein, nein, für so etwas müssen Sie sich schon jemand anderen suchen. Wir werden so was nie tun. Eher werden wir hungern, als dass sie nichts zu essen bekommen.«

Sechs Monate lang konnten wir uns dank dieser bewundernswerten und treuen Frauen einigermaßen anständig ernähren. Unser größtes Glück war es, dass wir uns tagsüber zusammen auf der eingemauerten Veranda aufhalten durften.

Bald darauf ließen General Alaoui und Oberst Ben Aïch den Kommandeur der *Moukhaznis* zu sich rufen, um ihm einen kategorischen Befehl zu geben, den er wortwörtlich an mich weitergab:

»Diese Leute sollen nicht sterben, aber sie sollen langsam zugrunde gehen.«

Als wir 1972 nach Assa kamen, standen für unsere Versorgung zehn Dirham pro Tag und Person zur Verfügung, also 2700 Dirham im Monat für uns alle neun, das waren damals etwas weniger als 2000 Francs. Ab 1974 bis Ende 1977 fiel die Summe auf 1500 Dirham im Monat, wobei der Differenzbetrag direkt in Alaouis Taschen wanderte, der noch nicht einmal von solchen Pfennigbeträgen die Finger lassen konnte. In Bir-Jdib mussten wir mit 700 Dirham im Monat auskommen. Je mehr Zeit verstrich, desto stärker wurde unser ohnehin mageres Versorgungsbudget beschnitten. Der Hunger wurde zu unserem ständigen Begleiter.

Tagsüber aßen wir nichts. Es war so wenig zu essen da, dass wir unseren mageren Vorrat für eine einzige Mahlzeit am Abend aufsparten, um wenigstens die Illusion zu haben, uns den Magen vollzuschlagen. Wenn man den ganzen Tag nichts zu sich nimmt, ist der Magen schon von geringen Mengen so voll, dass man das Gefühl hat, er würde platzen; schon ein Glas Wasser bläht ihn auf. Auf diese Weise haben wir uns sieben Jahre lang ernährt, von 1980 bis 1987. Das Fasten erlegten wir uns aus taktischen und pragmatischen Gründen auf, nicht aus religiösen Motiven. Ich glaube, Gott hätte das nie akzeptiert. Wir mussten Gott um nichts bitten, auch nicht um Vergebung. Andere, die wahren Verbrecher, hatten es viel nötiger als wir, ihren Frieden mit dem Himmel zu machen.

Wir bekamen also gerade so viel, dass wir nicht den Hungertod starben, und das war nicht nur körperlich, sondern auch psychisch sehr schwer zu ertragen. Dieser unablässige Entzug machte uns mit der Zeit zu Tieren. Wir dachten nur noch ans Essen, träumten von liebevoll zubereiteten kleinen Leckerbissen und redeten von nichts anderem als vom Kochen. Wenn man Hunger hat, denkt man ständig an fettes, sättigendes Essen. Und träumt mit offenen Augen.

Anfangs aßen wir noch anständig und versuchten, das Wenige, was wir hatten, zu genießen. Später gewann die Natur die Oberhand, und wir schlangen alles auf einmal hinunter, um einen dicken Batzen im Magen zu haben, der uns für kurze Zeit ein Gefühl der Sättigung vermittelte. Aber das war nur ein subjektiver Eindruck; selbst wenn man alles auf einmal isst, arbeitet die Verdauung vielleicht langsamer, aber nach ein paar Stunden ist das Gefühl der Leere wieder da.

Nahrungsentzug und Leseverbot zehrten mich körperlich wie geistig immer mehr aus, und dieses Gefühl brachte mich an den Rand der Verzweiflung. Ich hatte Angst vor dem psychischen und intellektuellen Verfall. Mit dem Hunger schwinden Vorstellungskraft und geistige Fähigkeiten. Dem Hunger zum Trotz versuchte ich, meine Würde zu wahren, eine Übung, zu der ich mich über Jahre hinweg zwang, bis sie mir irgendwann in Fleisch und Blut überging. Ich erzählte den Kindern, dass viele Menschen, die etwas Großes in ihrem Leben geleistet hätten, gehungert hätten: Die meisten Propheten und großen Weisen aßen nicht viel.

Mehr als alles andere fürchteten wir, eines Tages so abgezehrt zu sein, dass wir auf den Knien rutschend Brotkrumen suchten und an nichts anderes mehr dachten als ans Essen. Sicherlich dachten wir auch so schon an nichts anderes mehr, aber immerhin ertrugen wir unser Schicksal noch mit reichlich Humor. Wir lachten immer. Wenn wir erfuhren, dass jemand gestorben war, sagten wir:

»Die Glücklichen! Jetzt können sie auf die Beerdigung gehen, da gibt es Hühnchen und Couscous …«

Wir zogen alles ins Lächerliche, um der Realität nicht ins Auge blicken zu müssen. Oft sprachen wir auch davon, was wir alles tun würden, sobald wir frei wären. Die Kinder hatten große Pläne:

»Wir werden einen Kühlschrank besitzen, der so voll ist, dass wir die Tür mit dem Fuß zustoßen müssen, damit sie geschlossen bleibt!«

Ich als Erwachsene mit der größten Lebenserfahrung erwiderte dann immer:

»Genau das wird nicht passieren. Ihr werdet sehen, dass ihr nach all dem, was ihr erlebt habt, dem Essen keine große Bedeutung mehr beimessen werdet. Es ist nicht das Wichtigste im Leben, es ist auch nicht das, was euch am meisten fehlt; ihr werdet euch nicht in erster Linie an den Hunger erinnern, das verspreche ich euch.«

Sonderlich überzeugt war ich nicht von dem, was ich da von mir gab. Ich hatte im Überfluss gelebt. Sie hatten alles vergessen, und doch träumten sie jetzt ausgehungert vom Kochen …

Am Ende traf dann doch genau das ein, was ich vorhergesagt hatte. Die Kinder essen nichts, haben auf nichts Lust, Essen ist für sie etwas Nebensächliches. Man könnte doch glauben, dass man sich nach all den Entbehrungen wie ein Geier auf alles Essbare stürzt. Nichts dergleichen. Je voller der Tisch ist, desto weniger hat man Lust zu essen.

Manchmal sparten wir ein wenig Öl auf, um uns etwas

Gutes zu tun. Doch immer wenn wir uns solch ein »Festmahl« gönnten, ging es uns schlecht, weil unsere Mägen so viel gar nicht mehr vertrugen. Auch heute vertrage ich Hunger immer noch besser als Völlerei.

Der Kommandeur der *Moukhaznis* war ein kleiner Dicker mit breiten Schultern und Oberarmen, so dick wie meine Oberschenkel, Stiernacken und roten, blutunterlaufenen Augen ... Der Inbegriff eines Henkers. Er hieß Borro, was auf Arabisch so viel wie Lauch bedeutet, dabei glich er viel eher einer Kartoffel als einer Porreestange. Er war für den Einkauf zuständig. Wenn er gut gelaunt war und alles ordentlich erledigen wollte, brachte er uns die Sachen montags. Sonst mussten wir warten, manchmal bis Mittwoch. Für eine Woche oder auch mal zehn Tage brachten sie für uns alle zum Beispiel Brot, ein Kilo Fleisch, zwanzig Eier, ein Kilo Tomaten, ein Kilo Kartoffeln, ein halbes Kilo Reis, ein Kilo Mehl, zwei Packungen Nudeln und zwei kleine Schüsseln Linsen. Alle vierzehn Tage gab es zwei Liter Öl zum Kochen und einen Liter Olivenöl. Manchmal ein wenig Milch, aber nie Butter. Mein jüngster Sohn wusste nicht einmal, was das ist. Die Auswahl an Obst war ebenfalls begrenzt: weder Bananen noch Äpfel, nur Orangen und ein paar Feigen von den Bäumen, die im Hof wuchsen. Sofern sie die *Moukhaznis* nicht schon selbst alle gegessen hatten.

Während der langen Dürreperiode, die von 1979 bis 1983 anhielt, war das Fleisch, das sie uns brachten, nicht mehr als eine Art Schwamm, ein Stück aufgequollenes gelbes Styropor, ein Fetzen Fleisch von einem verendenden Tier, das nur noch aus Haut und Knochen bestanden hatte. Dieses Fleisch stank erbärmlich. Aber wir durften uns nicht beschweren oder sagen, dass es ungenießbar sei. Uns blieb nichts anderes übrig, als zu warten, bis unsere Wächter weit genug entfernt waren, damit Achoura es im Hof vergraben konnte. Wenn sie uns mit Blumenkohl beehrten, war er schimmelig und an allen Ecken und Enden ausgewachsen. Manchmal war die Hälfte der Tomaten verfault. Und die Eier! Sie stanken nach Aas und waren ganz blau, so alt waren sie schon.

»Mama, das macht doch nichts«, sagten eines Tages meine beiden Söhne, »wir machen arme Ritter damit. Du wirst sehen, das stinkt dann gar nicht mehr so.«

Und so machten sie sich ans Werk. Ich weinte mir schier die Augen aus, als ich meine Kinder so sah, wie sie faule Eier verkochten. Am Ende aßen sie das schreckliche Zeug tatsächlich und fanden es gar nicht so übel:

»Das ist gut, wirklich gut, bestimmt, das ist voller Proteine. Die Chinesen lagern ihre Eier jahrelang, bevor sie sie essen.«

Man konnte uns wirklich alles vorsetzen! Aber mit diesen armen Rittern hatten sie zumindest für kurze Zeit ein wenig Spaß. Ich konnte indes nicht aufhören zu schluchzen. Wie grausam und pervers muss man sein, wenn man Kindern so etwas zu essen gibt?

Was die Hygiene angeht, war die Situation nicht viel besser. Zum Duschen gab es nur eiskaltes Wasser. Im Winter war unser Nervenkostüm so angegriffen, dass wir überhaupt nicht mehr aufhörten zu schwitzen. Wenn ich duschte, war mir, nicht zuletzt durch den quälenden Hunger, so kalt, dass ich mit den Zähnen klapperte und mein Körper unkontrolliert zitterte. Halima und Achoura bekamen für die Küche im Monat zwei Gasflaschen, so dass wir ein wenig Wasser erhitzen konnten. Abdellatif füllte das heiße Wasser in eine leere Dosenmilchbüchse, und diese Wärmflasche legte ich mir auf die Brust, um den Zuckungen entgegenzuwirken. Doch bald fing dann das Schwitzen wieder an. Manchmal duschte ich drei- bis viermal am Tag. Und jedes Mal schlotterte ich so dabei. Es war die Hölle. Und das ging uns allen so. Durch dieses nervöse Schwitzen waren wir alle ständig feucht, so dass wir ohne Waschen nicht auskamen. Das war es, was uns noch ein wenig vom Tier unterschied, was uns daran hinderte, vollends zu verwildern. Solange wir sauber waren, gehörten wir weiterhin zur Gattung Mensch. Wir hatten Hunger, wir waren einsam und krank, wir hatten allen Grund, uns gehen zu lassen. Aber wir wollten unsere Würde wahren. Und wir haben sie gewahrt, trotz allem.

Wir hatten nichts mehr. Nur ein wenig fauliges Essen. Keine Bücher, keine Medikamente. Wenn wir krank wurden, mussten wir uns irgendwie behelfen. Sogar Myriam, die Epileptikerin war, bekam keine Medizin mehr. Bis dahin hatte sie am Tag zwölf Tabletten eingenommen, die ihr mein Vater über das Innenministerium hatte zukommen lassen. Von einem Tag auf den anderen wurde ihr alles weggenommen. Das werde ich ihnen nie verzeihen. Sie haben es gewagt, sich an einer Kranken zu vergreifen, an einem Kind, das sich nicht wehren und nicht das Geringste tun konnte, das noch nicht einmal wusste, warum es da war und all das erdulden musste. Es war uns gelungen, heimlich ein paar Fläschchen Mogadon zurückzuhalten, das wir ihr bei besonders schweren Anfällen verabreichten. Zu allem Überfluss litt sie fünf Jahre lang an Hämorrhoiden. Morgens in aller Frühe wachte sie vor Schmerzen auf und hörte den ganzen Tag nicht mehr auf zu weinen. Jeden Morgen brachten wir einen Plastikeimer voller Blut hinaus, aber unsere Wächter schien das überhaupt nicht zu kümmern. Ich flehte sie an, eine Salbe zu besorgen – vergeblich. Dann versuchte ich, dem Mädchen mit Olivenöl zu helfen, aber dieses behelfsmäßige Heilmittel verursachte ihr solche Qualen, dass ich wieder damit aufhören musste.

Auch Malika vegetierte dahin, ohne dass ich etwas unternehmen konnte. Sie war entstellt durch ein Hungerödem, hatte kaum mehr Haare auf dem Kopf, die Zähne taten ihr weh, außerdem litt sie an einer Bauchfellentzündung, die sie schließlich unfruchtbar machen sollte. Dabei war sie so ein umwerfend schönes Mädchen, dass es mich sogar unter diesen Bedingungen immer wieder in Erstaunen versetzte.

Meine Kinder verfielen immer mehr, weil sie an Krankheiten litten, die wir unter den gegebenen Umständen weder erkennen noch heilen konnten. Soukaïna hatte zwanzig Tage lang ununterbrochen Fieber. Maria wurde blutarm und litt an Hepatitis. Raouf bekam einen Abszess im Unterleib und nicht enden wollenden Durchfall. Er musste morgens fünfzehnmal auf die Toilette und abends wieder. Nach drei Wochen riet ihm Halima, sich den After innen mit Seife zu bestreichen. Die Folge war eine Katastrophe: Sein Abszess platzte auf. Vier Tage lang blutete er aus allen Öffnungen. Ich dachte, er würde sterben. Das einzige Mittel, das ich von einem *Moukhazni* für ihn bekommen konnte, war ein Sulfonamid. Leider wusste ich nicht, dass das bei dieser Krankheit viel mehr Schaden anrichtete als half, so dass sich sein Zustand noch weiter verschlechterte. Wir bekamen nicht einmal mehr Aspirin. Zudem litten wir alle an Zahnabszessen, die uns monatelang quälten. Heute trage ich eine Prothese, weil ich einen Teil meines Gaumens eingebüßt habe – aufgrund eines Abszesses, den ich sechs Jahre lang jeden Morgen aufgestochen und geleert habe.

Dass ich selbst leiden und meine besten Jahre hinter Gefängnismauern verbringen musste, ist eine Sache. Viel schlimmer noch aber war es für mich, meine Kinder verkümmern zu sehen, Kinder, die nichts anderes verbrochen hatten, als den Namen Oufkir zu tragen. Das sind Dinge, die ich weder verzeihen noch vergessen kann. Die Kleinen,

Maria und Soukaïna, haben ihre ganze Unbeschwertheit und alle Zuversicht für immer verloren. Sie wurden sämtlicher Illusionen beraubt. Für Myriam mit ihrer Epilepsie war alles noch viel schlimmer.

Und doch haben wir durchgehalten. Es war beschlossen worden, uns den übelsten Torturen auszusetzen, und wir wussten das. Wir wollten ihnen die Stirn bieten und ihnen beweisen, dass wir stärker waren, als sie dachten. Dass wir uns nicht unterkriegen lassen würden. Und das hat uns das Leben gerettet.

Erst kürzlich berichtete Jacques Chancel in seinem Buch *L'Or et le rien** (wörtlich: »Das Gold und das Nichts«), wie er unseren Fall bei Hassan II. zur Sprache gebracht und dieser ihm geantwortet hatte:

»Diese Angelegenheit interessiert mich nicht mehr, aber ich habe angeordnet, dass man sie am Leben lässt.«

Ein Freibrief für unsere Wächter: Sie durften alles mit uns machen. Solange sie uns nicht umbrachten.

Natürlich haben wir Momente schlimmster Verzweiflung erlebt. Ein Tag war so unerträglich wie der andere, und die Zukunft war kaum mehr als eine Fata Morgana. Im Alter von zehn Jahren wollte Abdellatif nicht mehr länger auf dieser Welt leben, von der er nichts kannte. Am 23. November schluckte er acht Mogadon-Tabletten. Wenn wir nichts unternahmen, würde er unweigerlich sterben. Halima hatte schließlich den rettenden Gedanken:

»Wir haben doch noch Henna, davon müssen wir ihm etwas geben, dann erbricht er sich und überlebt …«

Ich nahm ein paar Blätter und bereitete einen Sud zu, den ich ihm mit Hilfe eines provisorisch gebastelten Trichters

* Editions Plon.

einflößte. Und tatsächlich gab mein Sohn alles von sich, was er im Magen hatte. Allerdings wachte er erst achtundvierzig Stunden später wieder auf. Wir konnten noch so an unsere Türen trommeln und nach den Wachen rufen. Unsere angstvollen Hilferufe verhallten in der Stille.

Ich saß an der Seite meines Sohnes, der, zwischen Leben und Tod schwebend, auf einem schmutzigen Strohsack lag, und fragte mich, ob wir überhaupt überleben würden. Ich betrachtete diesen kleinen Jungen, der seinem kurzen Leben ein Ende hatte bereiten wollen, betrachtete diese dreckige Zelle mit ihren feuchten Wänden und dachte an die Juden in den Todeslagern.

Die Grenze des Erträglichen war noch immer nicht erreicht, aber das wusste ich damals noch nicht. In all unserem Unglück blieb uns immerhin der Trost, dass wir die Tage gemeinsam verbringen durften. Doch nach Abdellatifs Selbstmordversuch hielten sie es für angebracht, uns für den Radau zu bestrafen, den wir mit unseren Hilferufen veranstaltet hatten.

Von diesem Zeitpunkt an wurden wir auch tagsüber getrennt gehalten. Sie zogen überall Mauern hoch, die die einzelnen Zellen noch hermetischer abschlossen. Malika, Myriam, Maria und Soukaïna durften zusammenbleiben. Falls sie zu aufmüpfig wären, würde man sie getrennt einsperren, aber solange sie sich ruhig verhielten, durften sie beieinander bleiben. Nur Halima und Achoura konnten sich frei zwischen den Zellen bewegen, um zur Essenszeit die Teller vor den Türen abzustellen.

In schweren Zeiten oder brenzligen Situationen entdeckt man oft unerwarteten Mut in sich, glaube ich. Wenn es ums Überleben geht, mobilisiert man ungeahnte Kräfte und entwickelt erstaunliche Ideen. Wer unsere Situation von außen betrachtet, kann vielleicht überhaupt nicht nachvollziehen, warum wir uns nicht alle den Tod gewünscht haben. Wir klammerten uns verzweifelt ans Leben und dachten uns tausend kleine Tricks aus, um Gefangenschaft und Isolierung zu ertragen.

Wenn eines meiner Kinder aus seiner Zelle durfte und an meiner vorbeikam, schüttete ich ein wenig Wasser auf den Boden unter der Tür, so dass wir uns im Spiegel der Lache verschwommen sehen konnten. Was ich sah, machte mir allerdings zunehmend Angst: Sie wurden immer dünner. Vor allem Raouf war schrecklich abgemagert.

An dem Tag, als wir angekommen waren, hatte ich ein Stück von einem Wasserschlauch im Hof gefunden. Ohne zu wissen, wofür ich es brauchen könnte, hatte ich es damals mitgenommen. Jetzt erwies sich dieser Fund als wahrer Segen: Ich schnitt den Schlauch in ein Meter fünfzig bis zwei Meter lange Teile. Durch Mauerritzen gesteckt, dienten sie uns als »Telefon«!

Später perfektionierten wir die Anlage. Die Wachen hatten mir die Stereoanlage abgenommen, aber die Boxen waren ihrer Aufmerksamkeit entgangen. Bislang hatten sie mir, mit je einem alten Lappen »geschmückt«, als Nachtkästchen gedient. Es war Raoufs Idee, unser Kommunikationssystem mit Hilfe ihres Innenlebens zu verbessern. Jede Box enthielt mehrere Lautsprecher; wir mussten jetzt versuchen, je einen davon in jede Zelle zu schmuggeln und sie dann untereinander mit einem Kabel zu verbinden, das direkt an die Schalter angeschlossen wurde.

Raouf bat mich, die Boxen zu öffnen, und ich verbrachte einen ganzen Tag damit, sie zu zerlegen. Zwischen Kabeln und Teilen wühlend, suchte ich die für uns wichtigen Teile heraus. Dann mussten diese Dinge auf die anderen Zellen verteilt werden. Ich versteckte sie auf einem Teller

Zimt-Couscous, den Halima von einer Zelle zur anderen brachte. Als Leiter verwendeten wir zunächst Sprungfedern von unseren Bettrosten, die wir vorsichtig abmontierten und durch die Mauerritzen schoben. Doch diese Lösung war auf Dauer nicht befriedigend, weil erstens der Schall nur unzureichend weitergeleitet wurde und das Ganze außerdem schlecht zu verstecken war, wenn die Wachen die Zellen durchsuchten.

Zufällig entdeckte ich, wie wir die Technik verbessern konnten. Abdellatif war ganz verrückt nach einem Mercedes-Lastwagen, den er durch ein Loch beobachtete, das wir in die Wand gebohrt hatten. Er bildete das Fahrzeug auf verschiedenste Art und Weise nach, mit Bindfaden, Papier und Karton; die einzelnen Teile seines Modells klebte er mit einem Gemisch aus Mehl und Wasser zusammen. Eines Tages sah ich ihn vor einem Koffer sitzen und mit einer Schere das Innenfutter aus beigefarbenem Satin herausschneiden. Und da bemerkte ich, wie eine kleine Feder heraussprang. In dem Wulst am Rand des Koffers befanden sich eine ganze Reihe feiner und eng gewickelter Federn. Ich schlachtete all meine Koffer aus, und die Federn dienten uns von da an als elektrische Leiter, die nicht auffielen und doch hervorragend ihren Dienst taten.

Die Lautsprecher fungierten als Mikrofone, und mit dieser archaischen Methode konnten wir uns unterhalten. Dank unserer Installation hatten wir auch die Möglichkeit, alle zusammen dem Transistorradio zu lauschen, das sich in Raoufs Zelle befand. Ein Armband mit einer Namensplakette von Oufkir hatte uns zu einem neuen Radio verholfen. Ich hatte das Goldkettchen von der Plakette gelöst und einem der Wächter gegeben mit der Bitte, uns einen Apparat zu kaufen, der *Radio France Internationale* empfangen konnte. Er war so nett gewesen, uns tatsächlich ein ganz passables Gerät zu besorgen. Alle zwei Monate versorgte er uns mit neuen Batterien, und so konnten wir französisches Radio hören. Diese Ablenkung half uns jahrelang, den Mut nicht sinken zu lassen.

Mit der Zeit nagte die Feuchtigkeit an den Lautsprechern, und sie wurden von Jahr zu Jahr schlechter. Zum Glück waren insgesamt acht davon in den Boxen, so dass wir sie eine Zeit lang ersetzen konnten. Danach rieben wir sie mit Streichholzschachteln ab, um sie trocken zu bekommen, oder wir demontierten sie und entfernten ein paar Membranen. Und es ging. In der Not geht alles. Irgendwie kommt man zurecht.

Wir hörten viel Radio, doch noch begieriger lauschten wir Malika, die uns über unser improvisiertes Haustelefon selbst erdachte Geschichten erzählte.

»In einem verschneiten Dorf im Russland des 19. Jahrhunderts wird eine junge Bäuerin von einem jungen Prinzen vergewaltigt. Daraufhin bekommt sie zwei Töchter, eine blonde und eine brünette. Die Jahre ziehen ins Land. Der edle Herr ist allein und ein wenig vom Pech verfolgt. Er hat seine Eltern verloren und wurde von seinen Großeltern aufgezogen. Da entdeckt er, dass er Vater zweier Töchter ist. Er möchte die Frau heiraten, die er damals vergewaltigt hat, aber sie weigert sich und brennt mit einem General durch …«

Die Geschichte entwickelte sich über viele Nächte hinweg; immer mehr Figuren wurden eingeführt, und es kam zu immer neuen dramatischen Wendungen. Wir hingen alle wie gebannt an Malikas Lippen, fasziniert von ihrem Erzähltalent. Jeder sagte, was er von der letzten Wendung der Geschichte hielt. Sollte der getötet werden? Sollte die heiraten? Oder der und der auf Reisen gehen? Wir bedrängten Malika, die Geschichte nach unseren Vorgaben zu verändern. Am Ende gehörte die Erzählung uns allen, und jene fantastische Scheinwelt ersetzte uns die Wirklichkeit. Das gemeinschaftliche Zuhören vermittelte uns überdies die Illusion, zusammen zu sein. Unterbrochen wurde das Schicksal unserer Figuren nur, wenn Malika unpässlich war. Wenn sie sich nicht wohl fühlte, konnten wir sie durch nichts dazu bewegen, uns in die weite Steppe Russlands zu entführen. Das Mikrofon blieb stumm. Das waren immer Trauertage für uns.

Doch schon bald nahm Malika den Faden wieder auf, und Soukaïna, die Kleinste, schrieb in winziger Schrift alles mit, was sie erzählte.

Um jeden Preis wollten wir unseren gemeinsam erfundenen Roman festhalten. Um alle zwei Monate zwei Kugelschreiber zu bekommen, flehten wir die *Moukhaznis* an und küssten ihnen die Hände. Als Papier benutzten wir die Kartons, in denen wir unser Brot bekamen. Wir tauchten die Pappe in Wasser und rieben sie ab, bis sie fein wie Zigarettenpapier war und wir Blasen an den Fingern hatten. Das war unser »Papyrus«, aus dem wir richtige Heftchen falteten.

Manchmal brach unsere Verbindung unerwartet zusammen. Dann pfiff Raouf, um Malika anzuzeigen, dass sie innehalten sollte und eine eilige Reparatur durchgeführt werden musste. Eines Tages kamen unsere Wächter, um meinen Sohn zu fragen, warum er nachts immer pfeife.

»Weil mich die Mäuse nerven. Wenn ich pfeife, hauen sie ab«, erwiderte er, ohne mit der Wimper zu zucken.

So vergingen acht Jahre. Am Ende hatten wir einen ganzen Sack voller Papier, eng beschrieben mit Soukaïnas winzigen Buchstaben. Acht lange Jahre, in denen wir uns nicht sehen konnten, in denen unser Leben darin bestand, über eine improvisierte Sprechanlage Geschichten über das zaristische Russland zu erfinden.

Fünf Jahre nach unserer Ankunft in Bir-Jdib, fünf Jahre, die wir ununterbrochen in unseren Zellen verbracht hatten, bekamen wir die Erlaubnis, in einen kleinen Hof hinauszugehen. Allerdings nur getrennt voneinander. Raouf ging morgens von neun bis zehn Uhr als Erster, zwischen zehn und elf waren die Mädchen dran, dann kamen Abdellatif und ich, und zuletzt unsere Leidensgefährtinnen, die den Freigang nutzten, um die Wäsche aufzuhängen und Reisig zum Feueranzünden zu suchen.

Ein Wächter hatte mich gewarnt. Wenn ich in die Sonne hinaustrat, versteckte sich Ben Aïch manchmal hinter einer Ecke, um sich an seinem teuflischen Werk zu erfreuen und mich bleich und gebückt zu sehen.

Aus dem Radio hatten wir am Abend des 25. Januar 1983 vom Tod Ahmed Dlimis erfahren. Offiziell sprach man von einem Unfall. Sein Auto war von einer Explosion zerrissen worden, die laut Zeugen so heftig gewesen war, dass sein Gebiss baumhoch in die Luft geschleudert wurde. François Mitterrand sollte am nächsten Tag auf Staatsbesuch nach Marokko kommen. Am Protokoll wurde nichts geändert, als ob tags zuvor eine Ratte krepiert sei. Ein paar beschwichtigende Worte vom König über seinen »getreuen Minister«, die übliche scheinheilige Zeremonie mit dem Erbprinzen bei der Beerdigung, und dann wurde nicht mehr davon gesprochen. Die Feierlichkeiten anlässlich der Visite des französischen Staatspräsidenten fanden wie geplant in Marrakesch statt. Mit allem Pomp und Glitter!

Diesmal machten sie nicht wieder den gleichen Fehler wie bei uns damals. Dlimis Leichnam wurde der Familie in einem verplombten Sarg zugestellt, so dass ihn niemand mehr sehen konnte. Und aus Furcht, dass ihr ein ähnliches Schicksal drohen könnte wie uns, verhielt sich die Witwe mucksmäuschenstill.

Wir empfanden Dlimis Tod als Katastrophe. Er stürzte uns in noch tiefere Mutlosigkeit. Das tödliche Dominospiel ging weiter, nichts deutete darauf hin, dass das Regime schwächer wurde oder der König seine Haltung änderte. Ich empfand keinerlei Sympathie für Dlimi, er war einer von Oufkirs Mördern. Er war ein undankbarer Ehrgeizling, der auf dem Weg nach oben den Boden unter den Füßen verloren hatte. Doch in der Zeit, als er für unsere Gefangenschaft zuständig war, hatten wir wenigstens erträgliche Bedingungen und mussten nicht hungern.

Wenn es möglich war, jemanden zu liquidieren, der auf dem Höhepunkt seines Ruhms stand, eine persönliche Leibgarde und eigene Helikopter besaß, wenn man so jemanden einfach in die Luft jagen konnte, ohne dass auch nur ein Wort des Protests laut wurde, dann bestand für uns, die wir von der Welt vergessen waren, wirklich kaum noch Hoffnung.

IX

Flucht aus Verzweiflung

In Frankreich wechselten die Präsidenten, doch für uns änderte sich nichts. Pompidou, Giscard d'Estaing, Mitterrand ... Giscard stand Hassan II. sehr nahe, das wussten wir, und in ihn hatte ich große Hoffnungen gesetzt. Lange Zeit, auch noch nach unserer Befreiung, war ich der Meinung, er hätte nichts für uns getan, was ich ihm sehr verübelte. Ich verstand nicht, wie dieser Mann, der sich als Freund des Königs von Marokko bezeichnete, zu unserem Fall schweigen konnte und warum er nicht im Namen der Menschenrechte Protest eingelegt hat. Kürzlich jedoch erzählte der ehemalige Staatschef in einem Interview, dass er den Scherifenkönig zweimal auf unser Schicksal angesprochen habe. Beim ersten Mal sei der König ausgewichen, beim zweiten Mal sei er wütend geworden. Von Mitterrand wusste ich, dass er die Interessen Frankreichs gern über humanitäre Angelegenheiten stellte. Wir hatten keinen vernünftigen Tauschwert, wir hatten kein Öl und keine Lobby. Seine Frau dagegen setzte sich sehr wohl für uns ein. Unseretwegen und wegen des Westsahara-Konflikts hat sie sich mit Hassan II. immer wieder angelegt. Allerdings ohne dass für uns etwas Konkretes dabei herausgekommen wäre.

Das Jahr 1986 brachte ein wenig Hoffnung für uns. Es war das 25. Jubiläum von Hassans Thronbesteigung. Zu dieser

Gelegenheit musste er einfach ein wenig Milde walten lassen, politische Gefangene freilassen und sich an uns erinnern, die Vergessenen in den »Gärten des Königs«. Dessen war ich mir absolut sicher.

Unsere Gefangenschaft währte bereits über vierzehn Jahre. Vierzehn Jahre lang hatten wir immer wieder dieselben Fragen gestellt. Warum waren wir überhaupt in diesem Gefängnis? Was hatten wir verbrochen? Warum hatte man uns vergessen? Warum ließ man uns so leiden?

Nach all diesen Jahren war ich mit meiner Kraft am Ende. Aber was konnte ich tun? Sollte ich ihnen Oufkirs Uniform geben? Wenn das alles war, was sie wollten, bitte. Inzwischen war ich bereit, sie ihnen zu überlassen. Aber was hatte das nach vierzehn Jahren noch für eine Bedeutung? Sollte ich weiterhin all dieses Leid ertragen für eine vermoderte Uniform? Ich wusste nicht, dass das Beweisstück ohnehin seit Jahren verschwunden war.

Die Kinder schlugen vor, ich solle an die Barmherzigkeit Hassans II. appellieren und ein wenig mehr Nahrungsmittel erbitten, weil sie Hunger litten.

»Nein, ich werde ihn um nichts anflehen«, erwiderte ich stets. »Wenn ich wüsste, dass es tatsächlich einen Sinn hätte, würde ich auf Knien rutschen, bis sie bluten, um für euch zu bitten. Für mich würde ich nichts erbitten, da würde ich lieber verhungern. Aber ich weiß, dass mein Flehen auch für euch sinnlos wäre. Ich würde ihnen damit nur das Vergnügen machen, dass sie mich erniedrigt sehen. Also werde ich es nicht tun.«

Mit zunehmendem Alter begannen die Kinder auch nach objektiven Ursachen für ihre Qualen zu suchen.

»Du bist selbst ein wenig schuld daran«, sagten sie, »du hast dich nicht beugen wollen, du musst irgendwas zum König gesagt haben, das ihn beleidigt hat ...«

Und sie fragten mich aus, immer auf der Suche nach einer Erklärung für ihre Situation.

»Mama, sag doch, was mit Hassan II. gewesen ist. Was war da zwischen dir und ihm? Was hast du zu ihm gesagt? Was hast du ihm getan?«

Diese Fragen trieben mich jeden Tag ein Stück mehr in die Isolation. Es schockierte und kränkte mich, dass meine eigenen Kinder an mir zweifelten und dachten, ich hätte einen Fehler begangen, der unser Schicksal rechtfertigen würde.

Sicher hatte ich früher nie mit meinen Gedanken hinter dem Berg gehalten, auch vor dem König nicht, aber ich konnte einfach nicht glauben, dass das für vierzehn Jahre Kerkerhaft ausreichen sollte. Ich hatte nichts Schreckliches gesagt, ich hatte nichts getan, ich war an nichts beteiligt gewesen, ich hatte nicht einmal die Offiziere gekannt, die den Putsch versucht hatten, und mein Mann hatte mich nie eingeweiht.

Ich konnte nichts anderes tun als die Kinder beruhigen: Ganz sicher käme mit dem 25. Jubiläum von Hassans Regentschaft das Ende unserer Leidenszeit. Auch wenn der König grausam war und besonders hart mit uns sein wollte, konnte er uns unmöglich über dieses symbolische Datum hinaus festhalten.

Und wirklich wurden im März unsere Haftbedingungen leicht gelockert. Endlich durften wir tagsüber wieder zusammen sein und bekamen sogar die Erlaubnis, zwei Stunden täglich auf dem kleinen Hof gemeinsam spazieren zu gehen.

Acht Jahre hatten wir uns nicht gesehen. Dank unserer behelfsmäßigen »Telefon«-Anlage hatten wir uns zwar regelmäßig hören können, aber sehen konnten wir uns in all der Zeit nie. Ich hätte meine Töchter fast nicht wieder erkannt. Von Kindern hatte ich mich verabschiedet, und jetzt standen mir Frauen gegenüber, die vollkommen verändert waren. Ein heikles Wiedersehen. Wir hatten uns das Verhalten von Sträflingen angewöhnt. Das Alleinsein war uns zur Gewohnheit geworden, stundenlang lagen wir in unseren Lumpen regungslos auf unseren Strohsäcken, die Augen zur Decke gerichtet. Unsere Gesichter hatten sich zu maskenhaften Grimassen verzerrt, so angespannt waren unsere Nerven. Dennoch versuchten wir, uns gegenseitig zu beruhigen:

»Nein, mir geht's gut … Mach dir keine Sorgen.«

Verzweifelt versuchten wir, gute Miene zum bösen Spiel zu machen und die Bande wieder zu erneuern, die uns so lange verbunden hatten.

Die unerwartete Erleichterung unserer Haftbedingungen gab mir die Hoffnung zurück. Ich hatte offensichtlich Recht, wenn ich dachte, dass das Thron-Jubiläum uns die Freiheit bringen würde. Man hatte uns also nicht ganz vergessen. Bald würden sich die Pforten unseres Gefängnisses öffnen, da war ich mir völlig sicher. Und doch vergingen die Monate. April, Mai, Juni, Juli … Die Zeit verstrich, und vergeblich warteten wir auf den Gnadenbeweis des Königs. Unsere Verköstigung blieb unvermindert mager.

Im November wurde uns klar, dass nichts passieren würde. Es blieb uns nur noch ein letzter Ausweg: die Flucht. Aber wie sollten wir fliehen? Die Idee nahm uns voll und ganz gefangen, ging uns nicht mehr aus dem Kopf. Minuziös untersuchten wir jeden Winkel unseres Kerkers, suchten einen sicheren Weg in die Freiheit, schmiedeten Pläne, die wir sogleich wieder verwarfen, wieder aufnahmen, veränderten …

Abdellatif, der mit seinen siebzehneinhalb die Freiheit nie kennen gelernt hatte, spähte oft durch unsere blinden

Fenster, immer auf der Suche nach Hinweisen auf das Leben draußen.

In unserem »Badezimmer«, wo wir unsere Eiswasserduschen nahmen, entdeckten wir hoch oben an der Wand eine alte Dachluke, die mit einem doppelten Gitter und einem Wellblechladen mit Holzrahmen verschlossen war. Abdellatif kletterte hinauf, um ein Loch zu bohren, durch das man hinaussehen konnte. Mit einer Kerze versuchte er den Holzrahmen anzusengen. Leider wusste er nicht, dass sich direkt unter der Luke ein Wächter aufhielt. Als der das verkohlte Holz roch, begriff er natürlich sofort, dass da etwas nicht stimmte. Er rief seine Kollegen, und zusammen erwischten sie meinen Sohn, wie er, hoch oben in der Luke kauernd, dabei war, das Holz wegzuschnitzen. Jetzt standen wir alle in dem Verdacht, Fluchtpläne zu schmieden ...

Sofort konfiszierten sie sämtliche Kerzen, nahmen uns alle scharfen Werkzeuge weg und beschlossen, uns erneut voneinander zu trennen. Schon am nächsten Tag blieben die Zellentüren geschlossen. Erneut waren wir isoliert. Erneut wurden mir meine Kinder weggenommen. Aber diesmal war meine Schmerzgrenze überschritten. Ich kündigte an:

»Wenn ihr uns nicht wieder zusammenlasst, trete ich in den Hungerstreik.«

Am 13. November 1986 hörte ich auf zu essen. Fünf Tage später folgte Raouf meinem Beispiel, dann auch Malika, Maria und Soukaïna. Zunächst wollte ich Myriam und Abdellatif nicht in die Sache hineinziehen. Doch dann dachte ich, wenn uns die Wächter Nahrung für die Kleinen bringen, meinen sie sicherlich, wir essen alle heimlich davon. Deshalb bat ich Abdellatif, ebenfalls mitzumachen. Doch er hatte Probleme mit der Galle und musste sich in einem fort übergeben, wenn sein Magen leer war. Myriam konnte sich eigentlich aufgrund ihrer Epilepsie nicht an solch riskanten Unternehmungen beteiligen, fastete aber dann doch beinahe jeden Tag mit uns.

Am Anfang aß ich morgens immer noch ein Stück Zucker, bis meine Kinder sagten: »Du nimmst nicht schnell genug ab. Iss lieber keinen Zucker mehr.«

Ab diesem Zeitpunkt nahm ich überhaupt nichts mehr zu mir, außer ein wenig Wasser. Vier- bis fünfmal am Tag kamen die Wächter vorbei, um sich zu vergewissern, dass wir noch am Leben waren.

Ich verlangte, einen Verantwortlichen zu sehen. Der Offizier der *Moukhaznis* hatte überhaupt keine Lust, großen Wirbel um unseren Streik zu machen:

»Wenn du dem Verantwortlichen etwas zu sagen hast, sagst du es mir.«

»Nein, ich will es nicht dir sagen, sondern dem Verantwortlichen direkt.«

Dieses Spielchen dauerte bis zum 26. Dezember. Dreiundvierzig Tage lang hatte ich nichts gegessen. In diesen sechs Wochen kam mir nicht ein einziges Mal der Gedanke, zu tricksen und heimlich etwas zu essen, zum Beispiel eine gebratene Ratte. Ich hatte mich auf diesen Hungerstreik eingestellt, und mein Körper war offenbar mit meiner Entscheidung einverstanden. Nach drei Tagen hatte ich übrigens keinen Hunger mehr, sondern fantasierte nur noch, aß im Geiste und träumte von den feinsten Leckereien. Es war bizarr. Man kennt doch die menschliche Natur nie wirklich und ahnt nie, wie man sich verhält, wenn eine bestimmte Situation eintritt. Ich habe meinen Körper während all dieser Tage genau beobachtet und habe gespürt, wie Wille, Sehnsucht und Lebenslust in mir wach wurden, weil ich nicht einfach so verrecken wollte. Die Medizin sollte sich einmal mit solchen Fällen beschäftigen.

Es ist schon erstaunlich, was man aus einem Menschen herausholen kann. Dreiundvierzig Tage lang nahm ich jeden Morgen meine eiskalte Dusche und machte mein Bett. Außerdem schlief ich wie ein Baby. Mit leerem Magen kann man, so stelle ich mir vor, sonst nur noch im Paradies so selig schlafen. Einzige sichtbare Folge des Nahrungsentzugs war, dass mein Zahnfleisch nicht aufhörte zu bluten. Abends legte ich ein Tuch unter meinen Kopf, und am Morgen war es voller Blut.

Am dreiundvierzigsten Tag blutete ich dermaßen, dass ich meine Töchter bat, mir irgendwas zu bringen, was diesen üblen Geschmack im Mund übertünchen könnte. Durch das kleine Loch in der Wand zwischen unseren Zellen, durch das wir kommunizieren konnten, reichten sie mir zwei Schnitze einer Orange. Ich glaube, ich habe in meinem ganzen Leben nicht so etwas Köstliches gegessen. Noch heute traue ich mich kaum, in ein Orangenstück zu beißen, weil ich fürchte, nicht dasselbe außergewöhnliche Aroma zu schmecken. Einen Augenblick lang wähnte ich mich dank dieser beiden Orangenstücke im Garten Eden, so fantastisch, wunderbar und einzigartig süß erschienen sie mir. Allerdings hatte ich dabei ein schlechtes Gewissen, weil ich dachte, ich hätte mein Fasten unterbrochen; andererseits wusste ich, dass ich von zwei Orangenschnitzen nicht existieren konnte. Moralisch allerdings hatten sie mir ungemein Auftrieb gegeben. Ich fühlte noch etwas! Beim Essen dieses Obstes hatte ich solch einen Genuss empfunden, dass ich mir sagte: »Du bist noch nicht ganz tot, trotz allem.«

Der Kommandeur der *Moukhaznis* drängte uns, unseren Streik so bald wie möglich zu beenden. Er ließ uns Fleisch, Obst und Brot bringen, so reichlich wie schon lange nicht mehr.

»Wenn ihr sterbt, begräbt man euch im Garten, und ich bekomme eine Kugel ins Genick. Also flehe ich euch an zu essen …«

Gleichwohl zog sich unser Streik immer mehr in die Länge, ohne dass aus Rabat auch nur die geringste Reaktion gekommen wäre. Dreiundvierzig Tage lang war nichts passiert, hatte niemand auf unseren stummen Schrei geantwortet. Nur die Wächter beobachteten uns, wahrscheinlich in Erwartung unseres nahen Endes.

Angesichts dieser zermürbenden Funkstille beschlossen wir, kollektiven Selbstmord zu begehen. Es sollte ein letzter Hilferuf sein. Wir wollten nicht wirklich sterben, aber wir hofften, uns auf diese Weise endlich über die Kerkermauern hinaus Gehör zu verschaffen.

In der Zelle, in der ich mit Abdellatif eingesperrt bin, habe ich einen alten Spiegel versteckt. Ich zerbreche ihn und bitte meinen Sohn, mir die Pulsadern aufzuschneiden. Er bearbeitet mit der Scherbe meine Haut, ritzt und schneidet mit aller Kraft. Ohne Ergebnis. Das Blut fließt nicht. Aus den geöffneten Venen dringen nur ein paar Tropfen. Vielleicht aufgrund der Mangelernährung ist mein Blut verdickt. Dabei entweicht es jede Nacht durch meine Schleimhäute, doch aus meinen aufgeschnittenen Pulsadern kommt nur ein erbärmliches rotes Rinnsal, das sofort wieder verkrustet. Ich lasse nicht locker und sage meinem Sohn:

»Hör nicht auf, auch wenn ich das Bewusstsein verliere.«

Er bearbeitet weiter meine Handgelenke, es muss entsetzlich für ihn sein. Auf dem Tuch hat sich ein Blutfleck gebildet, aber das ist auch schon alles. Abdellatif kann nicht mehr. Ich sehe die tiefen Schnittwunden und meinen Sohn mit der Scherbe in der Hand. Plötzlich verschwindet alles hinter einem Dunstschleier. Ich werde ohnmächtig.

Mein Ältester, Raouf, schnitt sich mit einer Schere, die er hatte verstecken können, die Adern auf und verlor fast zwei Liter Blut. Eine riesige Lache bildete sich auf den Steinplatten seiner Zelle. Er verlor schnell das Bewusstsein, und wie durch ein Wunder haben sich die Wunden vollständig geschlossen.

Von den Kindern gerufen, kamen mitten in der Nacht die Wächter. Sie betraten Raoufs Zelle, und dann sagte einer der beiden, kalt und unbeteiligt, als ob es um ein Tier gehen würde:

»Ist er tot?«

»Nein, nein, er ist nicht tot«, entgegnete der andere im gleichen Tonfall.

Daraufhin gingen sie und kamen erst am nächsten Tag gegen Mittag wieder, um sich zu vergewissern, dass Raouf immer noch am Leben war. In den folgenden drei bis vier Tagen kam regelmäßig einer der Wächter vorbei, um meinem Sohn den Mund zu öffnen und ihm ein wenig frische Milch einzuflößen. Er zwang ihn, etwas zu sich zu nehmen, weigerte sich aber, seine Wunden zu versorgen:

»Sie haben uns den Befehl gegeben, uns nicht um euch zu kümmern und euch nichts zu geben. Wenn wir euch einen Verband anlegen und ein Vorgesetzter kommt vorbei, müssen wir ihn euch herunterreißen.«

Befehl war Befehl. Immerhin erklärten sie sich bereit, die Zelle zu reinigen, weil das geronnene Blut stank. Sie zogen die Strohmatratze in eine kleine Kammer neben der Zelle. Zwei der *Moukhaznis* scheuerten den Boden, während Borro, der sie beaufsichtigte, mit einem Kollegen sprach. Sie waren zweifellos beide davon überzeugt, dass Raouf sterben würde. Wahrscheinlich hatten sie ihren Vorgesetzten Bericht erstattet und den Befehl erhalten, ihn krepieren zu lassen.

Wieder bei Bewusstsein, verfolgte Raouf ihr Gespräch und fühlte bei jedem Wort, wie sich die Mauern des Gefängnisses enger um ihn und uns alle schlossen.

»Was wirft man ihnen eigentlich vor?«, wollte der Kollege wissen. »Das ist doch schrecklich zu wissen, dass diese Menschen seit über einem Monat im Hungerstreik sind und keine Antwort bekommen. Sie werden alle verrecken …«

»Dann verrecken sie eben«, erwiderte Borro. »Sie werden jedenfalls nur durch ein Wunder hier herauskommen.«

»Aber wieso? Was haben sie denn getan?«

»Sie wussten zu viel.«

»Wenn ich ihre Mutter wäre, hätte ich mich schon längst umgebracht, damit sie freikommen.«

Und dann sagte Borro:

»Selbst wenn die Mutter sich umbringen würde, kämen sie nicht raus. Sie sind schon seit Jahren hier, niemand würde sie ziehen lassen.«

»Aber sie werden doch nicht ihr ganzes Leben hier bleiben!«

»Solange der König lebt, werden sie nicht freikommen, das solltest du wissen.«

Der arme Raouf musste das alles mit anhören. Sobald die Wächter weg waren, schleppte sich mein Sohn zu dem Loch, durch das er sich mit Halima und Achoura unterhalten konnte:

»Sagt Malika, dass wir unser ganzes Leben hier bleiben werden!«

Ich hörte seltsame Geräusche aus den Schläuchen dringen, Geflüster und Schluchzer, und bat Abdellatif, an die Wand zu klopfen, weil ich selbst nicht die Kraft dazu hatte. Soukaina antwortete uns. Mit einem schwachen Flüstern flehte ich sie durch den Schlauch hindurch an, mir zu sagen, was los sei.

»Nichts, Mama, nichts. Sie haben nur Raoufs Zelle sauber gemacht. Jetzt geht es ihm wieder gut.«

»Nein, Soukaïna, du lügst mich an, sag, was los ist.«

»Mama, ich schwöre dir …«

»Gib mir Malika!«

Malika war in Tränen aufgelöst; es war ein Schmerz, den ich nie vergessen werde. Dennoch gelang es ihr irgendwie, zwischen zwei herzzerreißenden Schluchzern, mir zu erzählen, dass wir nach den Worten des schändlichen Borro für immer eingesperrt bleiben würden.

»Es gibt immer eine Hoffnung. Ich verspreche dir, dass wir hier rauskommen werden«, antwortete ich.

»Nein, Mama, du träumst, du fantasierst.«

»Ich schwöre dir, dass wir freikommen. Werden denn die Leute, die uns bewachen, für immer hier sein? Niemand bleibt sein Leben lang hier. Du darfst den Mut nicht verlieren, wir werden eine Lösung finden.«

»Eine Lösung? Was denn für eine Lösung?«

»Ich bin seit dreiundvierzig Tagen im Hungerstreik. Morgen höre ich auf damit. Ich werde sie wissen lassen, dass sie gewonnen haben. Anschließend machen wir uns ernsthaft daran, einen Ausbruch zu planen.«

In Wirklichkeit widerstrebte mir die Idee der Flucht, von der wir so oft gesprochen hatten, zutiefst. Ich hatte viel zu viel Angst, dass die Kinder geschnappt und wegen Ungehorsams misshandelt und exekutiert würden. Doch nun, da die Verzweiflung groß genug war, akzeptierte ich diesen letzten Ausweg. Es gab keinen anderen mehr: Das Regentschaftsjubiläum war vorbei, und unsere Lage spitzte sich immer weiter zu. Wir waren unschuldig, aber wir hatten niemanden, der hinter uns stand, weder Partei noch Armee. Keinerlei Unterstützung. Die ganze Welt hatte uns fallen gelassen und wusch sich die Hände in Unschuld.

Es blieb uns also nur die Flucht. Wir hatten keine andere Wahl, wenn wir überleben wollten. Die Kinder redeten untereinander:

»Mama fantasiert, sie hat zu lange gehungert, und jetzt weiß sie nicht mehr, was sie sagt.«

Nein, ich fantasierte nicht. Doch unter dem Schock der Ereignisse fiel ich erneut in Ohnmacht. Abdellatif versuchte mich zu wecken, indem er mir Ohrfeigen verpasste und mein Gesicht befeuchtete. Da ich beschlossen hatte, meinen Hungerstreik zu beenden, gab er mir ein Stück Zucker, und daraufhin kam ich wieder zu Bewusstsein.

Gegen 17 Uhr kehrten die Wächter zurück, um wie die Aasgeier nachzusehen, in welchem Zustand wir uns befanden. Ich wandte mich an Borro, der als Kommandeur den höchsten Dienstgrad hatte. Um ihn aus der Reserve zu locken, sprach ich ihn ehrerbietig mit »Leutnant« an:

»Also, Leutnant, ich bin in Hungerstreik getreten, und das hat keinerlei Reaktion hervorgerufen. Jetzt habe ich beschlossen aufzuhören. Ich weiß, dass es ein Fehler war, sich mit Menschen anlegen zu wollen, die so viel Macht und so wenig Gefühl haben.«

»Du bist also wieder zur Vernunft gekommen. Gut«

Während des Hungerstreiks hatten sie uns immer mehr Essen gebracht als sonst, um uns dazu zu bewegen, unser Fasten zu unterbrechen. Sobald der Streik zu Ende war, brachten sie uns wieder die gleichen geringen Mengen wie zuvor. Schon am nächsten Morgen stellten sie für Abdellatif und mich als Frühstück ein Stück Brot und einen halben Liter einer zweifelhaften Flüssigkeit in zwei halbierten Plastikflaschen hin: ein Spritzer Milch in heißem Wasser, auf dem ein paar Kaffeebohnen schwammen, ein paar Graupen und Kichererbsen. Mit dieser Diät sollte ich also wieder zu Kräften kommen.

Sie hatten in Raoufs Zelle das Radio gefunden und sofort konfisziert. Jetzt waren wir endgültig von der Welt abgeschnitten, und der Gedanke an Flucht wurde von nun an zur fixen Idee. Wir überlegten, einen Tunnel zu graben. Aber in welche Richtung? Und wie lange? Wir hatten nicht einen einzigen Anhaltspunkt.

Wie in einem Abenteuerroman half uns das Schicksal diesmal mit einem außergewöhnlichen Hinweis. Vor meinem Hungerstreik war Abdellatif oft mit Hilfe eines Schemels in einen Verschlag direkt über unserer Zelle geklettert. Dieser Raum hatte ursprünglich drei große Fenster gehabt. Natürlich war er vermauert worden, so dass dort oben jetzt weitgehend Dunkelheit herrschte. Während meines Streiks war Abdellatif die ganze Zeit über an meiner Seite geblieben. Doch die Momente des Alleinseins in der dunklen Kammer fehlten ihm. Gleich nach dem Ende meines Streiks kletterte er wieder hinauf. Kaum oben angekommen, kam er ganz aufgeregt wieder herunter:

»Mama, komm und schau, da ist ein kleines Loch, durch das Licht hereinkommt …«

Tatsächlich ließ eines der vergitterten blinden Fenster plötzlich einen Sonnenstrahl durch. Ich kletterte in die Kammer hinauf und stieg auf eine Kiste, um dem Wunder auf den Grund zu gehen. Zwei Tauben nisteten vor den von außen grau bepinselten Fensterscheiben. Mit jeder Bewegung der Schwanzfedern schabten sie ein wenig Farbe vom Glas. Ich drehte mich zu Abdellatif um und sagte bedächtig:

»Das ist die Lösung. So gelingt unsere Flucht.«

Jetzt war ich mir hundertprozentig sicher: Dank diesem winzigen Guckloch, freigelegt vom Gefieder der Tauben, konnte ich berechnen, wie unser Fluchttunnel aussehen musste. Es war ein Wink des Schicksals.

Durch das Loch erkannte ich unseren kleinen Gefängnishof und zur Linken eine sechs Meter hohe Mauer. Deren Errichtung hatte während unseres Hungerstreiks begonnen, war aber noch nicht ganz abgeschlossen. Der Tunnel musste also auf jeden Fall bis hinter diese Barriere führen. Direkt gegenüber stand eine weitere Wand, die von der Hausfassade bis zu der neu errichteten Mauer reichte, so dass wir von allen Seiten eingeschlossen waren. Die Ziegelsteine dienten mir als Maßstab: Indem ich in waagerechter Richtung abzählte, konnte ich genau die Entfernung zwischen unserem Gefängnis und der neuen Mauer bestimmen. Es waren sieben Ziegel, das bedeutete, wir mussten mit unserem Tunnel fünf Meter überwinden, wenn wir hinter der Mauer herauskommen wollten. Dazu kamen weitere 3,75 Meter, die wir zunächst einmal in die Tiefe graben mussten, um unter das Fundament des Hauses zu gelangen, das auf einer aufgeschütteten Plattform stand, sowie 3,75 Meter, um am Ende des Tunnels wieder an die Oberfläche zu gelangen. Insgesamt waren es 12,5 Meter, die wir uns unter der Erde durchbuddeln mussten.

Es war eine Aufgabe, die unter den gegebenen Umständen nicht gerade einfach zu bewältigen war, denn unsere Versorgung mit Lebensmitteln war weiter eingeschränkt und unsere Bewachung verstärkt worden. In der festen Überzeugung, dass dem Hungerstreik weitere Aktionen folgen würden, beobachteten uns die Wächter mit größtem Misstrauen. Dreimal pro Woche, immer montags, mittwochs und freitags, durchkämmten sie das ganze Haus und trampelten mit ihren Stiefeln auf dem Boden herum, stets auf der Suche nach irgendeinem Beweis, einem Indiz, nach irgendetwas, das ihnen unsere Absichten verraten hätte. Einmal sagte ich spöttisch zu Borro:

»Es schmerzt mich aufrichtig, Leutnant, dass Sie glauben, wir wollten fliehen …«

Darauf erwiderte er im Brustton der Überzeugung:

»Wohin willst du denn fliehen? Du bist von allen Seiten umstellt, kein Mensch weiß, wo du bist. Du kannst gar nicht fliehen. Sie haben mir den Befehl gegeben, Mauern hochzuziehen, und ich habe Mauern hochgezogen.«

Borro konnte sich nicht vorstellen, wie wir eine Flucht bewerkstelligen wollten. Sie hatten sämtliche als Schlagwerkzeug zu missbrauchenden Gegenstände und alle Messer und Eisenstäbe, die ich im Abflussrohr des Waschbeckens versteckt hatte, konfisziert. Dringlichstes Ziel war es also zunächst, unseren Werkzeugvorrat wieder aufzufüllen.

Während der Durchsuchungen gab ich mir immer größte Mühe, einen würdigen Eindruck zu machen, dazu setzte ich ein Lächeln auf. In Gegenwart der *Moukhaznis* hatte ich immer ganz rote Wangen, und eines Tages sprachen sie mich darauf an:

»Wie kommt das, dass du immer rote Wangen hast, wenn wir da sind?«

Es war die Panik, die mir bei ihrem Anblick das Blut ins Gesicht trieb. Danach hatte ich dann immer den Rest des Tages Kopfweh, aber das wussten unsere Zerberusse nicht, und das war das Entscheidende. Ich legte Wert darauf, stark und robust zu wirken, denn ich wollte nicht, dass meine Kinder das Gefühl bekommen, ich würde vor Uniformen zittern, ob es nun *Moukhaznis* waren oder wer auch immer.

In ihrem Eifer, unsere Bewegungsfreiheit einzuschränken, hatten unsere Wächter uns den Schemel weggenommen und den Zugang zu der Kammer über uns mit Ziegeln und Zement zugemauert. Das war mir ganz recht. Solange sie dieses Zimmer für verschlossen hielten, würden sie es nicht weiter beachten. Noch am selben Abend, nachdem wir wieder alle getrennt voneinander eingesperrt worden waren, die Mädchen in einer Zelle, Raouf alleine in einer andern sowie Abdellatif und ich in einer dritten, begannen wir, jeder in seiner Ecke für unser gemeinsames Ziel zu arbeiten: den Tunnel, der uns in die Freiheit führen sollte. Die wichtigste Aufgabe für meinen jüngeren Sohn und mich war es zunächst, den Zugang zu dem Zimmer über uns wieder freizubekommen. Wir mussten es gleich tun, solange der Zement noch feucht war. Ich stand auf dem Resopaltisch, und mein Sohn kletterte auf meine Schultern. Dann kratzte er den Zement weg, so dass man einen der großen Ziegelsteine herausnehmen konnte. Auf diese Weise entstand ein Loch, das für mich viel zu eng war, zumal ich unter Platzangst leide, durch das sich Abdellatif aber wie ein Wurm hindurchwinden konnte. Wenn man den Zement immer gleichmäßig feucht hielt, damit er nicht fest wurde, konnte man den Ziegel beliebig herausnehmen und wieder einsetzen; so entstand ein Zugang, der unauffällig, aber immer benutzbar war. In dem düsteren Schlupfwinkel fand Abdellatif, den wir irgendwann Géo Trouvetout, den Allesfinder, tauften, sämtliche Dinge, die wir für unsere Unternehmung benötigten. Er sägte vom Fenster zwei Gitterstäbe ab, die uns als Äxte dienten, und riss Holzlatten aus den Fensterrahmen, mit denen der Tunnel gesichert werden sollte.

Wir verfügten also über einen Raum, in dem wir Aushub und Steine aus dem Tunnel lagern konnten. Abdellatif hatte auf dem Boden die Militärdecken von unseren Schlafpritschen ausgebreitet, damit man unsere Schritte und das Gepolter der Steine nicht so hörte. Wir mussten höllisch aufpassen, denn direkt unter unserer Zelle lag die ehemalige Garage, in der die Wächter eine Küche eingerichtet hatten. Aus den Holzteilen unserer Bettenroste bastelten wir Leitern, aus den Metallstäben spitze Werkzeuge, und damit höhlten wir das ganze Haus aus wie einen Schweizer Käse.

Zunächst mussten wir Verbindungsgänge von einer Zelle in die andere schaffen. Von mir aus gruben wir einen Tunnel in die Zelle der Mädchen, durch den Abdellatif schlüpfen konnte. Durch denselben Tunnel wanderten auch die Säcke voller Erde, um in unserem Geheimversteck zu verschwinden. Raouf, dessen Zelle sich ganz am anderen Ende befand, zweiundzwanzig Meter von meiner entfernt, grub sein eigenes Loch. Halima und Achoura versuchten ebenfalls, sich einen Durchgang zu schaffen.

Am 27. Januar 1987 beginnen Malika, Myriam, Maria und Soukaïna in ihrer Zelle mit dem Graben des Tunnels, nachdem sie die Steinplatten vom Boden entfernt haben. Doch schon bald stoßen sie auf einen riesigen »Menhir«, einen unüberwindlichen Felsblock.

»Verschließt das Loch wieder, und fangt an einer anderen Stelle neu an. In eurer Zelle ist das Ganze sowieso viel zu auffällig«, sage ich ihnen.

Daraufhin prüfen sie die zweite der für sie reservierten Zellen, in der wir unser bescheidenes Gepäck aufbewahren. Das Zimmer ist wie alle anderen zugemauert und entsprechend dunkel, so dass unser Unterfangen unbemerkt bleiben kann. Tagelang suchen sie hier nach der geeignetsten Stelle für den Tunnelbau. Schließlich gelingt es ihnen, vier Platten zu entfernen und ein vierzig Zentimeter tiefes Loch zu graben – den Eingang des Tunnels!

Von da an buddelten sie dreimal in der Woche, immer zwischen den Hausdurchsuchungen, und meistens nachts in ihrem Maulwurfsgraben. Nur samstags konnten sie tagsüber arbeiten, weil unsere Wächter an diesem Tag nicht hereinkamen. Ich flocht währenddessen kleine Dochte, wie ich es in meiner Kindheit in unserem *Douar* gelernt hatte. In mit Öl gefüllte Sardinenbüchsen getaucht und angezündet, lieferten sie den Mädchen genügend Licht für ihre Arbeit. Außerdem stellte ich Säcke für den Transport von Aushub und Steinen her. All meine Hosen musste ich dafür opfern, ebenso meine Kleider, Blusen, Bettlaken und sonstige Tücher. Ich nähte von morgens bis abends, bis mir die Finger bluteten. Vor allem die Hosen eigneten sich gut, um daraus Säcke in allen Größen zu machen, außerdem Stoffwürste, die wir »Lampions« nannten und mit denen wir den Eingang des Lochs verstopften. Denn die Wächter kamen regelmäßig, um zu überprüfen, wie es in unserem Gefängnis aussah. Es durfte auf gar keinen Fall passieren, dass die sorgfältig wieder eingesetzten Bodenplatten unter ihren Schritten hohl klangen! Es war eine Herkulesarbeit, eine ungeheuerliche Aufgabe, die normalerweise nur von Männern und mit spezieller Ausrüstung hätte durchgeführt werden können.

Wenn ich in meiner Zelle saß und meinen Töchtern zuhörte, wie sie gruben, packte mich die Angst. Es war eine grauenvolle, betäubende Angst, die mir die Kehle zuschnürte und den Mund austrocknete, eine Angst, die mit Worten nicht zu beschreiben ist und die mich nie wieder richtig loslassen wird. Noch immer genügt der Gedanke an diese Augenblicke, und sofort steigt in mir das Gefühl ohnmächtiger Panik auf. Wenn wir dabei erwischt worden wären, hätte das unseren Tod bedeutet.

Mit dieser Angst im Magen musste ich die ganze Nacht lang schwere Säcke voller Schotter schleppen. Ich gab sie an Abdellatif weiter, der sie in das Zimmer über uns wuchtete. Ich frage mich oft, woher ich die Kraft nahm, über fünf Tonnen Steine und Erde zu tragen. Aus welcher Quelle kam diese Energie? Sicherlich aus dem festen Willen, endlich diese erbärmliche Existenz von Ratten, die in einem Erdloch weitab von jeder sozialen Gemeinschaft gehalten werden, gegen ein menschenwürdiges Leben einzutauschen.

Im Morgengrauen musste alles aufgeräumt sein, die Bodenplatten mussten wieder auf ihrem Platz liegen, das Werkzeug und der Aushub versteckt sein. Unsere Uhren hatten sie uns weggenommen, doch solange wir noch ein Radio gehabt hatten, war uns aufgefallen, dass jeden Morgen um exakt vier Uhr, pünktlicher als eine Turmuhr, ein Esel in der Umgebung schrie. Das war unser Signal. Wenn Cornelius – so hatten wir den Esel getauft – sein Iah ertönen ließ, war es Zeit, die Baustelle aufzuräumen.

Und wenn sich die Wachen wunderten, warum wir so früh schon auf waren, erklärten wir ihnen salbungsvoll:

»Wir sind zum Frühgebet aufgestanden.«

Der Bau des Tunnels forderte uns drei Monate lang übermenschliche Anstrengung ab. Es waren drei Monate Hölle in der ständigen Angst, entdeckt zu werden, die uns die Luft abschnürte und uns krank machte.

An einem Freitagmorgen im April wache ich durch Baulärm über mir auf. Ich höre, wie die Wächter miteinander reden, und begreife, dass sie dabei sind, auf dem Dach zwei Wachtürme zu errichten, einen direkt über meiner Zelle, den anderen über der Zelle der Mädchen. Eine Katastrophe. Ohne diese Veränderung hätten wir in aller Ruhe den Winter abwarten können, um in einer mondlosen Nacht die Flucht zu wagen. Aber angesichts der neuen Bedrohung müssen wir sofort handeln. Sobald die Wachtürme stehen, wird es unendlich viel schwieriger sein zu entkommen. Mit unserem SOS-Signal, das wir nur bei Gefahr benutzen, rufe ich über den Wasserschlauch alle zusammen:

»Wir müssen heute Abend aufbrechen. Ein Tag länger, und wir haben Wachtürme über uns, dann können wir nichts mehr machen.«

»Der Tunnel ist noch nicht fertig, wir müssen mindestens noch fünfundsechzig Zentimeter, vielleicht einen ganzen Meter graben«, protestiert Malika.

Der letzte Meter ... Der schwierigste Meter. Wenn man direkt nach oben gräbt, fällt einem immer die lose Erde ins Gesicht. Trotz allem schuften die Mädchen nach der rituellen Razzia den ganzen Freitag und Samstag. Währenddessen bastele ich ihnen Schuhe aus einer alten Reisetasche. Und immer wieder kehre ich zum Schlauch zurück:

»Und? Wie kommt ihr voran? Wie weit seid ihr?«

Samstag am späten Nachmittag schlängelt sich Abdellatif versuchsweise durch den Tunnel. Die Mädchen berichten mir:

»Es ist geschafft! Der Kleine hat Licht gesehen!«

Ich bin überglücklich, mein Herz klopft mir bis an den Hals. Der Aufbruch wird auf den nächsten Abend, Sonntag, festgelegt. Ich flüstere ihnen noch ein paar gute Ratschläge zu:

»Sorgt dafür, dass man euch nicht entdeckt, da sind Wachen direkt über euch. Wenn ihr noch etwas fertig zu machen habt, wartet, bis sie den Generator anstellen, das wird eure Geräusche übertönen. Dann nichts wie los!«

Abdellatif bleibt dennoch solange im Tunnel, bis die Arbeit abgeschlossen ist. Seltsamerweise teilt er unsere Besorgnis nicht. Die Idee, dass wir scheitern könnten, kommt ihm gar nicht in den Sinn. Voller Ruhe und Gelassenheit blickt er seinem Schicksal ins Auge.

Im letzten Augenblick legen wir fest, wer gehen soll. In der Aufregung wollen natürlich alle. Das Wichtigste im Moment ist aber, die Weltöffentlichkeit über unser Schicksal aufzuklären. Welt, wir leben noch! Myriams Gesundheitszustand lässt eine Flucht nicht zu, und Soukaïna muss hier bleiben, um den Tunnelausgang hinter den Flüchtenden zu verschließen, damit ihnen ein wenig mehr Zeit bleibt, bis Alarm geschlagen wird. Sie ist enttäuscht, das Abenteuer nicht mit ihren Geschwistern teilen zu dürfen, fügt sich aber.

Malika, Maria, Raouf und Abdellatif werden gehen. Vier Personen sind schon fast zu viel. Aber zu neunt würden wir ins sichere Verderben rennen.

Am Sonntag, den 19. April 1987 abends kommt der große Moment. Abdellatif trägt einen Revolver, natürlich eine Imitation, die er geschickt aus Holz und Gummi hergestellt hat. Malika hat Pfeffer dabei, den sie über Monate hinweg aufgespart hat, um die Hunde abzuwehren, die man vielleicht auf sie hetzen wird. Sie lässt sich nicht davon abbringen, die Hefte mitzunehmen, in die Soukaïna Tag für Tag unseren in Gemeinschaftsarbeit entstandenen Roman über das zaristische Russland geschrieben hat. Ich bin dagegen, sie läuft Gefahr, sie auf der Flucht zu verlieren, aber sie will nichts davon hören.

Ein letztes Flüstern, bevor sie in der Nacht verschwinden:

»Auf Wiedersehen, Mama. Wenn wir es nicht schaffen, bringen wir uns um.«

Sie kamen genau an der Stelle heraus, die ich berechnet hatte, hinter der zweiten Mauer. Allerdings hatte ich nicht bedacht, dass die Arbeiter den alten, von Efeu überwucherten Gitterzaun hatten stehen lassen. Ich war davon ausgegangen, dass Pflanzen und Zaun bei den Bauarbeiten entfernt worden waren. Die Kinder hatten keine Messer, um dieses letzte Hindernis zu überwinden. Mehr schlecht als recht zwängten sie sich durch Ranken und Drahtgeflecht hindurch und zogen sich üble Verletzungen dabei zu. Abdellatif und Maria, die beide dünn waren, hatten die wenigsten Schwierigkeiten. Die beiden großen dagegen litten an einem Mangelödem, das sie aufblähte. Malika hatte ebenfalls einen Hungerbauch und Raouf einfach zu breite Schultern. Während sie so durch den Tunnel auf das Leben zurobbten, müssen die Kinder das Gefühl gehabt haben, noch einmal aus dem Bauch ihrer Mutter zu kriechen.

Soukaïna blieb bis ein Uhr morgens am Tunneleingang, den Kopf nach draußen gestreckt. Die Flüchtenden kamen nicht zurück, also mussten sie wohl erfolgreich gewesen sein! Irgendwann kam sie leise zurück und verschloss in ihrer Zelle alles hinter sich, ich tat in meiner Zelle das Gleiche. Am anderen Morgen waren sämtliche Spuren verwischt. Nichts an den perfekt liegenden Bodenplatten und den sauber verschlossenen Wänden deutete mehr auf einen Ausbruch hin.

X

Im Folterkeller von Ben Chérif

Am darauf folgenden Montag gegen acht Uhr dreißig kommen vier unserer Aufseher, um ihre übliche Durchsuchung vorzunehmen. Als sie meine Zelle betreten, wundern sie sich, weil ich alleine bin.

»Wo ist der Kleine?«

»Auf der Toilette, ihm ist schlecht.«

Wie gewöhnlich wühlen sie überall herum, immer auf der Suche nach Messern und Werkzeugen, die wir vielleicht versteckt haben könnten. Mit ihrem Ergebnis zufrieden, gehen sie zu den Mädchen. Auf den Pritschen liegen unter den Decken Stoffwürste, die wie schlafende Körper aussehen. Ich warne die Wächter vor:

»Sie haben gerade ihre Regel, und es geht ihnen wie immer ziemlich schlecht.«

Sie inspizieren die Zelle, bemerken aber nichts Ungewöhnliches. Unsere Inszenierung hat sie tatsächlich getäuscht. Jetzt führen sie ihre Razzia in der Zelle von Halima und Achoura fort. Ich gebe mich freundlich und entspannt. Jede gewonnene Minute ist kostbar, denn sobald sie Raoufs Zelle betreten, werden sie Bescheid wissen. Ich versuche, sie ein wenig aufzuhalten, indem ich den Geburtstag des »Kleinen« anspreche, der vor fast zwei Monaten achtzehn wurde, was wir aber noch nicht feiern konnten. Meine Cousine Achoura bekommt die Erlaubnis, mir ein Glas richtige Milch und zwei fettige echte *Galettes** zu bringen. Ich verwickle die Wächter in ein Gespräch. Sie sind gut gelaunt heute, haben Lust, sich zu unterhalten, und merken dabei nicht, wie die Zeit vergeht.

Der Vormittag schreitet fort, inzwischen ist es fast zehn Uhr. Ich denke daran, was ich den Kindern eingetrichtert habe: Erst zur französischen Botschaft gehen, und wenn es dort Probleme geben sollte, zur amerikanischen. Von dort aus könnten dann geheime Verhandlungen zwischen dem Gastland und der marokkanischen Regierung aufgenommen werden. Zu diesem Zeitpunkt hatte ich natürlich keine Ahnung, dass sich das Leben draußen in fünfzehn Jahren radikal verändert hatte. Ich wusste nicht, dass Botschaften zu Festungen geworden waren, in die man schwieriger hineinkam als aus einem Gefängnis heraus.

Während ich die Wächter mit Belanglosigkeiten ablenke und in eine harmlose Konversation verwickle, müssen die Kinder bereits auf dem Weg nach Casablanca sein. Achoura trödelt so lange wie möglich vor meiner Zelle herum. Doch irgendwann lässt sich der Moment nicht mehr hinauszögern, in dem wir uns trennen müssen, die Wachen werden langsam ungeduldig. Noch sind die vier *Moukhaznis* nicht in Raoufs Zelle gewesen. Sie schließen zunächst alle Türen, die von Halimas und Achouras Zelle zuerst, dann meine. Ich weiß, dass sie bei Raouf jetzt gleich alles entdecken werden. Nur noch ein paar Sekunden … Als sie meine Tür schließen wollen, halte ich sie auf:

»Bitte, schließen Sie doch zuerst die Tür der Mädchen, und kommen Sie dann zurück, ich muss mit Ihnen reden.«

* Flacher, runder Kuchen, häufig aus Blätterteig, wird süß oder salzig zubereitet (Anm. d. Übers.).

Sie tun, worum ich sie gebeten habe, und kommen neugierig, aber auch ein wenig verdutzt zurück. Innerlich jubiliere ich, als ich mir vorstelle, wie sie gleich erblassen werden. Ich wende mich an den Chef dieser Truppe von Schwachköpfen, Stabsunteroffizier Layachi, von uns wegen seines vorstehenden Kinns nur »die Hacke« genannt. Ich blicke ihm fest in die Augen und formuliere bedächtig die Worte:

»Es tut mir außerordentlich Leid, dass es gerade Sie trifft. Aber die Kinder sind geflohen.«

Sie brechen in schallendes, derbes Gelächter aus. Einen Augenblick lang lasse ich sie ihre naive Selbstgefälligkeit auskosten, dann spreche ich ruhig weiter:

»Ich sage die Wahrheit, die Kinder sind geflohen.«

Sie sehen mich an. Eine gewisse Beunruhigung blitzt in ihren Augen auf.

»Du willst uns wohl auf den Arm nehmen. Wie sollen sie denn entkommen sein?«

»Gehen Sie doch in Raoufs Zelle, dann werden Sie es schon sehen.«

Sie haben es so eilig, dorthin zu kommen, dass sie vergessen, meine Tür zu verschließen. Ich rufe ihnen nach:

»Schauen Sie bei mir nach, mein Sohn ist weg. Schauen Sie bei den Mädchen nach, sie sind ebenfalls weg.«

Diesmal begreifen sie. Hektik. Aufregung. Panik.

»Oh nein, nein, warum? Nein, das ist doch nicht möglich …«, wiederholt »die Hacke« immer wieder verzweifelt.

Die *Moukhaznis* wirbeln wild durcheinander, rennen planlos in alle Richtungen, stürzen in die Zellen und wieder heraus, nur um dann noch einmal hineinzuschauen. Man könnte meinen, sie seien gerade zum Tode verurteilt worden. Für sie geht die Welt unter.

Währenddessen irrten die Kinder in der Landschaft herum. Ohne Anhaltspunkt, ohne Orientierungshilfen liefen sie zunächst im Kreis und landeten schließlich auf einem nahe gelegenen Hof, einem Stützpunkt von *Moukhaznis.* Malika erzählt von dieser abenteuerlichen Flucht in ihrem Buch *Die Gefangene**. Sie berichtet, dass die Ausbrecher irgendwann auf die Vorsehung vertrauten, weil sie überhaupt keine Ahnung hatten, wohin sie sich wenden sollten.

»Abdellatif hat noch nie einen Schritt in Freiheit getan, soll er vorangehen, vielleicht findet er den Weg.«

Und er marschierte voraus, seinen Bruder und die Schwestern im Gefolge. Schließlich gelangten sie zu einer Straße. Im Überschwang küssten sie den Asphalt. Abdellatif, der noch nie eine geteerte Straße gesehen hatte, wiederholte lächelnd immer wieder:

»Asphalt, Asphalt, Asphalt ...«

Ein Lastwagen nahm sie mit nach Casablanca, später hielten sie ein Taxi an, das sie mit einem Stück der goldenen Namensplakette ihres Vaters bezahlten. Es brachte sie in die Innenstadt, wo sie alte Freunde aufsuchen wollten. Einer von ihnen gab den Kindern ein wenig Geld, um sie dann ohne Federlesen hinauszuwerfen. Anschließend führte sie das Schicksal zu einem wahrhaft großherzigen Menschen, Dr. Raffeï. Obwohl er sie gar nicht kannte, ließ er sie in sein Haus, vom Scheitel bis zur Sohle verdreckt, zerlumpt und abstoßend, wie sie waren. Er lud sie ein in sein elegantes, mit weißen Teppichen ausgelegtes Heim und bot ihnen ein frugales Frühstück an, bevor er sie im Auto zu Freunden fuhr. Er hat sich wirklich vorbildlich verhalten.

Heute ist dieser Arzt Mitglied des marokkanischen Ver-

* Dt. erschienen u. d. T. Malika Oufkir und Michèle Fitoussi: *Die Gefangene,* Marion von Schröder Verlag, München 1999.

fassungsrates. Vor seinem Tod hat ihn Hassan II. gerade wegen seiner menschlichen Qualitäten auf diesen Posten berufen. Der König hatte verstanden, dass dieser hilfsbereite Mensch dem Land große Dienste erweisen konnte, eine Entscheidung, die mich sehr gefreut hat. Zweifellos hat Hassan II. angesichts des nahenden Todes Bilanz gezogen: All sein Geld und seine Macht konnten nicht verhindern, dass er krank wurde und wie jeder andere leiden musste. Vielleicht hat er deshalb Gesten der Großmut mehr Bedeutung beigemessen.

Vollkommen verstört durch den Ausbruch der Kinder, schließen uns die *Moukhaznis* in unsere Zellen ein und rufen eilends ihre Vorgesetzten an. Dann kommen sie mit einer riesigen Wut im Bauch zurück. Zwischen zehn Uhr morgens und zwölf Uhr mittags wühlen diese Hohlköpfe alles durch, in der Hoffnung, den Spalt zu finden, durch den die Flüchtenden entkommen sind. An der Außenwand meiner Zelle entdecken sie ein kleines Loch, das ihnen höchst verdächtig erscheint. Tags zuvor habe ich den Ausguck mit einer Mischung aus Kalk und Mehl verstopft, doch eine gefräßige Maus hat sich an der klebrigen Masse gütlich getan.

»Woher kommt dieses Loch?«, fragen sie barsch.

Bei aller Fantasie ist dieses Loch entschieden zu klein, um dadurch ins Freie zu gelangen, sie halten sich also nicht allzu lange mit diesem Indiz auf. Stattdessen durchsuchen sie stümperhaft das ganze Haus, indem sie jede Zelle auf den Kopf stellen und sogar mit Hacken ganze Wände einreißen. Myriam und Soukaïna sitzen im Hof und sehen ihnen leicht amüsiert zu. Als sie zu mir kommen, um in meiner Zelle alles zu verwüsten, halte ich sie auf und wende mich an »die Hacke«. Er sieht mich an und senkt die Augen, doch ich schaue ihn weiterhin unverwandt an:

»Sag mal, was bist du eigentlich? Eine Bestie? Warum tust du das?«

»Ich muss herausfinden, wie sie entkommen sind.«

»Aber das ist doch gar nicht dein Job. Du lässt das Haus einfach so, wie es ist. Auf diese Weise trägst du keinerlei Verantwortung für das, was passiert ist. Die Ermittler werden kommen. Wenn sie das Haus in intaktem Zustand vorfinden, können sie nicht sagen, dass du schuld bist. Sie werden es uns zuschreiben.«

Seine Augen leuchten kurz auf:

»Ja, du hast Recht.«

Und so lassen sie meine Zelle in Ruhe. Mit ein wenig Gespür hätten sie hier den Durchgang zu dem Verschlag über uns entdeckt und die Säcke voller Sand und Steine, die dort lagerten.

Es war meine bescheidene Rache an diesen Männern, die uns so viel Schmerz zugefügt und uns so sehr gedemütigt hatten. Voller Genugtuung warf ich dem Kommandeur der *Moukhaznis* einen Blick zu, und meine Augen sagten: »Du kommst garantiert nicht ins Paradies.«

Gegen Mittag höre ich das flappende Geräusch von Helikopterrotoren über unseren Köpfen. Ich sehe Borro vor mir, dem langsam alle Farbe aus dem Gesicht weicht. Durch einen kleinen Spalt in der Panzertür kann ich Halbkettenfahrzeuge erkennen sowie Jeeps und Menschen, die wild durcheinander laufen. Auf Befehl des Militärkommandanten der Südzone, in dessen Zuständigkeitsbereich wir liegen, hat sich eine ganze Armee in Bewegung gesetzt.

Gendarmen betreten das Haus zusammen mit einem Hundeführer. Sein Tier nimmt die Fährte der Flüchtigen auf, indem es immer wieder zwischen meiner und Raoufs Zelle hin- und herschnüffelt. Dann ziehen sie sofort los, um die Felder der Umgebung abzusuchen, finden aber nur Kleidung und Schuhe. Die Kinder haben sicherlich allen Ballast zurückgelassen. Und wie erwartet lassen sich die Hundenasen durch den Pfeffer verwirren.

Hinter den Feldern verliert sich die Spur. Den Gendarmen bleibt also nichts anderes übrig, als umzukehren und mich zu verhören:

»Wohin wollten sie?«

»Weiß ich nicht.«

Ein Offizier packt Borro und verpasst ihm eine schallende Ohrfeige:

»Idiot, du hast sie abhauen lassen. Es ist halb eins, und du weißt noch nicht einmal, durch welches Loch sie entkommen sind.«

Der Chef der *Moukhaznis* ist leichenblass. Ein wenig scheinheilig versucht er sich zu rechtfertigen:

»Aber, Oberst, das sind *Djnouns,* Geister, das sind keine menschlichen Wesen. Leute wie die habe ich noch nie zuvor gesehen! Fragen Sie, wen Sie wollen. Wir haben unser Möglichstes getan, wir haben zwei Mauern gebaut, wir haben wirklich alles getan … Wir haben Sie gewarnt, dass die Stimmung nicht gut ist und die Dinge nicht so gut laufen. Sie haben trotzdem weiter geschwiegen und nie auf unsere Anfragen reagiert.«

Meine beiden Töchter, die von ihrer Zelle aus das Wachhäuschen sehen können, kommen zu mir, um zu berichten:

»Es ist so weit. Die Wachen werden ausgewechselt. Statt der Hilfstruppen kommen Gendarmen.«

Tatsächlich sind die *Moukhaznis* verschwunden. Die Gendarmen beziehen Stellung vor unseren Zellen, um das ganze Haus herum, überall. Sie sind so von ihrer Aufgabe in Anspruch genommen, dass sie völlig vergessen, uns etwas zu essen zu bringen. Zum Glück haben wir alle gut gefrühstückt.

Die Suche wollte gar kein Ende mehr nehmen. Unterstützt von Soldaten, Hunden und mit der modernsten Technik ausgerüstet, durchkämmten sie die ganze Umgebung. Gegen 16 oder 17 Uhr kehrten sie unverrichteter Dinge zurück. Es stellte sich heraus, dass Oberst Tibari, der Leiter dieser Operation, bei Oufkir Adjutant gewesen war. Wir kannten uns nicht, ich hatte ihn noch nie zuvor gesehen. Gleichwohl wandte er sich mit ausgesuchter Höflichkeit an mich.

»Madame, sagen Sie uns bitte, wohin die Kinder gegangen sind.«

»Aber ich weiß nicht, wohin sie gegangen sind. Ich kann es Ihnen wirklich nicht sagen. Die Verzweiflung hat sie zur Flucht getrieben ... Sie sind einfach losmarschiert, Gott allein weiß, wo sie jetzt sind.«

Bei mir dachte ich, irgendetwas muss schief gelaufen sein. Offensichtlich entwickelten sich die Dinge nicht plangemäß. Es war schon fünf Uhr nachmittags, und sie suchten immer noch! Das konnte nur bedeuten, dass die Kinder weder in der französischen noch in der amerikanischen Botschaft Zuflucht gefunden hatten. Wenn alles glatt gegangen wäre, hätten die Polizisten schon längst gewusst, dass jede weitere Suche sinnlos war.

Oberst Tibaris Ton mir gegenüber schwankte zwischen Ernst und Humor. Er zündete sich eine Zigarette nach der anderen an, nahm zwei Züge und trat sie dann auf dem Boden aus. Er gab sich freundlich und geduldig. Aber ich war so außer mir, dass seine versöhnliche Art überhaupt nicht bei mir anschlug.

»Sie sehen ja, was Sie aus uns gemacht haben«, sagte ich zu ihm. »Sie sollten bei unserem Anblick vor Scham im Boden versinken, Sie als Vertreter der Armee!«

Ich trug eine viel zu weite Hose, die über und über geflickt war, und eine schwarzbraun chinierte Dschellaba aus

Wolljersey, die allerdings inzwischen mehr einer Lochspitze ähnelte. Fast fünfzehn Jahre lang hatte ich sie getragen, entsprechend verwaschen und abgeschabt war sie; dennoch hütete ich sie wie einen Schatz, weil es das einzige Kleidungsstück war, das mich ein wenig warm hielt. Ich war in einem Zustand, der jedem Furcht eingeflößt hätte und alle, die mich vorher gekannt hatten, mit tiefer Scham erfüllen musste. Der Oberst schien in der Tat ziemlich betroffen, denn er senkte den Kopf und erwiderte nichts auf meine bitteren Vorwürfe.

Später kamen Polizisten und Agenten des Geheimdienstes, um mich zu verhören. Etwa zehn Leute wechselten sich bei dem Verhör ab, das sich bis zehn Uhr abends hinzog. Dann hieß es plötzlich:

»Wir brauchen Sie draußen.«

Zum ersten Mal seit zehn Jahren sollte ich dieses Gebäude verlassen. Als ich aus der Tür trat, rief mir Soukaïna nach:

»Mama, bring uns doch bitte Zigaretten mit, wenn du welche auftreiben kannst!«

Da sie mit neun ins Gefängnis gekommen war, hatte sie natürlich nie geraucht. Sie war einfach neugierig auf das Gefühl, das der Tabak in einem auslöste.

Sie brachten mich auf ein benachbartes Gehöft, das den Geheimdienstleuten als Hauptquartier diente. Ich betrat ein fast kreisrundes kleines Zimmer, das ziemlich verraucht war und mir unheimlich erschien. Mir war, als würde ich zum ersten Mal in meinem Leben so viel Licht sehen. Zehn Jahre lang hatten wir nur eine Vierzig-Watt-Glühbirne gehabt, die abends eineinhalb Stunden brannte. Das grelle Neonlicht tat mir in den Augen weh. Auf einem runden Tisch lagen mindestens fünfzig Päckchen Zigaretten aller Marken. Ich bat den Polizisten, mir eins für Soukaïna mitzugeben.

»Nein, da muss ich erst um Erlaubnis fragen.«

Als er dann später hinausging und mich kurz allein ließ, zog ich ein wenig an der Tischdecke und griff wahllos nach einem Päckchen, das ich eilig in der Kapuze meiner Dschellaba verschwinden ließ. Das war der einzige Diebstahl, den ich je in meinem Leben begangen habe.

Es stellte sich heraus, dass ich Mentholzigaretten eingesteckt hatte, und die raucht Soukaïna noch heute.

Plötzlich sah ich durch das Fenster, wie ein Helikopter auf dem Acker landete und ein General in silbriger Pilotenuniform herauskletterte. Ich erkannte ihn sofort wieder, obwohl seit unserer letzten Begegnung fünfzehn Jahre vergangen waren. Es war General Ben Slimane, Kommandeur der Gendarmerie. Ich hatte gerade noch Zeit, ihn zu identifizieren, als mir Soldaten die Augen verbanden.

Es überraschte mich nicht im Geringsten, dass Ben Slimane nicht von mir erkannt werden wollte. Ich war so abgemagert, knöchern und eingefallen, dass er wie die anderen angesichts dieses erbarmungswürdigen Zustandes Scham empfinden musste. Früher war er ein Freund gewesen, und ich bin sicher, dass es ihn schmerzte, mich unter diesen fatalen Umständen wieder zu sehen. Aber was hätte er sagen sollen? Was hätte er unternehmen können? Er musste seine Befehle ausführen, wenn er nicht riskieren wollte, uns in unserem Gefängnis Gesellschaft zu leisten.

Aufgrund meiner Augenbinde wähnte er sich während des Verhörs in sicherer Anonymität.

»*Hadja*, sagen Sie uns doch, wo die Kinder sind.«

»Wie bitte? Sie wagen es, immer noch nach den Kindern zu suchen? Das sind doch keine Verbrecher. Was haben sie Ihnen denn getan? Was haben sie dem Staat getan, dass Sie sie so hartnäckig verfolgen?«

Ich hielt mich nicht mehr zurück und ließ meiner

ganzen aufgestauten Wut freien Lauf. Erstens tat mir das gut, und zweitens verloren sie dadurch bei ihrer Menschenjagd kostbare Zeit. Plötzlich – ich weiß nicht, was mich dazu trieb, vielleicht war ich so überzeugt davon, dass die Kinder etwas ganz anderes vorgehabt hatten – sagte ich:

»Wahrscheinlich wollen sie Richtung Algerien …«

Ich hatte nicht einmal Zeit, meinen Satz zu beenden. Augenblicklich stoben sie auf wie ein Schwarm Spatzen, um sich jeder ein Telefon zu greifen. Geheimdienst, Kriminalpolizei, Gendarmerie und Hilfstruppen überschlugen sich vor Eifer, überall die große Neuigkeit zu verkünden: Oufkirs Kinder sind nach Algerien geflüchtet!

Von da an wurde nur noch in diese Richtung weiterermittelt. Ben Slimane, der stets korrekt blieb, führte das Verhör fort, wobei er Oberst Tibari als Sprachrohr einsetzte. Ich blieb unverrückbar bei meiner Aussage:

»Ja, ich habe dafür gesorgt, dass sie ausbrechen. Jetzt können Sie nichts mehr machen, sie sind weg. Suchen Sie sie in Algerien!«

Es war schon nach Mitternacht, und das Verhör drehte sich im Kreis. Ich wiederholte mich in einem fort. Algerien … Algerien … Am Ende erkannten sie, dass sie nicht mehr aus mir herausbringen würden.

»Du kannst gehen, wir holen dich dann wieder.«

Um mich selbst zu beruhigen, redete ich mir ein, dass die Kinder um diese späte Stunde ganz sicher bereits eine Botschaft gefunden hatten.

Sie brachten mich in unser Gefängnis zurück und holten Soukaïna, um sie ebenfalls zu verhören. Das Mädchen musste endlose Fragen beantworten. Sie erzählte die Geschichte des Tunnels, die man ihr aber nicht recht abkaufen wollte. Sie erklärte, wie wir vorgegangen waren, wie wir jeden Morgen vor Sonnenaufgang alle Öffnungen wieder sorgfältig verschlossen und getarnt hatten.

»Und wie habt ihr gewusst, wie spät es ist?«

»Wir haben Cornelius, den Esel, schreien hören«, erläuterte Soukaïna.

Kein Mensch glaubte ihr. Tibari wurde wütend:

»Was glaubst du eigentlich, wen du vor dir hast? Hältst du dich vielleicht für Galilei? Willst du die Welt aus den Angeln heben? Was soll das bedeuten: ein Esel, der euch Bescheid gibt, wenn es vier Uhr ist?«

»Das ist die Wahrheit.« Soukaïna blieb dabei.

Just in diesem Augenblick begann Cornelius draußen auf dem Feld zu schreien. Es war genau vier Uhr morgens. Die Soldaten sahen sich fassungslos an. Sie waren felsenfest davon überzeugt, dass wir von Dämonen besessen waren. In Wirklichkeit ist es einfach so, dass man im normalen Leben nicht auf solche Kleinigkeiten in seiner Umgebung achtet und nicht wahrnimmt, dass ein Esel seinen Schrei immer zur selben Zeit ausstößt.

Der Tunnel interessierte die Ermittler nicht im Geringsten. In ihrer lächerlichen Hybris waren sie davon überzeugt, dass wir zahlreiche Komplizen gehabt haben mussten. Alle Türen waren doppelt abgeschlossen und nicht aufgebrochen. Einzig mögliche Schlussfolgerung war, dass wir beim Ausbruch die Hilfe Dritter in Anspruch genommen hatten. Für sie bestand daran nicht der leiseste Zweifel.

Die Gendarmen ließen uns nicht mehr aus den Augen, nicht einmal auf der Toilette. An mir klebte ein schwitzender Fettwanst wie eine Klette. Ich flehte ihn an, mich wenigstens allein aufs Klo gehen zu lassen:

»Warten Sie doch hinter der Tür. Glauben Sie etwa, ich würde mich jetzt umbringen? Sind Sie krank, oder was? Ich werde mich doch jetzt nicht umbringen, wo alles drunter und drüber geht und ich noch nicht einmal weiß, wo meine Kinder sind!«

Die Zeit verging, aber wir bekamen weiterhin nichts zu essen. Dienstagvormittag waren sie offensichtlich so erschöpft und entnervt, dass sie sogar unsere zwei unglückseligen Schicksalsgenossinnen zum Verhör holten, sie anschrien und bedrohten. Wenn sie nicht alles geständen, würden sie zusammengeschlagen. Zusammengeschlagen! Die armen Mädchen waren wandelnde Leichen; man hätte sie nur anpusten müssen, schon wären sie umgefallen. Nachdem ich alles von meiner Zelle aus mit angehört hatte, trommelte ich gegen die Wand, um die Soldaten zu rufen.

»Was ist los?«

»Ich möchte den Oberst sprechen ...«

Einen Augenblick später erschien er tatsächlich.

»Die Kleine möchte Ihnen zeigen, wo die Kinder ausgebrochen sind. Es ist nicht notwendig, sich an diesen Frauen zu vergreifen. Schlägt man vielleicht Halbtote? Sie sind hier wegen nichts. Und Sie suchen seit mehr als vierundzwanzig Stunden erfolglos. Soukaïna wird Ihnen den Tunnel zeigen.«

Der Oberst holte sich seine Instruktionen und kam sofort wieder zurück:

»In Ordnung.«

Eine halbe Stunde später betrat General Ben Slimane das Haus, im Schlepptau einen ganzen Stab von Männern, die mit Kameras bewaffnet waren. Soukaïna zeigte ihnen die Stelle, wo der Tunneleingang lag. Alles war blitzsauber aufgeräumt, und nicht das Mindeste deutete darauf hin, dass unter den perfekt verlegten Bodenplatten ein unterirdischer Gang entlangführte.

»Willst du uns verarschen, oder was?«

»Nein, nein, ich sage die Wahrheit. Geben Sie mir ein

Messer, dann werden Sie schon sehen, wie ich den Einstieg öffne.«

Unter ihren ungläubigen Blicken schob die Kleine die Platten beiseite, zog die zur Geräuschdämmung eingesetzten »Lampions« heraus und legte den Eingang des Tunnels frei. Und obwohl sie das Loch nun wahrhaftig vor sich hatten, konnten sie das Ganze immer noch nicht glauben. Minuziös untersuchten sie die zu »Lampions« umfunktionierten Hosen und ihre Nähte. Dann kamen sie zu mir und schwenkten ihren Fund triumphierend vor meiner Nase.

»Jetzt haben wir den Beweis, dass Sie Hilfe hatten!«

»Ach ja, und der wäre?«

»Ihre Säcke wurden mit einer Nähmaschine genäht, und Sie haben hier keine Nähmaschine!«

Ich wies sie darauf hin, dass sie die Originalnähte der Hosenbeine begutachteten, die wir benutzt hatten, um unsere »Lampions« herzustellen. Mein Anteil an den Säcken war natürlich Handarbeit.

Oberst Tibari ereiferte sich:

»Das kann nicht sein, Sie hatten Unterstützung. Es ist völlig unmöglich, dass Sie das ganz allein geschafft haben.«

»Nein, wir hatten keine Unterstützung. Wir haben das alles allein bewerkstelligt.«

Am Ende ließen sie sich doch noch überzeugen, auch wenn keiner der viel zu dicken und wohl genährten Gendarmen durch das Loch gepasst hatte. Sie filmten den Tunnel von allen Seiten, am Eingang und am Ausgang, und brachten uns dann endlich, nach eineinhalb Tagen, etwas zu essen.

Am Dienstag, den 21. April gegen 15 Uhr kamen sie und forderten uns auf:

»Ziehen Sie sich an. Lassen Sie alles, was Sie haben, hier.

Wir werden Sie nur kurz an einen anderen Ort fahren und dann gleich wieder hierher zurückbringen.«

Obwohl ich der Sache nicht recht traute, ließ ich mich hinters Licht führen. Ich hatte in einer Matratze Briefe, Gedichte und Gedanken, die ich niedergeschrieben hatte, aufbewahrt. Als wir wiederkamen, war alles verschwunden.

Myriam, Soukaïna, Halima, Achoura und ich bekamen jede eine Dschellaba, wie sie die *Moukhazni* trugen, und ein großes Kopftuch. Ich musste in einen kleinen Jeep steigen und zwischen zwei Wächtern Platz nehmen, die beide ein Maschinengewehr trugen. Vorne saßen ein Offizier und der Chauffeur. Einer der Wächter bedeckte mein Gesicht mit dem Kopftuch und drückte mir mit beiden Händen den Kopf nach unten.

»Du darfst nichts sehen.«

»Das geht nicht, so ersticke ich ...«

»Mir doch egal.«

Der Offizier verhielt sich etwas höflicher:

»Ich bitte Sie, Sie dürfen nicht sehen, wohin wir Sie bringen.«

»Wohin bringen Sie mich denn? In ein neues Gefängnis? Das ist mir egal, wenn ich nur Luft bekomme.«

Keine Chance. Ich durfte nicht hinaussehen. Wir fuhren rund fünfzig Kilometer, während der Wächter mir die ganze Zeit über den Kopf nach unten drückte und mir dabei fast das Genick brach. Am Schaukeln des Wagens erkannte ich, dass der Straßenbelag wiederholt wechselte. Zunächst fuhren wir über eine Schotterpiste, dann über eine asphaltierte Straße und schließlich eine Autobahn, wie ich aus der zunehmenden Geschwindigkeit schloss.

Unseren Zielort erreichten wir am späten Nachmittag, als die Sonne bereits langsam unterging. Sie brachten uns in ein Kommissariat, wo wir uns in dem mit Sichtmauerwerk verkleideten Foyer in einer Reihe aufstellen mussten: Soukaïna, Myriam, Halima, Achoura und ich auf der einen Seite, die *Moukhaznis* auf der anderen. Wir befanden uns auf der berüchtigten Polizeistation von Ben Chérif, wo politische Gefangene mürbe gemacht wurden.

Ich weiß nicht, ob dieser Ort mit dem schaurigen Ruf heute noch existiert. Ich könnte mir vorstellen, dass sie zumindest keine Zellen für politische Gefangene mehr haben. Sicherlich gibt es im Land immer noch Willkür, aber an politisch engagierten Menschen vergreift man sich wohl nicht mehr. Heute ist auch in Marokko alles viel entspannter, man kann offen reden und seine Meinung äußern.

Wir stehen regungslos da. Plötzlich kippt Soukaïna neben mir vornüber und schlägt der Länge nach auf den Boden, wie ein gefällter Baum. Einen Augenblick lang glaube ich, sie habe sich den Kopf eingehauen. Sie ist ohnmächtig geworden nach all den Entbehrungen und aufgrund der Anämie, an der sie leidet, und einer Hepatitis, mit der sie seit einigen Wochen kämpft. Ich will zu der Kleinen, aber ein Polizist schnellt vor, packt mich an der Kapuze meiner Dschellaba und schleudert mich gegen die Steinwand. Außer mir vor Wut beginne ich zu schreien, und meine Worte hallen im ganzen Gebäude wider:

»Für wen hältst du dich? Warum schlägst du mich? Warum fasst du mich an?«

Auf meine Beschimpfungen hin weicht der Wächter zurück. Im selben Moment kommt Leben in das Gebäude: Die Polizisten laufen aus der Amtsstube heraus. Auf mich kommt einer zu, der als »Folterer von Ben Chérif« bekannt ist, ein Polizist, berühmt-berüchtigt für seine handgreiflichen Verhörmethoden. Zu mir ist er gleichwohl einigermaßen nett und höflich.

Mit der Polizei hatten wir übrigens ganz allgemein nie Schwierigkeiten, weder bei Oufkirs Tod noch später.

»Was gibt's denn?«, fragt mich der Folterer von Ben Chérif, den mein Gezeter angelockt hat.

»Schauen Sie, er hat mich gegen die Wand geschleudert, und meine Tochter hier liegt im Sterben ...«

Derjenige, der mich geschlagen hat, sieht zerknirscht aus:

»Tut mir Leid, ich dachte, das wäre ein *Moukhazni* ...«

»Wie bitte, du hast gedacht, das wäre ein *Moukhazni*? Sehen wir vielleicht aus wie *Moukhaznis*? Jede von uns wiegt gerade noch vierzig Kilo!« Zum Glück habe ich Kopftuch und Kapuze auf, sonst würde mir wahrscheinlich vor lauter Wut der Schädel zerspringen.

Daraufhin werde ich mit meinen Töchtern in einen kahlen kleinen Raum gesperrt. Wir breiten Decken auf dem Boden aus, auf die wir uns legen, um uns ein wenig auszuruhen. Halima und Achoura werden woanders eingeschlossen, da sie jeden Kontakt zwischen uns unterbinden wollen. Die Kinder sind noch immer auf der Flucht, und die Polizisten beabsichtigen, uns getrennt voneinander weich zu kochen. Sie sind fest entschlossen, aus uns die Informationen herauszupressen, die sie wieder auf die Spur der Flüchtigen bringen könnten, die sich offenbar immer mehr verwischt.

Und in der Tat werde ich drei oder vier Stunden lang verhört. Die ganze Zeit über höre ich grässliche Schreie aus einer benachbarten Zelle. Es ist Borro, der gefoltert wird. Seine Schreie sind unmenschlich, es ist unerträglich. Ich fühle, wie mir das Blut in den Adern gefriert. Der Kommissar nimmt meine Hände in seine und sagt in sanftem Ton:

»Hör zu, *Hadja,* niemand wird dir etwas tun, auch Seine Majestät kann dir nichts tun, also können wir es umso weniger. Niemand hat das Recht, Hand an dich zu legen.«

Auch ich wusste zu diesem Zeitpunkt nicht mehr, wo sich meine Kinder befanden, und ich fing an, mir Sorgen zu machen. Es war bereits Dienstagabend, sie waren seit zwei Tagen unterwegs, und wir hatten keinerlei Informationen.

Sie sperrten uns wieder in die Zelle, und wir legten uns erneut, in unsere grauen Decken gewickelt, auf den Boden. Alle Viertelstunde kam ein Polizist vorbei, um sich zu vergewissern, dass wir noch am Leben waren.

Gegen 22 Uhr kamen sie mich wieder holen:

»Sie kommen mit zum Verhör.«

»Ich habe Ihnen nichts mehr zu sagen«, protestierte ich.

Sie nahmen mich trotzdem mit, um mir wieder diese Frage zu stellen, immer dieselbe, mit der sie mich schon seit zwei Tagen unablässig bombardierten:

»*Hadja*, sag mir, wo die Kinder sind.«

»Ich kann Ihnen nicht mehr sagen, ich habe es Ihnen doch schon gesagt. Gehen Sie doch nach Algerien oder vielleicht in den Norden.«

Ich sprach einfach so vom Norden, nur um irgendetwas zu sagen, genau so, wie ich zuvor Algerien ins Spiel gebracht hatte. Es war niemals die Rede davon gewesen, dass die Kinder in den Norden gehen würden. Dummerweise brachte ich mit dieser dahingesagten Bemerkung die Verfolger wieder auf ihre Spur.

XI

Marrakesch, unser Kanada

Hypernervös und voller Unruhe liege ich auf dem Boden der Zelle des Kommissariats von Ben Chérif und bekomme kein Auge zu. Um mich etwas zu beruhigen, möchte ich eine Dusche nehmen, und zwar ohne Wächter. Darauf bestehe ich, und sie sind schließlich einverstanden. Als ich den Waschraum betrete, entdecke ich überrascht zwei Wasserhähne, einen für kaltes und einen für heißes Wasser. Zehn Jahre lang habe ich mich mit kaltem Wasser gewaschen. Aus reiner Gewohnheit drehe ich den Kaltwasserhahn auf, doch dann bleibe ich wie erstarrt stehen und stiere auf den laufenden Strahl. Ich kann nicht in die Dusche steigen. Unter Einsatz meines ganzen Willens versuche ich, einen klaren Gedanken zu fassen. Zehn Jahre lang habe ich mir eingeredet, dass mir das kalte Wasser gut tue, dass es mein Immunsystem stärke und mich vor Erkältungen schütze. Nichts zu machen. Eine halbe Stunde lang stehe ich wie angewurzelt vor diesem Wasserstrahl, der aus dem Duschkopf spritzt. Irgendwann bin ich in der Lage, mich zu entscheiden, und drehe den Heißwasserhahn auf. Überraschend wohltuende Wärme umhüllt mich. Das Wasser streichelt sanft über meinen durch die zehnjährige Eiskur verhärteten Körper. Die Würfel sind gefallen: Nie wieder kaltes Wasser. Ich wasche mir die Haare und genieße dieses wunderbare »Dampfbad« bis zum letzten Tropfen.

Mir ist so wohlig wie schon lange nicht mehr, und ich mummele mich in meine Decke, um eine Kleinigkeit zu essen. Sie setzen mir eine undefinierbare salzlose Mehlpampe vor, auf der ein wenig Fett schwimmt, dazu Schwarzbrot, das wie gepresste Asche aussieht, aber hervorragend schmeckt. Den Mehlkleister lehne ich ab, mir reicht ein wenig Tee zum Brot. Damit bin ich vollauf zufrieden.

Dann versuche ich zu schlafen. Seit sie in Bir-Jdib Wachtürme über unseren Köpfen errichten, habe ich praktisch kein Auge mehr zugetan. Ich habe das eigenartige Gefühl, dass meine Augen umso leichter offen bleiben, je weniger ich schlafe. Es ist unmöglich, Schlaf zu finden. Ich wälze mich wieder und wieder herum in meiner Decke. Irgendwann bitte ich um ein Schlafmittel und bekomme sogar eine halbe Tablette, die mich endlich in Morpheus' Arme sinken lässt. Dennoch kommt alle Viertelstunde ein Wächter vorbei, um nachzusehen, ob ich nicht vielleicht Opfer einer Verzweiflungstat geworden bin.

Die Kinder hatten in Rabat die französische Botschaft aufgesucht, wo sie von marokkanischen Wachposten empfangen wurden. Die Botschaft war geschlossen. Wir hatten alles berücksichtigt, außer dass der 20. April in diesem Jahr ausgerechnet Ostermontag war, in Frankreich und somit auch für dessen diplomatische Vertretung ein Feiertag. Andere Botschaften waren indes geöffnet. Als sie vor der amerikanischen standen, packte sie angesichts der marokkanischen Wachen die Panik. Danach versuchten sie, in die schwedische Botschaft zu gelangen. Raouf gelang es sogar, einer schwedischen Schalterbeamtin einen Zettel zuzustecken, auf dem stand: »Wir sind die Kinder von General Mohamed Oufkir und bitten um politisches Asyl in Schweden.« Die Dame las den Satz und fing sofort an zu schreien:

»Go out! Wenn Sie nicht sofort verschwinden, rufe ich die Polizei!«

So suchten sie meinen Bruder Wahid auf, um sich schließlich zu französischen Freunden zu flüchten, Luc und Michèle Barère. Sie sind edelmütige und ein wenig eingebildete Leute, die in dieser Situation allerdings überfordert waren. Beim Aufbruch beging Malika den Fehler, ihnen das Manuskript unserer wunderbaren russischen Geschichte anzuvertrauen, an dem Soukaïna Nacht für Nacht geschrieben hatte. Kaum waren die Kinder aus dem Haus, verbrannte Luc alles. In seiner Furcht vor der Polizei, die sich den Kindern auf die Fersen geheftet hatte, konnte es ihm gar nicht schnell genug gehen, sich dieser kompromittierenden Schrift zu entledigen.

Er dachte, dass diese mit winzigen Buchstaben übersäten Blätter – die er wahrscheinlich gar nicht entziffern konnte – unsere Leidensgeschichte dokumentierten. Gefangene, die nach fünfzehn Jahren Hölle entkommen waren, konnten doch nur über ihre leidvollen Erfahrungen sprechen. Doch wer die Hölle durchlebt, hat kein Bedürfnis, darüber zu schreiben. Das Grauen ist unauslöschlich in die Seele eingebrannt. Die Wunden bleiben für immer offen. Mir genügt allein der Gedanke daran, und sofort fühle ich mich mit jeder Faser meines Körpers in unsere Leidenszeit zurückversetzt. Auch wenn ich hier versuche, alles in Worte zu fassen, ist es unmöglich, die tagtägliche Qual zu beschreiben oder wie ich jahrelang jeden Abend am liebsten mit dem Kopf gegen die Wand gerannt wäre, um den Wahnsinn zu vertreiben, der mich zu ergreifen drohte. Man kann nicht erklären, woher der Wille zum Durchhalten kommt, und nicht begreiflich machen, wie entsetzlich machtlos man sich fühlt, wenn man sich sagen muss: »Du hast eine Familie, und auch wenn dich nur ein winziger Schritt vom

Jenseits oder vom Irrsinn trennt, darfst du dich nicht aufgeben.« Wie soll man all die Schrecknisse und diese himmelschreiende Ungerechtigkeit in Worte fassen?

Nachdem sie Rabat verlassen hatten, fuhren Malika, Raouf, Maria und Abdellatif nach Tanger hinauf. Da sie keine Ahnung hatten, wohin sie sich wenden sollten, waren sie aufs Geratewohl Richtung Norden aufgebrochen. Die Angst im Nacken, durchquerten sie die Stadt, und nur dank eines zweifachen Wunders wurden sie nicht geschnappt. Das erste ereignete sich noch in der Nähe des Bahnhofs. Durch meine unvorsichtige Aussage in Alarmbereitschaft versetzt, erwarteten die Polizisten, die um das Gebäude herum Wache schoben, ganz gelassen die Ausbrecher. Sie suchten vier junge Leute und achteten deshalb nicht auf die sechs Personen, die an ihnen vorbeigingen ... Im Zug hatten sich die Kinder an einen Koch und eine freundliche dicke Frau gehängt, die ihnen als Tarnung dienten. Das zweite Wunder ereignete sich auf der Straße, am Stadtausgang von Tanger. Die Kinder fuhren im Taxi zum Hotel Ahlan, das einem früheren Freund, Salah Balafrej, gehörte. Es war bereits dunkel. Soldaten, Gendarmen, Polizisten und *Moukhaznis*, ein wahrhaft beeindruckendes Aufgebot von Ordnungskräften, hielten den Verkehr auf und filzten einen Wagen nach dem anderen. Als das Taxi bei der Straßensperre ankam, hielt ihnen ein Polizist seine Stablampe vor die Nase, musterte sie mindestens drei Minuten lang von Kopf bis Fuß ... und ließ sie durch! Dabei sind sie ihrem Vater so aus dem Gesicht geschnitten, dass es überhaupt keinen Zweifel an ihrer Identität geben konnte.

Als der Kommissar von Ben Chérif von der Geschichte Wind bekam, war er fassungslos:

»Was? Das kann doch nicht wahr sein, so etwas Unglaubliches ... Die suchen also vier Personen, dann hält der Bulle ein Taxi an, in dem vier Personen sitzen, zwei Jungs und zwei Mädchen, da kann man sich doch gar nicht irren. Warum hat er sie passieren lassen?«

Niemand wird je erfahren, warum dieser unbekannte Polizist so reagiert hat. Aber was ihn auch bewogen haben mag, ich werde ihm ewig dankbar sein. Denn wenn die Kinder zu diesem Zeitpunkt festgenommen worden wären, hätte man sie ohne weitere Umschweife in die »Gärten des Königs« zurückgebracht und wieder ihrem Schicksal überlassen.

Am nächsten Tag, dem 22. April, konnten sie beim Sender *Radio France Internationale* in Paris anrufen. Maria hatte sofort Alain de Chalvron, den Chefredakteur, am Apparat.

»Wir sind die Kinder von General Oufkir, wir sind aus dem Gefängnis geflohen, sind jetzt in Tanger und brauchen nun dringend Hilfe, schicken Sie uns jemanden, machen Sie irgendwas, verbreiten Sie die Meldung ...«

Der Journalist wollte diese abenteuerlich klingende Geschichte zunächst nicht recht glauben, sondern hielt alles für einen dummen Streich. Dennoch ließ er sich überzeugen und versprach zu helfen. Er leitete die Information sofort an das französische Außenministerium weiter. Von hier aus wurde Präsident Mitterrand in Kenntnis gesetzt, der sich gerade auf dem Flug nach Rabat befand, wo er zum Staatsbesuch erwartet wurde.

Es war wie verhext. Jedes Mal wenn Mitterrand nach Marokko kam, gab es Probleme. Beim ersten Mal war es der Tod von Oberst Dlimi gewesen, beim zweiten Mal der Ausbruch der Oufkir-Kinder. Der Präsident entstieg dem Flugzeug mit entsprechend wütender Miene, und das anschließende Essen muss in eisiger Atmosphäre verlaufen sein. Darauf protestierten die französischen Parteien, bekannte Persönlichkeiten, Freunde wie Feinde von Hassan II., Linke wie Rechte, geschlossen gegen das Schicksal der Oufkir-Familie.

Zur gleichen Zeit nahm ein Vertreter des französischen Außenministeriums Kontakt zu meinen Kindern in Tanger auf. Im Gefängnis hatten wir beschlossen, Robert Badinter* um die Übernahme unserer Verteidigung zu bitten. Wir wussten damals nicht, dass er inzwischen Mitglied des Verfassungsrates geworden war und aus diesem Grund das Mandat nicht annehmen konnte. Alain de Chalvron empfahl den Kindern, sich an Georges Kiejman zu wenden, der für seine erfolgreiche Anwaltstätigkeit bekannt war und außerdem über genügend Medienwirksamkeit verfügte. Von Chalvron in die Sache eingeweiht, erklärte sich der Anwalt bereit, sich um unseren Fall zu kümmern, und schickte noch am selben Tag seinen Kompagnon, Bernard Dartevelle, nach Tanger. Dartevelle traf sich an diesem Tag zweimal mit den Kindern, machte Fotos von ihnen und stellte eine Flucht nach Paris über das französische Konsulat in Aussicht.

Von diesem Donnerstag an bekamen wir in unserer Zelle in Ben Chérif alles, was wir wollten! Mitterrands Anwesenheit in Marokko und seine schlechte Laune, die er von Beginn seines Besuches an gezeigt hatte, wirkten sich auf uns geradezu segensreich aus. Sie brachten uns Gerichte aus einem Restaurant: frittierten Fisch, Steaks, Koteletts, Gemüse ... Doch schon allein beim Anblick dieser Dinge verschlug es mir den Appetit. Sie versuchten, mich zum Essen zu überreden, doch ich brachte keinen Bissen hinunter. Das Einzige, was ich in dem Moment wollte, waren Neuigkeiten von meinen Kindern. Lapidare Antwort:

»Das wüssten wir gerne von *Ihnen*.«

* Anwalt und von 1981–86 französischer Justizminister. Sorgte für die Abschaffung der Todesstrafe (Anm. d. Übers.).

Während die Kinder Freitagmorgen im Park des Hotel Ahlan auf den Anwalt warteten, der sich an diesem Tag zum dritten Mal mit ihnen treffen wollte, wurden sie von einem enormen Aufgebot an Polizeikräften festgenommen. Es hieß, sie seien von einem Hotelangestellten denunziert worden, aber ich zweifle daran. Ich denke, es hat eine geheime Abmachung zwischen Frankreich und Marokko gegeben, um einen Skandal zu verhindern. Die Flucht nach Frankreich dürfte ebenfalls weniger eine reelle Option als vielmehr ein Köder gewesen sein, um Zeit zu gewinnen. Wie hätte man wohl die Kinder unbemerkt durch das Konsulat schleusen sollen? Die Öffentlichkeit hätte auf jeden Fall davon erfahren, und dann wäre Frankreich offiziell in die Sache verwickelt worden.

Meiner Ansicht nach hat sich Mitterrand von Hassan II. überreden lassen. Der König hat dem Präsidenten zugesagt, uns in die Freiheit zu entlassen und uns die Möglichkeit zu geben, nach Kanada auszuwandern. Warum Kanada? Weil sich Seine Majestät aus unerfindlichen Gründen weigerte, uns nach Frankreich ausreisen zu lassen. Er wollte wohl mindestens einen Ozean zwischen sich und uns wissen.

Gegen dieses Versprechen lieferten die Franzosen Oufkirs Kinder an die Marokkaner aus. Ich habe übrigens gehört, dass der französische Staatschef einen fürchterlichen Wutanfall bekam, als er erfuhr, dass der König sein Wort nicht gehalten hatte. Aber so war er eben: Wenn jemand versuchte, ihm eine Entscheidung aufzuzwingen, konnte man davon ausgehen, dass er genau das Gegenteil tat.

Die Polizisten stürmten den Park des Hotel Ahlan, packten die Kinder und brachten sie gewaltsam auf das Kommissariat von Tanger. Held dieser spektakulären Festnahme von vier ausgehungerten Kindern war Präfekt Guessous. Er rief sofort den Innenminister an, um ihm die gute Nachricht zu übermitteln. Sein Gesprächspartner am anderen Ende der Leitung wagte kaum zu glauben, dass die Geschichte nun doch einen so glücklichen Ausgang haben sollte. Meine Kinder hörten, wie der Beamte mit stolzgeschwellter Brust sagte:

»Herr Minister, ich versichere Ihnen, sie stehen hier vor mir, alle vier …«

Auf seiner Rückreise nach Frankreich wurde Rechtsanwalt Dartevelle an der Grenze gefilzt und musste sich nackt ausziehen. Die Polizisten nahmen ihm alle Papiere ab, die er bei sich trug, und natürlich die Fotos, die er von den Kindern gemacht hatte. Wären die Bilder dieser bis auf die Knochen abgemagerten jungen Leute veröffentlicht worden, hätte das doch erheblich am guten Image von Hassan II. gekratzt.

Anschließend spielten die Polizisten noch ihre perversen Spielchen mit den Kindern. Indem sie Abdellatif allein zum Verhör holten, versetzten sie sie alle in Angst und Schrecken. Die Großen zitterten um ihn, weil sie sich für ihren kleinen Bruder verantwortlich fühlten. Dann fuhren die Zerberusse mit den Gefangenen in die Stadt, um ihnen Kleidung und Schuhe zu kaufen, damit sie wieder einigermaßen vorzeigbar aussahen. Nachdem die Affäre ruchbar geworden war, hatte der König erklärt, von nichts zu wissen. Es sei nun dringlichstes Ziel, fünfzehn Jahre Ungerechtigkeit wieder gutzumachen.

Am Ende wurden die vier Ausreißer nach Ben Chérif gebracht, wo wir uns wieder trafen. Meine Kinder wieder zu sehen traf mich ins Mark. Wir hatten uns seit fast sechs Monaten nicht mehr gesehen, seit dem Beginn unseres Hungerstreiks. Ich sah vier junge Leute auf mich zukommen, die gut gekleidet und frisiert waren. Malika war ganz in Rosa und Grau gekleidet, die Jungs trugen Jeans. Beinahe hätte ich sie nicht erkannt. Sie waren bereits von der Aura der Freiheit umgeben.

Zwei Monate mussten wir noch in Ben Chérif bleiben, bis man uns ein Haus in Marrakesch zuwies. Dort warteten wir noch weitere knappe vier Jahre auf unsere Freiheit, vom 1. Juli 1987 bis zum 26. Februar 1991.

Es war ein Hausarrest im Verborgenen, denn niemand durfte wissen, wer in dieser großen Villa lebte. Das Gebäude war von roten Mauern umgeben, die mit Scherben von Glasflaschen bewehrt waren und von bewaffneten Soldaten bewacht wurden. Und doch erschien uns unser neues Zuhause geradezu fürstlich. Es hatte ein Badezimmer, eine richtige Badewanne, behagliche Zimmer, zwei Salons und einen vertrockneten Garten, auf dessen ockergelber Erde zwei rachitische Palmen vor sich hin kümmerten. Es war ein goldener Käfig, aber nichtsdestoweniger ein Käfig.

Am 3. Juli, wir waren kaum richtig eingezogen, kam Rechtsanwalt Kiejman zu Besuch. Er hatte tags zuvor eine Audienz beim König gehabt und überraschte uns mit guten Nachrichten. Hassan II. hatte sich bereit erklärt, uns baldmöglichst nach Kanada ausreisen zu lassen. Unsere Abreise wurde auf den 27. Oktober 1987 festgelegt. Vor den Kameras des französischen Fernsehsenders *Antenne 2* erklärte Hassan II.:

»Es ist eine Angelegenheit, die einen Souverän und eine Familie aus dem Kreise seiner Untergebenen angeht. Ich denke, wir regeln sie so unspektakulär wie möglich und gemäß unseren Moralvorstellungen.«

Einmal in der Woche durften uns engste Familienangehörige besuchen. Dazu gehörte zunächst mein Vater, der in all den Jahren ebenso verzweifelt wie vergeblich versucht hatte, uns aufzuspüren, und dem König immer wieder Briefe geschickt hatte. Es war ein sehr ergreifendes, aber doch schwieriges Wiedersehen; ich hatte einen gut aussehenden und unternehmungslustigen Mann in Erinnerung. Vor mir stand ein schlurfender alter Mann mit einem Hörgerät. Nach und nach erneuerten wir die in fünfzehn Jahren zerschlissenen Bande. In Begleitung seiner jungen Frau, die er während unserer Gefangenschaft geheiratet hatte, kam er mich jede Woche besuchen. Auch meine Schwestern, meinen Bruder und alle, von denen ich so lange getrennt gewesen war, sah ich wieder. Unwohlsein und Verlegenheit prägten diese Begegnungen. Zwischen uns klaffte ein Graben, der durch die viel zu lange Trennung entstanden war.

Um zu uns zu gelangen, mussten sich unsere Besucher in die Medina begeben, wo sie nach Einbruch der Dunkelheit von einem Polizeiauto abgeholt wurden. Es sollte um jeden Preis verhindert werden, dass sie unseren Aufenthaltsort bestimmen konnten. Wer zu uns kam, wurde systematisch gefilzt, bevor er die Villa betreten durfte. Meine Schwestern und meine Schwägerin mussten ihre Hosen herunterlassen, sogar wenn sie ihre Regel hatten. Dem Regime des Schreckens folgte eine Zeit unablässiger Demütigungen.

Im Hinblick auf unsere Abreise hatten sie uns Koffer und warme Kleidung gekauft und sogar Pässe ausgehändigt. Dann organisierten sie sogar noch eine Begegnung mit meinem Vater vor den laufenden Kameras der Polizei. Es sollte unbedingt festgehalten werden, wie Mohamed Chenna die Dokumente unterschrieb, die ihn zum Verwalter meines Besitzes machten, und damit die Aufgabe übernahm, mein Eigentum zurückzuholen und zu verkaufen – symbolische und historische Momente, wie sie fanden. Ich ließ mich von dieser aufwendigen Inszenierung blenden, hatte ich doch den Eindruck, alles würde sich zum Besten wenden.

Warum sollte man nicht mit dem Besten rechnen, wenn man das Schlimmste hinter sich hat?

In der folgenden Nacht gegen ein Uhr schickten sie mir einen jungen Schwachkopf, der sich für unheimlich klug hielt und mir erklärte:

»Sie werden jetzt eine Erklärung unterzeichnen und damit die Verpflichtung eingehen, dass Sie dem Land Marokko keine Schwierigkeiten bereiten, nichts schreiben und nichts veröffentlichen werden …«

Empört erwiderte ich:

»Das ist doch vollkommen idiotisch, was Sie da von mir verlangen! Selbst wenn ich das jetzt unterschreibe, hindert mich nichts daran, so viel zu schreiben, wie ich will, sobald ich erst einmal in Kanada bin.«

In den langen Jahren unserer Gefangenschaft hatten wir alle neun ein ziemlich ausgeprägtes Gespür für die menschliche Seele entwickelt. Wenn wir uns mit jemandem unterhielten, konnten wir genau erkennen, was er fühlte, ob er aufrichtig und offen war oder ob er sich verstellte. Als sich auf meine Antwort hin der Gesichtsausdruck des jungen Mannes plötzlich veränderte, verhieß das nichts Gutes. Er rauschte hinaus, und ich habe ihn nie wieder gesehen. Einige Stunden später, um fünf Uhr morgens, sollten wir nach Casablanca fahren, um unseren Anwalt zu treffen.

Nichts geschah. Niemand kam, um uns abzuholen. Gegen sechs oder sieben Uhr erschien dann endlich ein Kommissar, um uns mitzuteilen, dass sich die Abreise um eine Woche verschiebe:

»Weil der König Sie zuvor noch einmal sehen möchte …«

Die Kinder fanden das sehr gut, doch ich ließ mich von diesen Lügenmärchen nicht länger blenden:

»Das ist doch gar nicht wahr, das ist nichts weiter als Hinhaltetaktik, weil man uns nicht weglassen will.«

Ich erzählte ihnen von dem Schwachkopf, der mitten in der Nacht zu mir gekommen war und mir ein Papier zum Unterschreiben hingelegt hatte und dass ich mich geweigert hatte. Daraufhin hielten sie mir vor, zu hart gewesen zu sein, und kreideten mir an, dass ich die Bedingung nicht akzeptiert hatte. Auf einmal war ich schuld daran, dass sie nicht in die Freiheit entfliegen konnten.

Dass unsere Abreise verschoben worden war, hatte in Wirklichkeit ganz andere Gründe. Als im kanadischen Rundfunk und Fernsehen in der Nacht unsere bevorstehende Ankunft vermeldet wurde, strömten die Menschen in Massen zum Flughafen von Montreal. Hunderte von Journalisten, Neugierige und nicht zuletzt nach Kanada ausgewanderte marokkanische Juden erwarteten uns mit Transparenten und Geschenken.

Im Palast von Rabat brach daraufhin Panik aus. Dieser Volkssturm verunsicherte die marokkanischen Machthaber. Zweifellos fürchteten sie antiroyalistische Kundgebungen, die dem internationalen Ansehen von Hassan II. geschadet hätten. Also beschlossen sie, noch acht Tage zu warten, bis sich die Gemüter wieder beruhigt hätten.

Und dann verstrich die Zeit. Wir waren immer noch so schwächlich, krank und erschöpft, dass sie nicht wagten, uns ziehen zu lassen. Sie wollten uns erst wieder hochpäppeln, bevor wir neue Horizonte erkundeten. Als wir uns in Marrakesch röntgen ließen, stellten die Ärzte bei dreien von uns Schatten auf den Lungen fest. Es war völlig ausgeschlossen, Hassan II. daran zu erinnern, dass er Mitterrand versprochen hatte, uns sofort ausreisen zu lassen.

Sie fanden immer wieder neue Ausflüchte, um diese Verzögerung zu rechtfertigen. Es sei nicht der rechte Moment ... Die Konjunktur ... Wir müssten erst unseren französischen Anwälten das Mandat aufkündigen ... Ich müsste bei Seiner Majestät um eine Audienz nachsuchen ... Ich tat nichts davon, behielt meine Anwälte und beantragte auch keine Audienz. Wenn Hassan II. mir wirklich eine Unterredung hätte gewähren wollen, hätte er das längst getan. Ich wollte nur eins: mit meinen Kindern dieses Land verlassen.

Unsere Lebensbedingungen waren jetzt zwar unendlich viel humaner als die Jahre zuvor, aber die Situation zerrte dennoch an unseren Nerven. Wenn einem alles genommen ist, kämpft man für ein konkretes Ziel und findet auch den Mut dafür. Doch jetzt hatten wir all das, was wir uns so viele Jahre lang sehnlichst gewünscht hatten: genug zu essen, Bücher und Fernsehen ... Wofür sollten wir jetzt noch kämpfen?

Im Gefängnis hatten wir ganze Tage damit verbracht, einsam vor uns hin zu meditieren. Es gab nichts, womit wir uns die Zeit hätten vertreiben können. Die einzige Ablenkung war unsere eigene Fantasie. In Gedanken waren wir frei und konnten hochfliegende Pläne schmieden. Niemand konnte uns daran hindern, vor unseren Köpfen endeten die Mauern. In gewisser Weise besaßen wir mehr Freiheit als die Menschen draußen.

In Marrakesch waren wir wieder Mitglieder der menschlichen Gesellschaft, und als solche konnten wir bald die tausend kleinen Demütigungen des Geheimdienstes nicht mehr ertragen. Sie beschnitten uns in jeder Hinsicht. Zum Beispiel waren uns bestimmte Autoren und Werke verboten. Dachten sie vielleicht, wenn ich Marx oder Lenin läse, zöge ich sofort los, um eine politische Partei zu gründen? Die Leute, die die Regeln für unsere neue Existenz festlegten, waren allesamt realitätsfremde Hohlköpfe. Aber diese ideologische Überwachung genügte ihnen noch nicht. Sie kontrollierten jeden unserer Schritte und Handgriffe. In den Zimmern waren Wanzen installiert, Spaziergänge im Garten fanden nur mit einer Eskorte statt, und das Haus war rund um die Uhr von Polizisten umstellt.

Zu essen dagegen durften wir alles haben, was unser Herz begehrte. Wir mussten nur Bescheid sagen. Die Kinder, die noch nie solchen Überfluss erlebt hatten, bestellten Fleisch, Bonbons, Obst, Kuchen und vieles mehr. Irgendwann schoben unsere Bewacher dieser Völlerei einen Riegel vor und erklärten, unsere Versorgung käme zu teuer. Diese Bemerkung verbitterte mich zutiefst:

»Sie haben wirklich die Dreistigkeit, uns zu sagen, unsere Versorgung käme zu teuer, nachdem man uns fünfzehn Jahre lang hat hungern lassen!«

Sicherlich kannten wir vor lauter Glück über unsere neuen Freiheiten kein Maß mehr, aber wir aßen nie viel. Keiner von uns ist ein großer Esser. Essen hat für uns keine besondere Bedeutung, wir nehmen etwas zu uns, wenn wir Hunger haben, das ist alles. Wer gelitten hat wie wir, kann nachvollziehen, dass einem kaum mehr etwas wirklich Freude bereitet, und das Essen spielt keine besondere Rolle mehr.

Im Gefängnis schlemmten wir oft tagelang im Geiste. Ich habe in meinem ganzen Leben nicht so oft gekocht wie in den Fantasieträumen während meines Hungerstreiks.

In unserer Villa in Marrakesch waren wir wieder alle zusammen, aber auch das war nicht ganz einfach. Wir hatten uns daran gewöhnt, allein zu sein, jeder in seiner Zelle. Jetzt mussten wir uns wieder mit den anderen auseinandersetzen, wir mussten neu lernen, gemeinsam den Alltag zu meistern, und die Gebote des Anstands wieder entdecken. Wir mussten neu lernen, wie es ist, tagsüber und beim Essen mit den anderen zusammenzusein, und die Regeln des Zusammenlebens zu akzeptieren, die wir in all den Jahren vergessen hatten. Wir mussten wieder lernen zu leben.

Unsere Freilassung wurde immer weiter verschoben. Erneut drohte uns die Verzweiflung zu erdrücken. Wieder packte uns die vertraute Angst, mit der wir so lange gelebt hatten. Ein zweiter Besuch von Rechtsanwalt Kiejman Anfang 1988 brachte nichts, außer dass uns seine Worte ein wenig trösteten. Ein Hungerstreik im folgenden Jahr traf auf das gleiche Desinteresse wie der in Bir-Jdib. Dabei hatte unser Anwalt in Paris eine Pressekonferenz abgehalten, bei der er erklärte:

»Sicherlich sind die Bedingungen ihrer Gefangenschaft in den letzten beiden Jahren materiell annehmbar und nicht zu vergleichen mit dem, was sie in den Jahren davor erlebt haben, vor allem in den zwölf Jahren, die sie wie in einem Konzentrationslager gehalten wurden. Gleichwohl ist diesen acht Personen (Halima hatte er ungerechterweise vergessen), die trotz der Versprechungen von Hassan II. sowie internationaler Beteuerungen immer noch in Unfreiheit leben, bewusst, dass sie sich nur noch auf sich selbst verlassen können und auf niemanden sonst.«

Der König blieb unnachgiebig. Er wollte nicht eingestehen, dass er sich geirrt hatte. Wie hätte er diesen schrecklichen Fehler, den er uns gegenüber begangen hatte, auch vor den Augen der Marokkaner erklären sollen? Und wie hätte er ihn den Europäern gegenüber rechtfertigen sollen, die den Scherifenkönig für einen aufgeklärten Herrscher und ebenso aufrichtigen wie gerechten Mann hielten? Hassan II. hat versucht, sich mehr oder weniger ehrenhaft aus der Affäre zu ziehen. Jahrelang dachte er sich immer neue Schliche aus, richtete 1990 in Marrakesch sogar einen so genannten Rat für Menschenrechte ein und verkündete anschließend, er werde sich die Fälle der politischen Gefangenen einen nach dem anderen vornehmen. Zumindest wurde das nach außen hin lautstark proklamiert. Das Problem der politischen Gefangenen aber lässt sich nicht von den »Gärten des Königs« trennen. Und hier »landet man in der Scheiße«, wie eine etwas unfeine Redewendung hier zu Lande besagt. Dieser Ausdruck entstammt einer Geschichte von Jouha, einem Volksdichter und lebensnahen Philosophen, der zahlreiche Anekdoten verfasst hat. Die Geschichte lautet folgendermaßen: Jouha versucht auf einem Markt, Honig zu verkaufen. Jeder, der vorbeigeht, taucht seinen Finger in den Topf, um den Honig zu probieren, der merklich weniger wird. »Achtung, dein Finger landet in der Scheiße!«, sagt Jouha zu jedem. Denn unter dem Honig versteckt sich die Scheiße, und wenn man nur lang genug den Honig wegschleckt, kommt sie irgendwann an die Oberfläche.

Bei Hassan II. war es ähnlich. Jedes Mal wenn er einen Ausweg suchte, also Gefangene freilassen oder das Regime lockern wollte, kam er den unsäglichen Wüstenlagern gefährlich nahe. Auch wenn er jahrelang nicht müde wurde, alles zu leugnen – »Ich habe keine politischen Gefangenen« –, kam doch am Ende zumindest ein Teil der Wahrheit ans Licht.

Wenn im Bagno von Tazmamart ein Häftling die unmenschlichen Bedingungen nicht mehr ertrug und starb, wurde er vergraben, und man sprach einfach nicht mehr über ihn. Als dieser Hort des Schreckens aufgelöst wurde, kamen die sterblichen Überreste der Opfer zutage. Sie waren alle gekrümmt und um mehrere Zentimeter geschrumpft, weil sie jahrelang auf dem Boden ihrer winzigen Zelle hatten kauern müssen. Es waren fast sechzig Menschen hier gewesen. Von den achtundzwanzig, die überlebt hatten, waren vier kurz darauf im Krankenhaus gestorben. Wenn der König eine allseits bekannte Familie wie uns unter solch grausamen Bedingungen verstecken konnte, kann man sich leicht ausmalen, was anonyme politische Gefangene zu erleiden hatten.

Während der vier Jahre in Marrakesch schmiedeten wir unablässig Fluchtpläne. Waren wir nicht regelrechte Ausbruchsexperten? Die Umgebung wurde überwacht, aber wir hatten einen kühnen Plan: einen neuen Tunnel! Ein unterirdischer Gang, der diesmal hundert Meter lang sein müsste ... Hundert Meter, das würde nicht einfach werden. Unüberwindliche logistische Probleme türmten sich vor uns auf. Wie sollte man einen so langen Tunnel abstützen? Und wo den Aushub verstecken?

Mit der Veröffentlichung von Gilles Perraults Buch *(Unser Freund der König von Marokko)* im August 1990 aber kam dann die Wende. Nicht zuletzt diesem Buch, in dem der Machtmissbrauch Hassans II. angeprangert wird, verdanken wir unsere Befreiung. Hinzu kam, dass wir inzwischen wieder ein wenig zu Kräften gekommen waren. Mit mehr Fleisch auf den Rippen und mehr Sicherheit im Auftreten konnte man uns wieder eher vorzeigen.

Bei allem, was wir Gilles Perrault zu verdanken haben, muss ich doch sagen, dass sein Buch zum Teil auf ungeprüften Gerüchten und subjektiven Zeitzeugenaussagen beruht. Sein Wissen über Oufkir stammt aus dem veröffentlichten Bericht eines gewissen Clément, der angeblich General war und mit meinem Mann in Europa im Krieg gewesen sein will. Die Akten des Militärs bestätigen allerdings, dass er niemals an Oufkirs Seite gekämpft hat. Perrault befragte alle Gegner von Hassan II. Die meisten davon waren natürlich auch Gegner von Oufkir, und so entstand ein wenig glaubwürdiges, von Hass durchtränktes Bild.

In Marokkos Führungskreisen löste Perraults Buch jedenfalls allgemeines Protestgeschrei aus. Es sei Verleumdung, wenn nicht gar Majestätsbeleidigung. In der Tat stützt sich das Buch nicht auf seriöse Recherchen. Außerdem ist es völlig aus dem historischen Kontext herausgerissen. Man hätte bei dieser Studie über die dunkle Seite Hassans II. einmal das Land betrachten sollen, wie es bei seiner Machtübernahme ausgesehen hat. Wie er das Land übernommen und wie er es verändert hat. Als sich das Chaos auszubreiten drohte, stellte er mit dem Knüppel die Ordnung wieder her.

Das große Verdienst des Königs war es, dass er sämtliche Kräfte des Landes bündelte, Freunde wie Feinde. Zu Beginn hatten alle das Bedürfnis, diesem Mann zu folgen. Doch schon bald verwandelte sich die Integrationsfigur in einen unerbittlichen Autokraten. Wer sich ihm nicht bedingungslos unterwarf, gehörte nicht mehr zu Marokko. Solche Leute wurden aus dem öffentlichen Leben entfernt, und ihre Stimme verhallte in der endlosen Weite der Wüste.

Im Januar 1991 brach der Golfkrieg aus, was mich bis ins Mark traf, da ich wie die meisten Marokkaner proirakisch eingestellt bin. Was nicht ausschließt, dass ich Saddam Hussein nicht mag. Er ist ein Tyrann, und ich habe ihn vom ersten Tag an gehasst. Statt sich großzügig zu zeigen und seinen Machtantritt mit Amnestien zu vergolden, so wie es viele Staatschefs tun, ließ er erst einmal zweiundzwanzig Personen erschießen. Dabei ist der Irak die Wiege der arabischen Zivilisation, der Ursprung unserer Kultur. Die Irakis sind der Mut und die Entschlossenheit in Person. Außerdem liebe ich dieses Land, weil es allem Anschein zum Trotz ein laizistisches Land ist, das bislang nicht vom religiösen Fanatismus ergriffen worden ist und das es weit hätte bringen können, wenn die Dinge anders verlaufen wären. Wenn sich zum Beispiel die Amerikaner nicht so brutal daraufgestürzt hätten und sich das Land international nicht isoliert hätte. Heute verhungern hier die Kinder, es ist eine globale Katastrophe, über die sich niemand zu reden traut. Das Embargo kümmert den Diktator und seine

Umgebung wenig. Es sind die Kinder des Volkes, die leiden. Mittlerweile sind bereits fünfhunderttausend Kinder an Unterernährung gestorben, aber die Europäer fühlen sich nicht verantwortlich, geschweige denn betroffen. Das Embargo müsste zumindest teilweise aufgehoben werden, wenigstens was Medikamente und Lebensmittel angeht. Aber die Amerikaner haben ihre eigenen Vorstellungen. Sie wollen ihre Stellung am Persischen Golf sichern.

Im Februar, als der Krieg in vollem Gange war, kam der Gouverneur von Marrakesch zu uns, um uns mitzuteilen, dass wir in einer Woche freigelassen würden. Natürlich glaubten wir ihm zunächst kein Wort. Am Abend des angekündigten Tages kam er wieder, diesmal in Begleitung einiger Offiziere:

»Haben Sie Ihre Koffer gepackt?«

»Unsere Koffer? Die sind in einer halben Stunde gepackt!«

Inzwischen quoll die Villa über von Hunden und Katzen, für Kleidung war ohnehin kaum mehr Platz. Die Kinder fühlten sich in diesem Chaos pudelwohl, aber es stank überall nach Katze, die Hunde bellten ununterbrochen, und die Hündinnen legten sich auf die Diwans, um Junge zu werfen. Unser Heim war ein Refugium für die streunenden Tiere der ganzen Gegend geworden.

Am 26. Februar 1991 wurden wir mit als Privatwagen getarnten Geheimdienstfahrzeugen, die von Polizisten in Zivil gelenkt wurden, abgeholt. Unsere Freilassung war also diesmal kein Trick, wir wurden auch nicht in ein neues Gefängnis verlegt. Wir waren wirklich und wahrhaftig frei. Anlässlich des 30. Thronjubiläums öffnete Hassan II. die Tore unseres Gefängnisses.

Mit großen, staunenden Augen fuhren wir in Rabat ein. Neugierig und voller Begeisterung betrachteten wir die Welt um uns herum. Es war, als kämen wir von einem anderen Planeten. Überall war Rasen, Blumen, Klatschmohn ... Es grenzte schon an Glückseligkeit, den Straßenrand sehen zu dürfen, der in hohem Tempo vorbeizischte.

Und doch empfand ich dabei keine Freude. Es war nicht das Glück für mich. Zum einen war es zu spät. Zum anderen kannte ich diese Leute zu gut, um zu wissen, dass sie uns nicht so mir nichts, dir nichts in Frieden lassen würden, selbst wenn wir das Gefühl hatten, dass sich die Dinge endlich zum Guten wendeten.

In Agdal, einem Stadtviertel von Rabat, ließen sie uns vor dem Haus meines Bruders Wahid aussteigen und riefen uns statt eines Grußes nach:

»Jetzt seht zu, wie ihr klarkommt!«

Freunde aus alten Zeiten waren gekommen, um uns wiederzusehen. Sie waren sehr bewegt, als wir uns begrüßten, und empfanden tiefen Schmerz über das, was uns widerfahren war. Doch auf der anderen Straßenseite lauerten Polizisten, und jeder, der vorbeiging, wurde aufgehalten und ausgefragt:

»Wie wichtig sind diese Leute für Sie? In welcher Beziehung stehen Sie zu ihnen?«

Es waren also Verbrecher, die da freigelassen worden waren, abscheuliche Übeltäter, die weiterhin beobachtet werden mussten. Selbstverständlich musste es eine Rechtfertigung für das geben, was sie uns angetan hatten. Es musste also weiterhin propagiert werden, dass diese Frau, Fatéma Oufkir, eine gefährliche Person sei, die das Regime hatte stürzen wollen.

Noch am selben Abend kommen die Polizisten in Begleitung eines Rechtsanwalts zurück, der einen Stapel Akten auf dem Arm trägt. Es handelt sich dabei um einen ganzen Haufen Eigentumsurkunden. Mit leisem Spott sagt man mir:

»Mit all dem, was Sie da besitzen, nagen Sie ja nicht gerade am Hungertuch.«

Der sarkastische Tonfall soll andeuten, dass Oufkir sich wie alle anderen bereichert hat. Ich erwidere:

»Es tut mir Leid, aber ich muss mir das erst einmal genau ansehen. Wenn mein Mann wirklich all das besaß, dann hat er mir das verheimlicht. Ich bin bereit, das alles sofort zurückzuweisen.«

Zusammen mit dem Anwalt sehe ich eine Akte nach der anderen durch. Beim Lesen begegnen mir als Erstes eine Reihe von Namen: Mouloud Oufkir, geboren 1941, Saïd Oufkir, geboren 1944, Méhmoud Oufkir, geboren 1946, Karim Oufkir, geboren 1953, und so weiter. Ich kann mir die Bemerkung nicht verkneifen, dass mein Mann wohl kaum all diese Vornamen getragen habe, geschweige denn in all diesen Jahren geboren sei.

»Was? Wir haben alles zu Oufkir angefordert ...«

»Weil mein Mann der Einzige war, der diesen Namen trug? Es gibt vielleicht zweitausend Familien, die Oufkir heißen!«

Daraufhin nehmen wir uns noch einmal alle Akten vor und finden am Ende fünf Urkunden auf den Namen Mohamed Oufkir. Darunter ist auch die Urkunde über das Gehöft außerhalb von Rabat mit den fünfundzwanzig Hektar Grund, das er so geliebt hat.

»Sie haben Recht«, bemerkt der Anwalt ein wenig kleinlaut.

Ich bin außer mir:

»Ich kannte meinen Mann sehr gut. Sie veranstalten hier den reinsten Affenzirkus und erzählen nachher der ganzen Welt, wir seien steinreich ... Aber was wir wirklich besitzen, ist allgemein bekannt. Jeder weiß, wohin Oufkirs Geld gegangen ist!«

Sie packen die Akten wieder zusammen und verziehen sich wie Diebe in der Nacht, nicht ohne vorher noch einmal zu betonen:

»Der König hat entschieden, dass sich Rechtsanwalt Naciri um Sie kümmern soll. Alles, was Privatpersonen von Ihnen haben, und alles, was der Staat Ihnen schuldet, wird Ihnen zurückgegeben werden.«

Wir warteten. Und wir warten noch immer. Aber es ist nicht unsere Art zu betteln. Regelmäßig, immer wenn sich ein ausländischer Politiker einmischte, eine Bemerkung über uns fallen ließ oder eine Frage stellte, versprachen sie, unseren Fall zu regeln. Es war immer dieselbe Leier:

»Machen Sie uns eine Liste mit allem, was Ihnen gehört.«

Diese Liste hatte ich schon hundertmal erstellt. Jedes Mal kam ein neuer Verantwortlicher, ein neuer Jurist:

»Ich kümmere mich von jetzt an um diese Angelegenheit, erstellen Sie bitte eine Liste ...«

Irgendwann hatte ich die Nase voll.

»Einen Teufel werde ich tun, mir reicht es jetzt mit dieser Liste! Ich besitze nicht viel, das wissen die ganz genau. Sie haben sämtliche Protokolle und wissen, worum es geht. Wenn sie die Sache regeln wollen, sollen sie es tun. Wenn nicht, dann eben nicht.«

Ich hatte keine Lust mehr, mich sinnlos aufzureiben, und entschied, einfach alles auf mich zukommen zu lassen, statt weiter zu kämpfen. Sie führten mich an der Nase herum. Wenn sie fürchteten, dass ich mich Journalisten anvertrauen und an die Öffentlichkeit gehen wollte, fragten sie mich wieder nach der Liste und warnten mich in zuckersüßem Ton.

»Sie wissen, dass es der König nicht schätzt, wenn sich Fremde in seine Probleme und seine Angelegenheiten einmischen. Wenn Sie jemanden einschalten wollen, dann bitte einen Marokkaner.«

Um mein Eigentum zurückzuerhalten, versuchte ich also, vor Ort einen Verteidiger zu finden – vergeblich. Es waren samt und sonders Feiglinge, die vor der Vorstellung zurückschreckten, sich mit dem König anzulegen. In dieser Zeit musste ich oft an einen Ausspruch von Talleyrand denken, den er nach der Hinrichtung des Grafen d'Enghien durch Napoleon getan hat: »Es ist mehr als ein Verbrechen. Es ist ein Irrtum.« In der Politik werden Verbrechen mit der Zeit vergessen. Irrtümer nie.

Es durfte, vor allem im Ausland, kein Aufsehen erregt werden. Wir waren frei, so frei wie Tiere in einem Gehege. Wir waren frei, solange wir unsere Freiheit nicht in Anspruch nahmen.

XII

Wieder lernen zu leben

Obwohl wir offiziell »frei« waren, führten wir in Marokko ein zerrissenes Leben, ohne festen Boden unter den Füßen, waren fehl am Platz. Dabei hatte sich zunächst alles gut angelassen. Einige Wochen lang hatten meine Kinder mit den jungen Prinzessinnen, den Töchtern des Königs, Kontakt gepflegt. Die Älteste, Lalla Meriem, brach in Tränen aus, als sie erfuhr, welch grausames Schicksal Abdellatif schon in seiner frühesten Kindheit widerfahren war.

Den Erbprinzen hatte ich bereits als Kind kennen gelernt. Im Sommer 1991 sah ich ihn am Meer wieder, in einem Restaurant, das auch als Disko fungierte. Er war wie ein normaler Bürger zum Tanzen hierher gekommen und saß mit jungen Leuten seines Alters zusammen. Raouf, der bereits mit ihm gesprochen hatte, bat mich, ihn zu begrüßen. Ich ging auf den Prinzen zu, legte meine Hand auf seine und sagte:

»*Smitsidi,* Sie sind unsere einzige Hoffnung.«

Damit kehrte ich zu meinem Platz zurück.

Warum hatte ich das gesagt? Inwiefern konnte ein junger Mann ohne Macht unsere einzige Hoffnung sein? Der König erfreute sich bester Gesundheit, und es sah durchaus so aus, als könnte er noch zwanzig Jahre leben. Als wir uns setzten, sagte ich zu Malika:

»Ich glaube, ich bin übergeschnappt. Was um Himmels

willen habe ich gerade zu ihm gesagt? Er muss denken, ich bin entweder verrückt oder ich will ihn gegen seinen Vater aufhetzen.«

Der junge Prinz Sidi Mohammed schien allerdings ganz im Gegenteil sehr erfreut, uns kennen gelernt zu haben. Zu Raouf sagte er:

»Mein Haus steht dir offen, du kannst kommen, wann du willst.«

Leider fand diese aufkeimende Freundschaft schon eine Woche später aufgrund eines journalistischen Fehlgriffs ein jähes Ende. In der französischen Presse stand zu lesen, der König von Marokko wolle das Verhältnis zur Familie Oufkir klären und schicke seine Kinder als Vermittler vor. Hassan II. versuchte natürlich sofort, dieses absurde Gerücht im Keim zu ersticken, und schob dieser Verbindung einen Riegel vor. Als uns Lalla Amina wenig später zu einem Reitturnier einladen wollte, wurde ihr dringend empfohlen, es nicht zu tun:

»Passen Sie auf, die Journalisten werden sich auf Ihre Fersen heften, und sie werden wieder alles Mögliche und Unmögliche schreiben ...«

Der König versuchte uns im Übrigen nicht nur von seiner Familie fern zu halten, sondern aus der gesamten marokkanischen Gesellschaft. Zu Anfang kamen mich noch Freunde besuchen, um mir ihr Mitgefühl zu zeigen, doch mit der Zeit ließen sie sich von den Schikanen der Polizisten abschrecken, die sich nach jedem Besuch bei mir auf sie stürzten. Geheimdienstchef Abdellazziz Allabouch setzte seine Agenten auf uns an, und noch die entferntesten Bekannten wurden einem wahren Bombenhagel von Fragen über ihr Verhältnis zu uns ausgesetzt. Die Rache des Königs und seiner Schergen verfolgte uns über die Gefangenschaft hinaus. Der Name Oufkir wurde nach wie vor in den

Schmutz gezogen. Ergebnis: Die Pforten der Gesellschaft schlossen sich vor uns.

Ich habe immer an unsere Rückkehr geglaubt. Im Gefängnis habe ich den Kindern immer wieder versichert, dass wir eines Tages ohne Mauern und Gitter leben würden. Dass uns die Rachgier des Königs, ebenso schäbig wie subtil in die Tat umgesetzt von seinem Innenminister Driss Basri, noch Jahre verfolgen würde und wir isoliert dastehen würden, ahnte ich damals nicht. Ebenso wenig ahnte ich, dass die Kinder zum Teil für Hungerlohn irgendwelche Knochenjobs annehmen mussten.

In regelmäßigen Abständen kam die Vergangenheit wieder aufs Tapet, was uns jedes Mal erneut in Panik versetzte. Sogar der König selbst sprach über seinen früheren Minister. 1976 räumte er in seinem Buch *Le Défi** (wörtlich: »Die Herausforderung«) ein, dass Oufkir ihm »unanfechtbare Treuebeweise« geliefert habe. Anschließend zitierte er Shakespeare – »Wehe, wehe, Wind des Winters, du bist nicht so grausam wie des Menschen Undank« –, um zu dem Schluss zu kommen: »Dieser Undank ist grenzenlos, und in diesem Sinne kann man sagen, dass Oufkir eine Shakespearsche Figur ist.« Später, 1993 in einem unter dem Titel *La Mémoire d'un roi*** (wörtlich: »Erinnerungen eines Königs«) veröffentlichten Interview mit Éric Laurent ging der König auf Distanz zu dem verstorbenen General. Nach seiner verdrehten und verstümmelten Sicht der Geschichte hat der Monarch den Menschen, der sein Vertrauensmann gewesen ist, kaum gekannt. Mein Mann geriet auf einmal zum Werkzeug irgendeiner obskuren Schicksalsmacht: »Als wir (nach dem Exil) nach Marokko zurückkamen, war

* Editions Albin Michel. Keine deutsche Übersetzung.
** Editions Plon. Keine deutsche Übersetzung.

Oufkir, damals noch in der Residenz tätig, ein kleines Licht. Als Adjutant war er Mitglied des Empfangskomitees. Während der Fahrt dann saß er neben dem Chauffeur. Am nächsten Tag war er bereits bei der königlichen Leibgarde, und so ging es weiter. Ich habe ihn nur übernommen und stand in keinerlei persönlicher Beziehung zu ihm.«

1994 veröffentlichte Ali Yata, Chef der Kommunistischen Partei, der im Laufe der Jahre immer mehr zum Stiefellecker des Palastes geworden war, einen Artikel, in dem es sinngemäß hieß: »Die Familie Oufkir muss jetzt aufgefordert werden, all das zurückzugeben, was ihr Mann und Vater dem Land Marokko weggenommen und auf ausländischen Banken gehortet hat.« Für diese Zeilen sollte er sich auch im Jenseits noch schämen. Seinen Tod hätte ich ihm gleichwohl so nicht gewünscht. Er wurde von einem betrunkenen Verkehrsrowdy überfahren und erlitt einen Schädelbruch.

Noch einige Zeit später schrieb Fqih Basri, der weise Mann der Opposition, der über dreißig Jahre im Pariser Exil verbrachte, in dem Magazin *Jeune Afrique* einen hasserfüllten Artikel. Sinngemäß hieß es da, es gebe nicht einen guten und einen bösen Oufkir, sondern nur einen bösen. Diese Worte schmerzten mich besonders, weil ich diesen Mann bewundere und großen Respekt für seine Ideen empfinde.

Ich habe nichts dagegen, wenn Oufkir kritisiert wird, aber nicht mit falschen Argumenten. Lügner und Propagandisten sind mir ein Gräuel. Sie verdrehen die historischen Tatsachen und tun so, als sei Oufkir allein verantwortlich für die Misere des Landes, als hätte er allein die Macht über Marokko gehabt und alle Irrtümer und Verbrechen allein begangen.

Diese Verunglimpfungskampagne gegen Oufkir wurde

natürlich aus guten Gründen betrieben. Neben dem Streit um die Westsahara war die Oufkir-Affäre, von den Intriganten geschickt angefacht, das Einzige, was Driss Basri und seine Mannschaft auf ihren Posten hielt. Der mächtige Minister, dessen Stellung lange Zeit unanfechtbar war, malte dem König das Schreckensszenario eines allgemeinen Aufstandes aus, der durch den Namen Oufkir ausgelöst werde.

Driss Basri … Ich bin diesem Mann nur ein einziges Mal begegnet. Das war 1967, als er noch einfacher Kommissar und Leiter der Polizeischule von Meknès war. Am Tag des *Aïd-el-Kebir*-Festes, einem der wichtigsten Feiertage des muslimischen Kalenders, ging ich morgens in den Palast, um dem König meine guten Wünsche zu überbringen. Als ich nach Hause kam, bat mich Oufkir, an seiner Seite zu bleiben, weil uns an diesem Tag sicherlich noch der eine oder andere Besucher seine Aufwartung machen würde. Alles, was Rang und Namen hatte, erschien. Ein Mann, der mit gesenktem Kopf eintrat, fiel mir besonders auf. Selbst als er vor uns stand und uns seine Neujahrswünsche überbrachte, konnte ich nicht in seine Augen sehen. Er ging rückwärts zur Tür hinaus, als ob er vor dem König gestanden hätte. Ich wandte mich an meinen Mann und fragte ihn, wer dieser merkwürdige Typ sei. Spöttisch flüsterte Oufkir:

»Der wird eines Tages mein Nachfolger! Er ist ehrgeizig, passt sich gut an. Das ist der richtige Mann für den Palast.«

Männer wie Basri, die sich ihre hohen Posten durch Intrigen erschlichen haben, müssen den Geist des Generals immer wieder heraufbeschworen haben, so dass wir wie eine Bande hoch gefährlicher Verschwörer dastanden. Der Hof hatte nicht das geringste Interesse daran, dass sich das Verhältnis zwischen uns und dem König entspannte. Unbeteiligte Beobachter durften ihre Nase nicht in die Angelegenheit stecken, geschweige denn, sich einmischen. Unser Fall wurde zu einer stummen Tragödie, die sich hinter verschlossenen Türen abspielte.

Uns wurde bald klar, dass das Leben in Marokko unter diesen Umständen unerträglich sein würde. Wir mussten weg. Irgendwoanders eine neue Existenz aufbauen. Aber jedes Mal, wenn wir unsere Pässe haben wollten, erhielten wir von der Verwaltung die Antwort:

»Sie wissen sehr gut, dass die Entscheidung beim König liegt und man ihn nicht darauf ansprechen kann.«

In unser aller Namen verfasste Raouf einen Appell an die internationale Öffentlichkeit, der am 25. Februar 1994 in *Le Monde* erschien:

»Zwischen Gefangenschaft und Freiheit lebten – und leben – wir in einer Situation ohne genauen Status. Wir haben den Eindruck, dass man uns nach neunzehn Jahren Haft wieder auf freien Fuß setzt, ohne einen Gedanken an unsere zerschlagenen Körper, unsere verwundeten Seelen und unsere zerstörten Existenzen zu verschwenden; ohne uns das Recht, die Freiheit und die Mittel zuzugestehen, ein neues Leben aufzubauen.

Wir haben geschwiegen, wir haben an eine Lösung ohne erneute Traumatisierung, ohne Konflikte und ohne Imageverlust für unser Land geglaubt. Wir haben uns das von ganzem Herzen gewünscht, und was in unserer Macht stand, haben wir getan (...).

Wir wünschen uns, die marokkanischen Grenzen in beiden Richtungen frei passieren zu können, so wie es die Verfassung jedem Bürger garantiert. Und wenn wir etwas aufbauen wollen, möchten wir dabei die gleichen Chancen haben wie der Rest der tatkräftigen jungen Generation, die heute davon träumt, Marokko im Kreis der modernen Nationen erblühen zu sehen.«

Wir hatten keine Chance, das Land zu verlassen und damit einen Schluss-Strich unter die Vergangenheit zu ziehen. Trotz aller Probleme versuchten wir, uns in Marokko eine eigene Zukunft aufzubauen. Malika begann bei einer Produktionsfirma für Werbefilme. Raouf studierte im Selbststudium Jura und Journalismus. Myriam kümmerte sich um tuberkulosekranke Kinder und heiratete bald. Maria ging in die Filmbranche und adoptierte einen kleinen sieben Monate alten Jungen, der ihr eines Tages in einem Krankenhaus auffiel. Er lag im Sterben. Sein Blick war bereits erloschen, sein Bauch dick aufgequollen und seine Ärmchen erbärmlich mager. Durch Marias Fürsorge wurde er zu einem robusten Kind, das heute den Namen Oufkir trägt. Soukaïna begann Chansons zu schreiben und träumt von einer Karriere im Rampenlicht. Abdellatif, der Labilste von uns allen, suchte in einem ausschweifenden Leben Vergessen. Ihn traf ein weiterer Schicksalsschlag: Sein Cousin und bester Freund Hamza, der ihm die Welt und all ihre schönen Seiten gezeigt hatte, fuhr mit seinem Golf gegen eine Mauer und starb in seinen Armen.

Und ich? Im Alter von sechsunddreißig eingesperrt und mit fünfundfünfzig wieder freigekommen, investierte ich meine ganze Energie, um es meinen Kindern nach all den Jahren des Leidens so schön wie möglich zu machen.

Maria widerstrebte die Vorstellung, ihr ganzes Leben in Marokko verbringen zu müssen, und im Juni 1996 ergriff sie die Flucht. Es war ein riskantes und völlig verrücktes Unterfangen, das sie leicht das Leben hätte kosten können. Gemeinsam mit einem Filmemacher, der ebenso wagemutig war wie sie, dachte sie sich einen irrwitzigen Plan aus. Mit einem Boot, das sie im Seebad von Smir-Restinga gemietet hatten, fuhren sie zusammen mit Marias damals dreijährigem Sohn Michael und meiner Cousine Achoura über das offene Meer Richtung Spanien. An diesem Abend tobte ein schrecklicher Sturm, und die von den wütenden Wellen geschüttelte Nuss-Schale drohte ständig zu kentern. Alsbald wurden sie von der Küstenwache entdeckt, auf der einen Seite von der marokkanischen, auf der anderen von der spanischen. Zum Glück waren die Spanier schneller, und so konnte meine Tochter ihnen sagen:

»Ich bin Maria Oufkir, ich bin aus Marokko geflohen.«

Die Männer der Küstenwache hätten sich ebenso gut weigern können, sich in die Sache einzumischen, und die ganze Gruppe den marokkanischen Behörden übergeben. Stattdessen brachten sie die Flüchtlinge nach Ceuta und riefen die zuständigen Stellen in Madrid an, um weitere Befehle einzuholen.

Für Marias Freund, der Franzose war, hatte die Flucht keine weiteren Konsequenzen. Die drei Marokkaner – Maria, ihr Sohn und meine Cousine – wurden im Hubschrauber nach Sevilla geflogen und in einem der schönsten Hotels der Stadt untergebracht. Dort blieben sie drei Tage, bis die Behörden in Madrid Verhandlungen mit Paris aufgenommen hatten, wo meine Tochter um politisches Asyl bat.

Jacques Chirac war nicht sehr entgegenkommend. Er fragte José María Aznar, den spanischen Premierminister:

»Warum behalten Sie sie nicht einfach?«

»Wenn sie Spanien um Asyl ersucht hätte, wäre sie willkommen. Aber sie möchte nach Frankreich.«

Nach längerem Hin und Her gab Chirac dann doch noch seine Zustimmung. Er hatte auch gar keine andere Wahl: Die Nachricht von Marias Flucht war bereits in allen Medien verbreitet worden, und Journalisten des französischen Fernsehens hatten uns in Marokko aufgesucht, um uns zu interviewen. Die Sache konnte nicht mehr unter den

Teppich gekehrt werden. Am 26. Juni kam Maria in Paris an.

Zwei Tage später bekamen wir von den marokkanischen Behörden unsere Pässe.

Das Blatt hatte sich gewendet. Für uns ebenso wie für Hassan II. Die Stimmung im Land hatte sich gewandelt. Der König war klug genug, sich anzupassen, und mutig genug, um seine Irrtümer einzugestehen. Er zog Bilanz, blickte zurück und betrachtete mit kritischem Blick die Jahre seiner Regentschaft. Gewöhnlich hat ein Monarch keine Zeit für solche Reflexionen. Die Zeit vergeht wie im Flug, und seine Gedanken sind meist in der Zukunft und nicht in der Vergangenheit. Der alternde König wollte den Film anhalten. Er benannte die Fehler der Vergangenheit und versuchte, sie auf seine Weise wieder gutzumachen.

Es ist nicht zu leugnen, dass er ein tyrannischer Despot war. Er hätte, ohne mit der Wimper zu zucken, zwei Drittel der Bevölkerung ausgelöscht, wenn es dem verbleibenden Drittel von Nutzen gewesen wäre. Und es ist nicht zu leugnen, dass er zwanzig Jahre lang zugesehen hat, wie das Land nach Strich und Faden ausgeblutet wurde.

In bestimmten Kreisen war die Korruption überhaupt nicht mehr zu übersehen. Ich kannte Leute, die in bescheidenen Verhältnissen gelebt hatten und später auf wunderbare Weise zu Millionären geworden waren. Der König verschloss vor all dem die Augen. Um seine Macht zu erhalten und den inneren Frieden zu sichern, hatte er dem Volk den Kampf um Westsahara als hehres Ziel und Ideal verkauft. Den Rest überließ er einer Reihe von Potentaten, die sich ungeniert die Taschen füllten. In dieser von Korruption gezeichneten Atmosphäre gerieten die angestammten Werte des Landes mehr und mehr unter die Räder. Aus ehrlichen und anständigen Beamten wurden gefährliche und hinterhältige Aasgeier. Man nannte sie nur noch »Herr zwanzig Prozent«, »Herr dreißig Prozent«, »Herr vierzig Prozent« …

Ohne die uneingeschränkte Herrschaft aufzugeben – die er bis zu seinem Tod innehatte –, erkannte Hassan II. am Ende seines Lebens, dass sich die Welt weiterentwickelte und er sich anpassen musste – in seinem Regierungsstil, seiner Art, Entscheidungen zu fällen, in seinem Verhalten.

Unter dem internationalen Druck öffneten sich schließlich die Gefängnistore, und die Bagnos gelangten ins Visier der Medien. Abraham Serfaty, der berühmte Oppositionelle, wurde nach Frankreich ausgewiesen, obwohl er der größte Nationalist ist, den es gibt, und Marokko mehr liebt als alle Marokkaner zusammen. Die drei Brüder Bourequat verließen die Hölle, vorzeitig gealtert und gebeugt. All das bot nicht gerade ein schönes Bild des Landes. Allerdings zeugte es von einer radikalen Wende in der Innenpolitik.

Ich glaube, es war die Krankheit, die Hassan II. letztendlich dazu veranlasste, sich zu ändern. 1994 erlitt er eine Lungenentzündung mit vorübergehendem Herzstillstand, die diverse Leiden nach sich zog. Man weiß, dass er auch an der Crohn-Krankheit litt, aber all das blieb ein wenig geheimnisumwittert und nebulös. Er war jahrelang krank, aber niemand wusste genau, was ihm eigentlich fehlte. Für die Staatschefs, für Pompidou oder Mitterrand, blieb seine Krankheit ein Tabu, ein Mysterium.

Dieser geschwächte, milder gewordene König wollte mich sehen. Auch ich hätte ihn gerne noch einmal getroffen. Schließlich haben wir nicht nur schlimme Zeiten durchlebt, sondern auch glanzvolle Momente geteilt. Doch ich wusste nicht recht, was ich ihm hätte sagen sollen. Ihm Vorwürfe machen? Nein. Gefangenschaft und Leid haben aus mir einen Menschen gemacht, der ich in einem anderen, unkomplizierteren Leben nie geworden wäre: eine richtige Frau, die mit beiden Beinen auf der Erde steht und sich der Vergänglichkeit ihrer irdischen Existenz und deren Sinns bewusst ist. Ich weiß, dass wir nicht für Kleider, Schmuck, Gesellschaften und Bälle auf dieser Welt sind. Erst in Schmerz und Leid erkennt man, wie man wirklich ist. Als ob einem im Augenblick der größten Pein eine Stimme ins Ohr flüsterte: »Verdienst du Respekt oder Verachtung?«

Hassan II. und seine abscheulichen geheimen Gärten haben mir die Gelegenheit gegeben, mich und meine Stärken kennen zu lernen und mich neunzehn Jahre lang Tag für Tag mit dem König zu messen. Dieses zähe Duell hat das Beste in mir zutage gefördert. Im größten Unglück war ich gezwungen, meinen Kopf hoch zu tragen, weil ich ihm, dem König, trotzen wollte. Ich bin überzeugt davon, dass er das wusste. Er verstand, dass ich seinen Zuwendungen wie seinem Zorn in der gleichen würdevollen Haltung begegnete.

Die Behörden übermittelten ihm, glaube ich, einmal im Jahr einen Bericht über unsere Lage und unser Verhalten. Es waren sicherlich manipulierte und verzerrte Darstellungen. Doch dank seiner überragenden Intelligenz war der König durchaus fähig zu erkennen, dass es Menschen gab, die ihre Seele nicht verkauften. Die auch dann aufrecht und unbeugsam blieben, wenn sie verfolgt und beraubt wurden. Hassan II. hat zweifellos begriffen, dass ihm der Feind, den er sich selbst geschaffen hatte, ebenbürtig war.

Ich habe nach unserer Befreiung keinen Moment geglaubt, dass mir die Freiheit genau das bringen würde, was ich mir wünschte. In der Tat erwies sie sich wie so viele Dinge, die wir allzu sehnsüchtig erwarten, als enttäuschend.

In Gefangenschaft erlebten wir nichts außer Leid und Schrecken. Aber wir waren die einzigen Zeugen unseres

Verfalls und unseres Unglücks. Manchmal waren wir schwach, manchmal waren wir verzweifelt. Wir trugen Lumpen, hatten nicht genug zu essen, und unser einziger Trost bestand darin, uns über das Essen zu unterhalten, wie in *Goldrausch,* wo Charlie Chaplin seine Schuhsohlen isst und sich vorstellt, es sei ein Hühnchen. Aber wir waren unter uns und hielten zusammen wie Pech und Schwefel. Heute lebt jeder sein Leben. Das Gefühl der Zusammengehörigkeit schwindet mit den Jahren. Die Älteren haben die Jüngeren großgezogen, aber irgendwann erkennen die Jüngeren die Autorität der Älteren nicht mehr an. Nur das Unglück schweißt uns weiterhin zusammen: Wenn einem von uns etwas zustößt, sind die anderen sofort zur Stelle.

Das Wichtigste in meinem Leben war mir immer, inneren Frieden zu erlangen. Ich habe mich nie in den Vordergrund gedrängt, ich habe für mein Land stets alles getan, was in meiner Macht stand, trotz meines jugendlichen Alters und trotz meiner Pflichten als Ehefrau und Mutter. Es kann mir heute niemand etwas über Zivilcourage, Loyalität oder Ehrlichkeit erzählen. Als Muslimin bin ich ebenso stark oder wenig gläubig wie alle anderen auch; Nationalistin bin ich mehr als jeder andere; Chauvinistin bin ich geblieben. Niemand kann mich der Korruption bezichtigen. Ich fühle mich frei und habe ein reines Gewissen. Ich kann offen sprechen und sagen, was ich auf dem Herzen habe, und zwar zu wem ich will.

In meinem neuen Leben habe ich keine Ambitionen mehr. Ganz im Gegenteil, ich liebe die Einfachheit. Paläste, übertriebener Luxus und exzentrische Partys sind nichts mehr für mich. Ich will nicht mehr in der Zeitung stehen und niemandem mehr die Show stehlen. Ich bin, was ich bin.

Ich bin mit hoch erhobenem Haupt auf diese Welt gekommen, und ich werde sie mit hoch erhobenem Haupt wieder verlassen. Ich erwarte nichts, ich fordere nichts, ich will keine Macht und keinen Ruhm. Ich habe Freunde, aber ich gehe nicht aus. Ich will vermeiden, dass die Leute in mir wieder die Frau sehen, die ich gewesen bin. Denn für die Kleingeister war ich früher jemand und bin jetzt nichts mehr. Ich existierte nur im Zusammenhang mit Oufkir und der Macht.

Das Schicksal hat mich vorwärtsgestoßen, ohne dass ich es auch nur im Geringsten gefordert hätte. Ich habe mich nicht darum gerissen, Oufkirs Frau zu werden. Ich habe einen Offizier geheiratet, den ich als galanten, sanften und angenehmen Mann kennen gelernt hatte, der in mich verliebt war und mir alle Wünsche von den Augen ablas. Er war mir Vater, Freund, Ehemann und Geliebter in einer Person. Bis zum letzten Atemzug hat er mich geliebt, bis zum letzten Atemzug hat er mich auch im Bett leidenschaftlich geliebt und nicht wie ein Ehemann nach zwanzig Jahren Ehe. Bis zum Schluss brachten wir uns gegenseitig Respekt entgegen und täglich neu aufflammendes Verlangen. Er fehlt mir, der Blick seiner Augen fehlt mir. Ich war noch nicht einmal fünfzehn, als er mich kennen lernte. Er hat mich geformt und geprägt, er hat verstanden, warum ich ihm untreu wurde, und er hat um mich gekämpft. Wenn ich mit ihm diskutierte, wenn ich meine Meinung zu Ereignissen oder Personen kundtat, war er glücklich, ja fast stolz. Ich war ein wenig sein Werk.

Heute halte ich mich im Hintergrund. Sollte ich mich engagieren und einer Menschenrechtsorganisation anschließen? Nein, dadurch würde ich mit meiner Vergangenheit unweigerlich ans Licht der Öffentlichkeit gezerrt. Man würde erneut über mich richten, mir Schuld zuweisen und Schmerz zufügen. Ich will nur noch meinen Frieden. Aber ich will auch, dass die Wahrheit ans Licht kommt, weil unser Leben eine einzige Hölle aus Lügen und Verleumdungen war. Ich will, dass die Kinder wissen, wer ihr Vater war und dass ich mir nichts vorzuwerfen habe.

Ich habe niemals jemandem etwas Böses getan und niemals die Macht meines Mannes gegen jemanden eingesetzt. Ich kann in Marokko überallhin gehen: Niemand kann mir vorwerfen, ich hätte damals meine Privilegien ausgenutzt. Andererseits bin ich ein impulsiver Mensch. Wenn es jemand mir gegenüber an Respekt mangeln lässt oder er meinen Stolz verletzt, lasse ich das nicht auf mir sitzen. Hassan II. wusste das übrigens genau. Er hat mir gegenüber nie ein kritisches oder verletzendes Wort fallen lassen.

Heute wünsche ich mir nur noch, in Frieden alt zu werden. Ich habe das alles satt. Ich will keine Rolle mehr spielen, keinen Rang mehr einnehmen und keine Konkurrenzkämpfe mehr ausfechten. Sie haben mein Leben und das meiner Kinder zerstört, alles was ich hatte, und sie haben all meine Hoffnungen mit Füßen getreten. Jeder Mensch reagiert auf seine eigene Weise. Manche schaffen es nicht loszulassen. Ich bin nicht der Typ Mensch, der um seinen alten Platz betteln würde. Nein, das Kapitel ist beendet. Danke und auf Wiedersehen. Wenn wir auf die Distanz gute Freunde bleiben können, bestens, wenn nicht, auch gut. Ich will nur mit mir selbst im Reinen sein und keinen Zwängen mehr unterliegen. Endlich frei sein.

Ich habe mit angesehen, wie Familien, die früher meinen größten Respekt hatten, sich selbst unendlich erniedrigten, weil sie die Hoffnung nicht aufgaben, dass man ihnen gnädig ein paar Krümel hinwirft. Man muss die neuen Bedingungen und das neue Leben akzeptieren. Man war das oder jenes und ist es nachher nicht mehr. Aber ich bin stolz auf das, was ich jetzt bin. Es gab nicht eine Sekunde in meinem

Leben, in der ich mir hätte sagen müssen: »Du warst unehrlich.« Nicht eine Sekunde habe ich daran gedacht, meine Seele dem Teufel zu verkaufen, um meine Ziele zu erreichen. Ich bin mit meinem Gewissen im Reinen, auch wenn meine Kinder nicht immer mit mir einverstanden sind und mich zu hochmütig und unnachgiebig finden.

All meinen üblen Erfahrungen zum Trotz bin ich überzeugte Monarchistin geblieben. Schon als Kind bekam ich mit, wenn zu Hause darüber diskutiert wurde, wie verhängnisvoll sich die endlosen Stammesfehden auf die Entwicklung des Landes ausgewirkt hätten. Es gab eine Zeit, da sich die zahllosen Stämme ständig gegenseitig bekämpften und dabei gegen den Sultan rebellierten. Das Land befand sich unablässig im Ausnahmezustand. Mein Großvater erzählte mir, wie er selbst Frauen die Hände abgeschnitten hatte, um ihre Armreife zu stehlen. Mit dem Gold finanzierte er dann eine eigene Armee mit Pferden und Waffen. Oft berichtete er mir die grausigen Einzelheiten der internen Kämpfe, die vor dem Einmarsch der Franzosen im Land tobten, und schloss dann jedes Mal:

»Mein Mädchen, du darfst nie vergessen, dass die Monarchie die Stabilität des Landes gewährleistet.«

Mit dieser Überzeugung bin ich großgeworden, und ihr bin ich treu geblieben. Noch heute klingen die Worte meines Großvaters in meinen Ohren. Für ihn wie für Oufkir und für alle, die für die Unabhängigkeit gekämpft haben, ist unsere Monarchie eine Monarchie, die das Wohl des Volkes zum Ziel hat und von ihm getragen wird.

Früher lebte der Sultan von dem, was ihm seine Untertanen brachten, Geld, Getreide, Wolle, Schafe, ja auch Ländereien und Häuser. Jedes Jahr wurde ihm zu Ehren ein großes Fest veranstaltet, zu dem alle Stämme kamen und ihre *Beaa* bekräftigten, ihren Pakt mit dem Herrscher. Der Sultan war vom Volk ebenso abhängig wie das Volk vom Sultan. Zwischen ihnen gab es keine Kluft. Der Sultan wurde nicht von einer Leibgarde abgeschirmt, und wer mit ihm sprechen wollte, ging einfach in den Palast. Gleichzeitig aber brachte man ihm uneingeschränkten Respekt entgegen: Niemand hätte es gewagt, den Mund aufzumachen, um ihn zu kritisieren. Die Getreuen waren davon überzeugt, vom Zorn Gottes getroffen zu werden, wenn sie die Stimme gegen den Nachfahren des Propheten erhöben, den Vertreter Gottes auf Erden, das heilige Bindeglied zwischen allen Völkern des Landes.

Marokko war lange Zeit in so viele Völkergruppen und Stämme zersplittert, dass es ständig am Rande des Abgrundes entlangschlitterte. 1926 wurde das Land auch noch in eine Nord- und eine Südhälfte gespalten: den einen Teil kommandierten die Franzosen, den anderen die Spanier. Mohammed V. gelang es schließlich, das ganze Land unter seiner Führung zu einen. Würde man heute ein anderes Regierungssystem einsetzen, wäre diese gewonnene Einheit wieder zerstört.

Das Land besteht in der Tat aus vielen Völkern, die alle ausgeprägte separatistische Neigungen zeigen. Da ist zunächst einmal das Rif-Gebiet, wo man sehr stark eigene Interessen verfolgt. Im Süden leben Berber, die sich allein schon durch ihren Dialekt von den anderen unterscheiden. Dann ist da die Sous-Ebene, in der Volksgruppen zu finden sind, die chinesisches Blut in den Adern haben – ein Erbe aus der Zeit, in der Karawanen aus dem Reich der Mitte bis Nordafrika kamen, um mit Tee, Perlen, Porzellan und nicht zuletzt mit Frauen zu handeln. Sie haben wiederum nichts gemein mit den Berbern Zentralmarokkos, die gerne feiern und ein großes Mundwerk haben. Sie sind Krieger, die großen Wert auf Äußerlichkeiten legen und die Jagd nach dem schnöden Mammon verachten. Sie besitzen herrliche Pferde und wunderbar bestickte Sättel und verbringen ihr Leben hauptsächlich mit Feiern. Es gibt Stämme an der Grenze zu Algerien, im Süden von Marrakesch, eine Mischung aus Arabern und Afrikanern, die wieder einen anderen Berber-Dialekt sprechen. Sie sind von ihrer Mentalität her gefügiger als die Rebellen Zentralmarokkos. Dann gibt es in der Gegend von Fès die Jballas, die ebenfalls eine ganz eigene Lebensart haben. Die Frauen rackern sich ab, während die Männer auf der faulen Haut liegen und Tee trinken. Sie verachten ihre Frauen, dabei würden sie ohne sie verhungern und verdursten. Nicht zuletzt ist da noch das Bürgertum in Fès, die gesellschaftliche Oberschicht, die die Schlüsselpositionen in der Wirtschaft innehat.

Jede dieser Volksgruppen hat ihre eigene Lebensweise und ihre Traditionen. Bei uns im Zemmour spricht man zum Beispiel offen über Sexualität. Mädchen baden oben ohne im Fluss. Die Menschen hier sind freier, die Liebe ist kein Tabu. Im Rif dagegen geht es wesentlich strenger zu, hier dürfen die Frauen ihre Häuser nicht verlassen.

All diese unterschiedlichen Menschen, die den verschiedensten Stämmen angehören, brauchen eine gemeinsame Identifikationsfigur. Es gibt wohl niemanden, der diese heterogene Gesellschaft davon überzeugen könnte, eine Republik zu bilden und einen gemeinsamen Präsidenten zu wählen. Wenn dieser Präsident aus Meknès käme, würden ihn die Bewohner von Fès, Marrakesch und Casablanca nie akzeptieren.

Aus diesem Grund ist die Monarchie für Marokko ein notwendiges Übel. Davon bin ich heute mehr denn je überzeugt. Das Land hat nur eine Wahl: Entweder es zerfällt, oder es bleibt vereint unter einem König.

Monarchie heißt aber nicht automatisch Absolutismus. Wir müssen einen stabilen Staat errichten, eine saubere, demokratische und konstitutionelle Monarchie, in der ein großer Teil der Macht von Politikern ausgeübt wird, von gewählten Volksvertretern, und zwar von rechten wie von linken. Ein arabisches Sprichwort sagt: »Eine Hand allein kann nicht klatschen.« In keinem System lässt sich ein Land nur mit einer Hand lenken, auch in einer Monarchie nicht.

Für Marokko muss eine Regierungsform gefunden werden, in der das monarchistische Element ein wenig in den Hintergrund tritt. Die Machthaber haben das Volk lange genug mit ihrer Propaganda eingelullt. Zwei Stunden täglich wurde in den Fernsehnachrichten nur vom König und seinem Gefolge berichtet. Der Monarch kann durchaus präsent sein, aber er soll eher repräsentative Aufgaben übernehmen, statt wie ein ständiger Schatten über dem Land und seinen Bewohnern zu schweben.

Hassan II. hatte es endlich begriffen. Vor seinem Tod im Juli 1999 versuchte er eine halbherzige Demokratisierung seines Regimes. Er begann endlich, gute Politik zu machen, hatte aber nicht mehr die Kraft, die Entschlossenheit und den Schwung früherer Tage. Dennoch – vielleicht gerade weil er geschwächt war – gelang es ihm, eine neue Richtung einzuschlagen. Hitzig, dickköpfig und autoritär, wie er früher gewesen war, hätte er sich nie den verschiedenen geistigen Strömungen im Lande geöffnet. Doch nachdem er krank, verwundbar und unschlüssig geworden war, hatte er auch für andere Meinungen ein offenes Ohr. Sein letzter – und noch amtierender – Premierminister, Abdelhaman Lyoussoufi, ehemaliger Oppositionsführer, ist ein integrer Politiker, für den ich allergrößten Respekt empfinde.

Der neue König ist ein junger Mann, der sicherlich noch Überraschungen bereithält. Er hatte genug Zeit, die Irrtümer seines Vaters zu beobachten und zu analysieren. Mit sechsunddreißig Jahren erst gekrönt, konnte er sich in Ruhe auf seine Regentschaft vorbereiten. Hassan II. hatte diese Chance nicht: Schon im Alter von sieben Jahren wurde er in die Staatsgeschäfte eingeweiht, und sofort nach der Rückkehr aus dem Exil konfrontierte ihn sein Vater mit den Problemen des Landes.

Mohammed VI., der lange Zeit nichts mit den Regierungsangelegenheiten zu tun hatte, konnte den Beruf des Königs gewissermaßen von der Pike auf lernen; er nahm an Sitzungen des Ministerrates teil, hörte zu und beobachtete die Speichellecker, die sich für nichts zu schade waren, wenn es um den Erhalt ihrer Privilegien ging. Nicht zuletzt hatte er in der Zeit, als er nicht an der Macht beteiligt war, Gelegenheit, das Leben außerhalb der Palastmauern kennen zu lernen. Auch wenn natürlich ein zukünftiger König die Welt mit anderen Augen sieht als ein normaler Sterblicher …

Hassan II. hatte richtig entschieden, seinen Sohn zunächst von der Macht fern zu halten. Mohammed VI. konnte den Thron auf diese Weise als neuer und unverbrauchter Mann besteigen.

Der junge König sollte auf der Hut sein und, wenn irgend möglich, er selbst bleiben. Das dürfte wohl für einen Monarchen das Schwierigste sein. Er sollte der König aller Marokkaner sein und sich nicht wie sein Vater verhalten, der eine Gruppierung gegen die andere, einen Stamm gegen den anderen und das Bürgertum gegen das Volk ausgespielt hat. Er wird neues Vertrauen schaffen und für Stabilität sorgen müssen, damit Marokko wieder für Investoren interessant wird.

Mohammed VI. wird dem Land zum Aufschwung verhelfen können, wenn er bleibt, wie er ist, und nicht dieselben Fehler begeht wie sein Vater und wenn es ihm gelingt, in seiner Familie die Harmonie zu wahren. Seine Schwestern dürfen sich nach dem Tod des Vaters nicht abgeschoben fühlen, so wie es bei den Schwestern Hassans II. der Fall war. Die Prinzessinnen sind jung, sprechen vier Sprachen und sind beim Volk beliebt. Zweifellos werden sie im gesellschaftlichen Bereich eine wichtige Rolle spielen.

Es gibt doch so viel zu tun! Es herrscht himmelschreiende Armut! Die Multimilliardäre suhlen sich im Luxus, während andere mit zehn Dirham (acht Francs) am Tag auskommen müssen. All diese feinen Herren, die das Land jahrzehntelang ausgeplündert haben, sollten jetzt das gestohlene Geld zurückgeben, um den Ärmsten zu helfen und das Leid ein wenig zu lindern.

Sicherlich ist das Problem bei annähernd dreißig Millionen Einwohnern kaum zu bewältigen. Bis zur Unabhängigkeit lebten in Marokko sieben Millionen Menschen. Mit der Zeit hat sich das Land verändert und wurde immer schwieriger zu regieren: Dreihundertfünfzigtausend Kinder werden jährlich geboren, Kinder, für die Schulen, Universitäten und Arbeitsplätze benötigt werden.

Mohammed VI. weiß, dass die Monarchie mit der Zeit gehen und ein neues Gesicht annehmen muss. Eine seiner ersten Amtshandlungen war im Übrigen die Kampfansage an das Elend. Und er will den ostentativen Luxus aus den Zeiten seines Vaters beschneiden.

Schon als Erbprinz bewohnte er eine Residenz an der Straße zwischen Rabat und Meknès, in der er immer noch lebt. Während der fünf Jahre, die ich nach unserer Befreiung noch in Marokko verbrachte, fuhr ich regelmäßig diese Strecke, wenn ich meinen Vater besuchte. Vor der Villa des

Prinzen warteten immer Krüppel oder Arme. Und wenn er aus der Tür trat, hörte er den Leuten zu, versuchte, für ihre Probleme eine Lösung zu finden, und nahm Bittgesuche entgegen. Er ist ein Typ, der vor jedem Respekt hat, und die Leute respektieren ihn ihrerseits und lieben ihn. Dabei ist es schwieriger, geliebt zu werden als gehasst, denn wer geliebt wird, wird auch gefordert. Doch der junge König kann zuhören und sieht, was um ihn herum vorgeht, und das ist eine Seltenheit.

Mit gewissen Traditionen hat er bereits gebrochen. So ist er beispielsweise zu offiziellen Besuchen in abgelegene Regionen gereist, in die sein Vater nie einen Fuß gesetzt hat. Er hat Abdellazziz Allabouch, den Chef des Geheimdienstes, und Driss Basri, der lange Jahre fest auf seinem Posten als Innenminister gesessen hatte, entlassen.

Was uns speziell – und damit natürlich alle politischen Gefangenen – anlangt, so hat er eine Kommission aus nationalen und internationalen Juristen einberufen, die einen Fall nach dem anderen prüft, um so schnell wie möglich all die Opfer zu entschädigen, die schikaniert und ihres Eigentums beraubt worden sind. Es ist eine echte Revolution, die in Marokko stattfindet, und der Westen kann gar nicht ermessen, wie umfassend und weit reichend diese Umwälzungen sind.

Manchmal lasse ich meine Vergangenheit Revue passieren. Ich bin jetzt dreiundsechzig Jahre alt und habe das Gefühl, hundert Leben gelebt zu haben. Ich habe Marokko zu Zeiten des Protektorats gekannt, den Kampf gegen die Besatzer mitgemacht, Mohammed V., Hassan II. und die »Gärten des Königs« kennen gelernt ... Hin und wieder habe ich das Gefühl, zu viel erlebt zu haben, zu viele Umwälzungen mitgemacht zu haben.

In meinen jungen Jahren, während der Zeit des französischen Protektorats, kannte ich mächtige und steinreiche Leute, die nach der Entlassung des Landes in die Unabhängigkeit völlig verarmten und verschämt an den Hauswänden entlangschlichen. Teuer gekleidete Frauen, die ich gekannt habe, leerten später Bettpfannen im Krankenhaus. Ich weiß, dass so mancher ehrbare Bürger auf der Straße stand, weil man ihn seiner ganzen Habe beraubt hatte. Ich habe erlebt, wie ganze Familien von den Machthabern zerstört, in den Ruin gestürzt und massakriert wurden, in Marokko, aber auch in Ägypten, Syrien und in anderen Ländern. Das Leben selbst hat mir meine Arglosigkeit ausgetrieben. Ich kenne die menschliche Natur in all ihren Facetten nur allzu gut.

Geblieben sind mir lediglich noch meine Erinnerungen. Die Spuren meiner Vergangenheit sind ausgelöscht. Mein Haus in der Allée des Princesses wurde eingerissen, weil das Gerücht umging, dass von dort aus ein Geheimtunnel bis zu dem Haus führte, in dem Hassan II. als Erbprinz wohnte. Ein durch und durch lächerlicher Vorwand: Das Gebäude war noch nicht einmal unterkellert.

Nach unserem unfreiwilligen Auszug hatten sie unsere Sachen auf dem Gelände verteilt, so dass sich jeder bedienen konnte. Was übrig blieb, wurde in einem Hangar zwischengelagert, und bei jedem Empfang im Innenministerium holte man, was man gerade brauchen konnte. Neunzehn Jahre später fand ich nur noch ein wenig Silber, ein paar zerfetzte Bilder, ein wenig angeschlagenes Geschirr und Fischmesser, die in Marokko niemand benutzt. Alles andere ist weg. Mein Tafelsilber, meine Kristallgläser, meine Teppiche und meine Möbel … Und dem König haben sie erzählt:

»Wir haben ihr alles zurückgegeben.«

Als sie mir die kläglichen Überreste meiner Vergangenheit überreichten, wollte ich alles zurückweisen. Ich kann ohne all das leben. Fast zwanzig Jahre lang habe ich aus halbierten Plastikflaschen getrunken. Wenn es sein muss, kann ich das auch wieder tun. Darauf kommt es nicht an. Es kommt nur darauf an, was man trinkt: Gift oder reines Wasser.

Heute lebe ich in Paris. Es ist eine wundervolle Stadt, in der ich mich rundum wohl fühle. Ich erlebe hier eine Freiheit, die ich nie gekannt habe. Im Grunde mache ich mir gar nichts daraus, weil ich immer zu Hause bin. Aber ich weiß, dass ich um zwei Uhr morgens auf der Straße spazieren gehen kann, wenn ich Lust dazu habe. Und das ist ein wunderbares Gefühl. Dennoch werde ich eines Tages nach Marokko zurückkehren. Ich muss zu meinen Wurzeln zurück.

Meine Kinder versuchen, jedes auf seine Weise, vierundzwanzig verlorene, verpfuschte und gestohlene Jahre, neunzehn Jahre Gefangenschaft und fünf weitere Jahre Zwangsaufenthalt im Land, zu vergessen.

Malika, die mit neunzehn eingesperrt wurde und mit achtunddreißig freikam, ist mit einem französischen Architekten verheiratet und lebt in Gentilly bei Paris.

Myriam, die mit siebzehn in Gefangenschaft kam und mit sechsunddreißig befreit wurde, lebt in Paris. Ihre Ehe mit einem Marokkaner wird gerade geschieden. Sie hat eine süße kleine Tochter, die Nawal heißt. Eine Zeit lang arbeitete sie in einer Textilfabrik in der Nähe von Bobigny. Bei dieser Knochenarbeit büßte sie auch den letzten Rest Gesundheit ein, der ihr noch geblieben war.

Raouf, der bei der Inhaftierung vierzehn und bei der Freilassung dreiunddreißig war, ist Journalist in Rabat und hat eine Tochter, Tania. Sie stammt aus einer kurzen Liebesbeziehung mit einer Freundin aus Kindertagen, die er nach unserer Befreiung wieder traf.

Maria, die mit zehn eingesperrt und mit neunundzwanzig entlassen wurde, lebt in Paris. Sie arbeitete lange Zeit als Kostümbildnerin in der Filmbranche. Inzwischen hat sie eine Veranstaltungsagentur gegründet, die Messen und Empfänge organisiert.

Soukaïna, die von neun bis achtundzwanzig eingesperrt war, ist die Künstlerin der Familie. Sie lebt ebenfalls in Paris. Vor kurzem hat sie ihr Abitur gemacht, studiert jetzt Jura und schreibt an einem Roman. Sie ist mit Leib und Seele Single und will die endlich gewonnene Freiheit ungehindert auskosten.

Abdellatif, der sein Leben vom vierten bis zum dreiundzwanzigsten Lebensjahr in den »Gärten des Königs« verbrachte, kehrte nach einer gewissen Zeit in Paris nach Marokko zurück. Er ist von uns allen am stärksten in Mitleidenschaft gezogen. Er hat überhaupt kein Selbstvertrauen, fürchtet sich vor allem und jedem und glaubt an nichts mehr. Wie soll man leben, wenn man in seiner gesamten Kindheit und Jugend nichts anderes kennen gelernt hat als Gefangenschaft, Kerker, Hunger und Schikanen?

Achoura Chenna, meine Cousine, die mit siebenunddreißig eingesperrt und mit sechsundfünfzig freigelassen wurde, lebt mit Maria zusammen in Paris.

Halima Abboud, die bei unserer Inhaftierung neunzehn war und bei der Befreiung achtunddreißig, ist krebskrank. Sie lebt bei ihrer Familie in Casablanca.

Mein Vater musste nach Oufkirs Tod seinen Dienst bei der Armee quittieren. Er hat seine militärische Karriere ohne Auszeichnungen beendet. Dabei war er ein hervorragender Offizier, der ebenso gut im Rang des Generals hätte abtreten können. Sein Problem war nur, dass er sich nicht beherrschen konnte und immer wieder die Befehle seiner Vorgesetzten in Frage stellte. Es ist ein Charakterzug, den er mir wohl vererbt hat. Mein Verhältnis zu ihm war stets ziemlich innig, und so ist es immer noch. Mein Vater kennt und hält sich nur an eines: die Vorschriften. Das war einfach seine Art, er konnte nicht anders. Er hat in Marokko immer wieder wichtige Ämter innegehabt, die er aber nie lange behielt. Als er bei der Armee für schweres Gerät zuständig war, weigerte er sich, Untergebene zum Dienst in den Palast zu schicken, unter dem Vorwand, Soldaten hätten in Salons nichts zu suchen. Als man ihn aufforderte, Truppen für den Schutz von Politikern abzustellen, weigerte er sich erneut, diesmal mit dem Argument, es gehöre nicht zu den Aufgaben eines Soldaten und außerdem sei dergleichen in den unantastbaren Vorschriften nicht vorgesehen. Das war seine Einstellung. Aufgrund seiner Sturheit und seiner mangelnden Kompromissbereitschaft hat er nach und nach all seine Pflichten abgeben müssen. Nach unserem Verschwinden kümmerte er sich um die angestammten Ländereien der Familie. Inzwischen ist er neunundachtzig und lebt wieder in seinem Dorf.

Borro und seine *Moukhaznis* verbrachten nach dem Ausbruch der Kinder ein Jahr hinter Gittern und wurden dann freigelassen.

Ben Aïch, unser Kerkermeister, wurde zum General befördert.

Unsere Anwälte, Kiejman und Dartevelle, kümmern sich seit zwölf Jahren unermüdlich um unseren Fall und sind uns gute Freunde geworden. In der ganzen Zeit haben sie für ihre Mühe kein Geld verlangt.

Assa, unser erstes Gefängnis, dient noch immer als Kaserne in einer Gegend, wo die Armee aufgrund des Konflikts um die Westsahara ständig präsent ist.

Das schöne Haus in Agdz, in dem wir einen Monat verbrachten, wird wieder vom Kaiden bewohnt.

Das Haus in Bir-Jdib wurde abgerissen.

Der Palast von el Glaoui in Tamataghrt ist heute eine Touristenattraktion, und stolz verkünden die Führer bei Besichtigungen, dass hier die Witwe und die Kinder von General Oufkir eingesperrt waren.

Vor neun Jahren kamen wir aus der Gefangenschaft frei, und seit vier Jahren dürfen wir uns wirklich frei bewegen. In der ganzen Zeit haben wir versucht, uns in einer Welt zurecht zu finden, zu der wir irgendwo in den »Gärten des Königs« den Schlüssel verloren haben.

Aber wir waren dem Tod sehr, sehr nahe und haben überlebt. Mir ist bewusst, dass wir außergewöhnliches Glück hatten, anders als viele andere. So viele Menschen sind gestürzt und nie wieder aufgestanden! Obwohl sie ebenso klug, ebenso reich und ebenso mutig waren und ebenso viel Unterstützung erhielten wie wir, konnten sie dem Tod nicht entrinnen.

Es bleibt mir nichts anderes übrig, als mit dieser schmerzlichen Vergangenheit zu leben. Manchmal, wenn die Erinnerungen hoch kommen, durchlebe ich all die Ängste und Gefühle von damals noch einmal, in voller Intensität. Manchmal erscheint es mir auch, als sei die Zeit der Gefangenschaft aus meinem Leben gelöscht, weggewischt wie Kreide von einer Schultafel. Nachdem ich das Gefängnis hinter mir gelassen hatte, wollte ich diese unendlich quälenden Bilder, diese schmerzhaften und unerträglichen Erinnerungen für immer loswerden. Hätte ich sie nicht in das hinterste Stübchen meiner Seele verbannt, wäre ich nicht mehr lebensfähig gewesen. Wie soll ich mit den Erinnerungen an diese Zeiten umgehen, in denen ich tagtäglich um mein Leben und vor allem um das meiner Kinder gezittert habe?

Als ich Hassan II. 1972 zum letzten Mal sah, sagte er zu mir:

»Fatéma, pass auf deine Kinder auf, du trägst die Verantwortung für sie …«

Sicherlich war das nur eine nett gemeinte Floskel zum Abschied, weil er eine Reise nach Frankreich antrat. Doch nach all dem, was dann geschah, haben diese Worte einen anderen Klang bekommen … nach Warnung, Befehl, Drohung. Noch immer hänge ich sehr an meinen Kindern. Ich fühle mich für sie verantwortlich, solange sie nicht angemessen leben können und endlich bekommen haben, was ihnen ihr Vater hinterlassen hat. Sein Erbe, das er sich im Schweiße seines Angesichts, die Waffe in der Hand, in Kriegen für Frankreich und später im Dienste Marokkos ehrlich erworben hat. Ich fühle mich für sie verantwortlich, solange sie ein Bild von ihrem Vater haben, das von Verleumdungen verzerrt ist.

Wie damals fühle ich mich schuldig für die Tragödie ihres Lebens. Unablässig quält mich eine Frage: Habe ich mich dem Schicksal willenlos unterworfen wie ein Tier, das zur Schlachtbank geführt wird? Stillschweigend habe ich alles ertragen, was man uns angetan hat. Als ob ich dieses Unglück schon mein Leben lang erwartet hätte, als ob mein Schicksal in Stein gemeißelt wäre, als ob ich dazu verdammt sei, bis in alle Ewigkeit dieses Leid auf mich zu nehmen, das speziell für mich erfunden worden ist.

Während ich dieses Schicksal akzeptierte, lehnten sich meine Kinder dagegen auf. Sie konnten nicht glauben, dass ein Vater sie einer solchen Tragödie auslieferte, dass eine Mutter nichts unternahm, um sie zu retten. Und dann las ich in ihren Augen Vorwürfe, die mir das Herz zerrissen. Ihre Blicke sagten mir: »Du bist eine Mutter. Du hast uns zur Welt gebracht. Du musst etwas unternehmen, damit wir ein besseres Leben kennen lernen als das hier.«

Aber worin liegt meine Schuld? Was hätte ich tun können? Das Leben und der Zufall haben alles entschieden. Es war vorbestimmt. Ich bin gläubig genug, um zu wissen, dass für jeden Menschen ein Lebensweg vorgezeichnet ist. Manche führen ein Leben, andere erdulden ein Schicksal. Meines war nicht immer rosig. Ich habe wunderbar glanzvolle, aber auch abgrundtief schreckliche Augenblicke erlebt.

Paradoxerweise habe ich im Unglück intensiver gelebt als im Glück. Während ich mit Oufkir zusammen war, weinte ich manchmal und sagte mir: »Das kann doch nicht wahr sein!« Es war alles so einfach.

Hinter Gittern ist nichts einfach. Man braucht übermenschliche Kräfte, um dieses Dasein in all seinem Grauen zu ertragen. Andere hätte diese Erfahrung vielleicht gebrochen. Ich fühle mich heute durch mein Unglück stark, denn ich weiß, was ich auszuhalten im Stande bin. Aus Leid entsteht nicht nur Leid. Es gab Momente in dieser Zeit, in denen ich fast so etwas wie Glück verspürte. Nicht weil ich litt, sondern weil ich dem Leid standhielt. Es gab Momente, in denen ich geradezu sinnliche Lust empfand, weil ich stärker war als das Leid und weil ich mir sicher war, dass ich dem Schicksal die Stirn bieten kann.

Ich denke, wir wurden Opfer einer Maschinerie, die, einmal in Gang gesetzt, nicht mehr kontrollierbar war. Mit jedem Jahr wurde es schwieriger, die Angelegenheit zu bereinigen oder etwas wieder gutzumachen. Wie hätten unsere Kerkermeister unsere Gefangenschaft rechtfertigen sollen? Und so verging die Zeit. Wir wurden zu Außerirdischen, zu Bewohnern eines unbekannten Planeten.

Sie wollten uns moralisch in die Knie zwingen. Aber wir waren stärker. Das lag sicherlich auch daran, dass wir uns auf passiven Widerstand beschränkten und uns nicht vom

Hass verzehren ließen. Lange Gefangenschaft kann einen Menschen in eine wütende Bestie verwandeln. Ich setzte neunzehn Jahre lang alles daran, dass wir in unseren Herzen Empfindsamkeit und Großmut bewahrten. Ich wollte, dass meine Kinder zuallererst daran denken, wie sie in Würde überleben, statt sich Rachegedanken hinzugeben. Vielleicht ist das der Grund dafür, dass wir trotz allem Mitglieder der menschlichen Gemeinschaft geblieben sind.